Lala Citta
ララチッタ
時尚・可愛・慢步樂活旅

西班牙

這是什麼呢？

（答案見P2）

Lala Citta是義大利文的「城市＝La Citta」，
和享受輕快旅行印象綜合而成的用語。
書中匯集了享受美味小酒館的方法、欣賞高第建築的要訣、
西班牙王室御用品牌、傳說中的甜點等……
不可錯過的時尚新主題，
當你在想「今天要做什麼呢」時
就翻翻這本書吧。
歡樂旅遊的各種創意都在書中。

ララチッタ
西班牙
CONTENTS

⑩⑩ 西班牙觀光焦點

⑩③① 巴塞隆納

本書的標示			
…世界遺產	…有英文版菜單	**Ⓢ**…單人房，或單人使用雙人房的住宿費（房價）	交…交通
…約30分	…有諳英語的員工	**Ⓣ**…雙人一晚住宿費（房價）	住…地址
…30~120分	…有著裝規定	…有餐廳	電…電話號碼
	…需事先訂位	…有游泳池	時…開館時間、營業時間
		…有健身房	休…公休
			金…費用

 P1照片的解答→巴特略之家的立體紙拼圖（→P35）

其他注意事項

○本書所刊載的內容及資訊，是基於2015年10～11月時的取材、調查編輯而成。書籍發行後，在費用、營業時間、公休日、菜單等營業內容上可能有所變動，或是因臨時歇業而有無法利用的狀況。另外，包含各種資訊在內的刊載內容，雖然已經極力追求資訊的正確性，但仍建議在出發前以電話等方式做確認、預約。此外，因本書刊載內容而造成的損害賠償責任等，敝公司無法提供保證，請在確認此點後再行購買。

○地址、路名為參考政府觀光局等單位提供的資訊，並盡可能貼近當地語言的發音。

○休息時間基本上僅標示公休日，略過復活節、聖誕節、國曆新年、國家紀念日等節日。

○費用的標示為成人的費用。

快速讀解西班牙

有現代藝術建築和美術館，還有佛朗明哥舞蹈、鬥牛、足球等，
西班牙有著各種不同的文化。來感受一下每個城市不同的獨特魅力吧。

Profile

● **正式國名／首都**
西班牙王國
馬德里

● **人口／面積**
約4646萬人
約50.6萬km²

● **語言**
西班牙語
官方語言為西班牙語（卡斯提亞語），但在加泰隆尼亞、瓦倫西亞、巴利亞利群島使用的是加泰隆尼亞語，北部巴斯克自治區使用的是巴斯克語，加利西亞則使用加利西亞語。

● **貨幣與匯率**
€1≒約新台幣33.1
（2017年2月）

● **時差 -7小時**
比台灣晚7小時。在3月最後的星期日到10月最後的星期一為止的夏令時時間為-6小時。

● **最佳旅遊季節**
4～6月
北部與南部、海岸與内陸部的氣候有明顯的差異。氣候上的最佳旅遊季節為春天～初夏。詳細請見P149。

● **小費 需要**
在餐廳付款時通常約為10～15%。小酒館的話則大概是找零的零頭即可。

● **入境條件**
在預定離開申根國家當日，護照須具有3個月以上的效期。
其他詳情請見→P142。

西班牙的 世界遺產列表

在參觀後會深植人心的就是世界遺產。在西班牙全部44件世界遺產當中，精選出位在本書刊載地區內者如下

巴塞隆納 & 東部

① 安東尼‧高第的作品群（→P34～39、44）
1984年、2005年●文化遺產

② 巴塞隆納的加泰隆尼亞音樂宮與聖保羅醫院（→P12、63）1997年●文化遺產

③ 塔拉哥納遺跡群（→P76）
2000年●文化遺產

④ 波夫萊特修道院
1991年●文化遺產

⑤ 博伊溪谷的加泰隆尼亞風格羅馬式教堂群
2000年●文化遺產

⑥ 伊比利半島的地中海沿岸岩畫
1998年●文化遺產

⑦ 瓦倫西亞的絲綢交易所
（→P75）1996年●文化遺產

⑧ 埃爾切的椰棗種植園
2000年●文化遺產

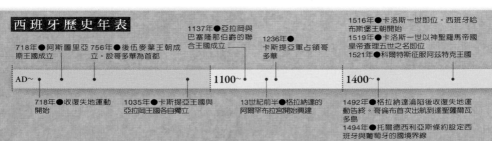

西班牙歷史年表

718年●阿斯圖里亞斯王國成立

756年●後伍麥葉王朝成立。設哥多華為首都

1137年●亞拉岡與巴塞隆那伯爵的聯合王國成立

1236年●卡斯提亞軍占領哥多華

1516年●卡洛斯一世即位。西班牙哈布斯堡王朝開始
1519年●卡洛斯一世以神聖羅馬帝國皇帝查理五世之名即位
1521年●科爾特斯征服阿茲特克王國

AD～ ‖ 1100～ ‖ 1400～

718年●收復失地運動開始

1035年●卡斯提亞王國與亞拉岡王國各自獨立

13世紀前半●格拉納達的阿爾罕布拉宮開始興建

1492年●格拉納達淪陷後收復失地運動告終。哥倫布首次出航到達聖薩爾瓦多島
1494年●托爾德西利亞斯條約設定西班牙與葡萄牙的國境界線

巴塞隆納與
加泰隆尼亞 →P31

現代主義建築物是最值得一看的部份

在巴塞隆納裡散布著高第的建築

加泰隆尼亞地區是西班牙最大的工業區。中心都市為巴塞隆納。在城市裡隨處都可以欣賞到以聖家堂為首的著名現代主義建築物。另外這裡也是孕育出畢卡索、達利、米羅等優秀藝術家的城市。

CHECK這裡!
- ●聖家堂…P34
- ●畢卡索美術館…P40
- ●米羅美術館…P41

觀光焦點聖家堂

馬德里與
卡斯提亞 →P77

市中心的太陽門

設計優美的王宮不可錯過

位在伊比利半島中央的乾燥高原區域。馬德里在16世紀成為首都,相較於其他城市是較新的城市。有收藏了西班牙藝術至寶的普拉多美術館,和展示了畢卡索代表作《格爾尼卡》的蘇菲亞王妃藝術中心等,是藝術紮根的城市。

CHECK這裡!
走累了就到咖啡廳休息一下
- ●普拉多美術館…P80
- ●蘇菲亞王妃藝術中心…P84
- ●王宮…P86

安達魯西亞 →P119

向日葵的賞花季從6月上旬開始

是代表西班牙印象的佛朗明哥舞蹈與鬥牛的發祥地。這裡約有800年是在伊斯蘭教的統治之下,文化深受影響,是留有濃厚伊斯蘭色彩的區域。

格拉納達的阿爾罕布拉宮

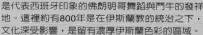

CHECK這個城市!
- ●格拉納達…P122
- ●哥多華…P128
- ●塞維亞…P132
- ●米哈斯…P136
- ●馬拉加…P137
- ●龍達…P138
- ●卡爾莫納…P139
- ●內爾哈…P139
- ●夫里希利亞納…P139

西班牙
西部、北部

西部是伊比利豬的一大產地。在北部有名的則是西班牙葡萄酒著名產地納瓦拉與里奧哈,及以聖地亞哥為終點的朝聖之路,和因為獨特飲食文化而引起注目的巴斯克地區等。

1561年●首都移至馬德里
1571年●勒班陀戰役中擊敗鄂圖曼土耳其帝國
1588年●艦隊海戰中無敵艦隊大敗

1808年
●西班牙獨立戰爭
1812年
●西班牙首次採用憲法
1852年●安東尼·高第誕生

1947年●弗朗哥就任終身國家元首
1955年●加入聯合國

1978年●制定新憲法
1982年●加入NATO
1986年●加入EC

1800~　　**1900~**

1540年●耶穌會創設
1549年●聖方濟各·沙勿略訪日,為天主教布教
1556年●費利佩二世即位

1605年●賽凡提斯的《唐吉訶德》前篇發行
1700年●哈布斯堡王朝絕嗣。費利佩五世即位,開始波旁王朝
1701年●西班牙王位繼承戰爭(~13年)

1881年●畢卡索誕生
1898年●美西戰爭

1914年●第一次世界大戰爆發
1929年●巴塞隆納舉行萬國博覽會
1936年●西班牙內戰

1992年●巴塞隆納舉行奧林匹克運動會
2002年●歐元紙幣、硬幣開始流通

+α 行程編排

8天6夜 經典行程

巴塞隆納、馬德里、安達魯西亞都想去！為了隨心所欲，介紹這個濃縮了西班牙魅力的8天6夜行程，作為計畫旅行的參考吧。

Day 1

Advice 台灣沒有直飛西班牙的班機。在香港或歐洲主要都市轉機，約是15～18小時的航程。

聖家堂的誕生立面有著壓倒性的存在感，不容錯過

20:20 到達巴塞隆納埃爾普拉特機場
● …地鐵約40分

登上鐘塔一望巴塞隆納的街景

23:00 入住格拉西亞大道周邊的飯店

Day 2 享受巴塞隆納這個藝術之城！

09:00 參觀聖家堂（→P34）

● …地鐵加步行35分

奎爾公園門口兩側有仿造童話《糖果屋》的可愛建築物

人氣拍照景點

和龍的擺飾物合照留念

12:00 奎爾公園（→P38）散步

● …地鐵加步行30分

13:30 在格拉西亞大道（→P44）優雅享用摩登西班牙午餐
● …步行10分

在現代主義建築林立的格拉西亞大道散步

好喜歡♥

Roca Moo（→P56）的午間全餐

西班牙冰淇淋也好好吃

15:00 在格拉西亞大道（→P44）欣賞建築物&購物

● …地鐵加步行15分

令人嚮往的Loewe（→P69）

17:00 畢卡索美術館（→P40）欣賞名畫

● …步行5分

購買博物館週邊商品作伴手禮

可愛♥

18:00 往博恩地區（→P50）的有名甜點店

改裝自過去貴族住宅的畢卡索美術館，頗為雅致

bubó（→P50）的蛋糕

18:30 漫步在蘭布拉大道
（→P46）的夕陽下

・・・步行5分

19:00 參觀奎爾宮（→P47）
※冬季至17時30分為止

・・・步行5分

20:00 在海岸邊的餐廳享用
西班牙海鮮燉飯晚餐

有眾多觀光客聚集的
蘭布拉大道

奎爾宮美麗的拋物線形拱門

名產♪

El Cangrejo Loco（→P54）
的海鮮燉飯

Day 4 往安達魯西亞地區出發！
格拉納達的1天

11:00 從巴塞隆納埃爾普拉特
機場出發

・・・國內線約1小時30分

12:30 到達格拉納達（→P122）

・・・從機場到市內計程車
20分車程

13:00 安達魯西亞的
鄉土菜色午餐

・・・步行10分

14:30 參觀阿爾罕布拉宮
（→124）

・・・巴士10分

17:00 在阿拉伯街道
（→P126）中散步

・・・步行15分

20:00 格拉納達式小酒館
（→P127）巡禮！

好美♪

宮殿內的裝飾
也值得注目！

格拉納達觀光的
主要景點阿爾罕布拉宮

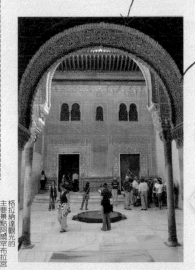

當地居民也會來享用格拉納達料理
（Bar Provincias→P126）

蛋炒格拉納達產的
蘆筍

熱鬧的市中心

在瀰漫阿拉伯情調的小巷中散步

還可以買到異國風格的雜貨

格拉納達式小酒館
點酒就附一盤小菜

Day 4 從白色山城米哈斯到熱情的塞維亞

由我帶路哦☆

07:00 格拉納達出發

⋯巴士約3小時

11:30 到達米哈斯(→P136)街道散步

⋯步行

12:45 體驗驢子計程車

⋯步行5分

13:15 在露天座位午餐

⋯巴士約3個小時半

17:00 到達塞維亞(→P132)前往世界遺產塞維亞大教堂(→P133)

⋯步行6分

18:00 前往佛朗明哥舞蹈博物館(→P134)

⋯步行12分

19:00 在小酒館簡單用餐

⋯步行11分

20:00 欣賞佛朗明哥舞蹈

白色牆壁突顯著紅花，熱鬧的聖塞瓦斯蒂安大道(→P136)
白色山城米哈斯

米哈斯特有的驢子計程車

聖塞瓦斯蒂安大道上有多家餐廳

鬥牛迷們聚集的小酒館

充滿熱氣的佛朗明哥小酒館

塞維亞的世界遺產塞維亞大教堂

晚餐簡單吃個塞維亞名產三明治(Meson Serranito→P135)

Day 5 享受歷史之城哥多華、美景的拉曼查地區

09:00 塞維亞出發

⋯巴士約2小時

11:00 哥多華(→P128)的歷史地區散步

⋯地鐵加步行20分

12:00 鄉土菜色午餐

⋯巴士約3小時30分

16:30 在拉曼查地區(→P118)的孔蘇埃格拉欣賞風車

⋯巴士約1小時30分

20:00 到達馬德里(→P77)入住飯店

⋯步行或搭地鐵移動

21:00 在聖米蓋爾大道(→P95)小酌

敘述著伊斯蘭時代榮華的哥多華清真寺(→P129)

+α 行程

如果旅程是在6月中旬～7月上旬，就來看看向日葵花田吧。就在從塞維亞往卡爾莫納的途中。(→P139)

哥多華名產的燉伊比利豬類肉

不要忘了傳統伴手禮

《唐吉訶德》的世界就在眼前

非常下酒♪

和著名小菜一起享用

Day 6　在馬德里享受最後一天旅行！

10:00 在普拉多美術館
（→P80）欣賞名畫

●…步行10分

12:30 蘇菲亞王妃藝術中心
（→P84）欣賞畢卡索畫作

●…步行15分

13:30 在主廣場（→P89）
午餐

●…步行10分

14:30 參觀王宮（→P86）

●…步行10分

16:30 在Chocolatería San
Ginés（→P88）休息

●…地鐵20分

17:30 在塞拉諾大道（→P90）
購物

●…地鐵20分

19:00 楚埃卡地區（→P92）
也要CHECK！

●…步行5分

20:00 在超市（→P102）
作最後的購物！

●…步行5分

21:00 晚餐是卡斯提亞料理

位在主廣場附近的聖米蓋爾市場（→P94）是推薦的午餐地點

以西班牙王室豪華蒐藏品為傲的普拉多美術館

歷代國王都居住在這裡

巧蘿絲沾上滿滿熱巧克力

著名甜點♪

楚埃卡地區有很多休閒服飾的品牌

有很多西班牙女孩也喜歡的品牌

也有很多源自西班牙的品牌

高級品牌精品店林立的塞拉諾大道

橄欖油♪

買到便宜的伴手禮（El Corte Inglés →P103）

品嘗卡斯提亞招牌菜馬德里燉菜（→P96）

Day 7　**10:15** 從巴拉哈斯機場出發

Day 8　**10:10** 回到台灣

Advice　大約抓起飛前2小時到達機場。不要忘記把剩下的貨幣換回台幣和退稅。

｛請旅行達人告訴我們｝……**空服人員的推薦商品** ✈

Q 到西班牙必買的東西是什麼？

A 最推薦買來當伴手禮的是巴塞隆納哥德區「Caelum（→P49）」的傳統點心。因為是以修道院的原創食譜所製作，口味樸實，無論男女老幼都會喜歡。

日本航空空服員

A 除了Pretty Ballerinas以外，最近陸續在海外展店的人氣西班牙鞋子品牌（→P24）也一定要逛逛。相較於其他歐洲品牌是較合理的價格。

芬蘭航空空服員

A 因為西班牙的橄欖油產量是世界第一，所以我一定會買橄欖油（→P28）。專賣店不用說，連在超市都有很多高品質的特級初榨橄欖油哦。

英國航空空服員

西班牙觀光焦點 ① 與熱情國度西班牙相遇

令人憧憬的感動十景

世界遺產、天外奇想的現代藝術建築、古代遺跡中伊斯蘭文化的足跡…
列出只能在西班牙邂逅的10個景點。

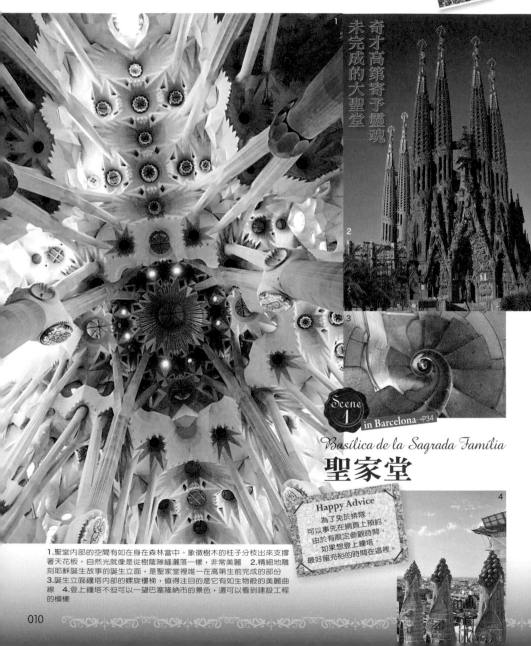

奇才高第予靈魂
未完成的大聖堂

Scene
1

in Barcelona→P34

Basílica de la Sagrada Família

聖家堂

Happy Advice
為了免於排隊，
可以事先在網頁上預約。
由於有限定參觀時間，
如果想登上鐘塔，
最好留充裕的時間在這裡。

1.聖堂內部的空間有如在身在森林當中。象徵樹木的柱子分枝出來支撐著天花板。自然光就像是從樹隙縫灑落一樣，非常美麗 2.精細地雕刻耶穌誕生故事的誕生立面，是聖家堂裡唯一在高第生前完成的部份 3.誕生立面鐘塔內部的螺旋樓梯，值得注目的是它有如生物般的美麗曲線 4.登上鐘塔不但可以一望巴塞隆納市的景色，還可以看到建設工程的模樣

Scene 2 in Barcelona→P38

Parc Güell

奎爾公園

1.迎上前來的是有如進入童話故事般的世界
2.據說是配合人體曲線的波浪形椅子。用各種顏色的破碎磁磚所裝飾的椅子，彎曲蔓延有110m長　3.用彩色破碎磁磚裝飾的奎爾公園地標：蜥蜴噴水池

Happy Advice
公園腹地很廣，離車站也有點距離，記得穿好走的鞋子前來。在蜥蜴噴水池前總是有絡繹不絕的人潮，想看的話最好安排在早上時段前往。

Scene 3 in Granada→P124

La Alhambra

阿爾罕布拉宮

1.位於伊比利半島上，是伊斯蘭王朝最後興建的城壘　2.香桃木院裡的池塘有如鏡子一樣，建築物映照在水面上　3.寵妃的兩層樓夏季住所兩姊妹廳。八角型的天花板上有鐘乳石的裝飾。　4.國王住所獅子宮的中庭。裝飾華麗的124根白色大理石排柱，是宮殿中首屈一指的美景。庭園中央還有被12座獅子像環繞的噴水池

Happy Advice
在春夏的觀光季中會擠滿來自世界各國的觀光客。因為每天有進場的人數限制，最好在上午前往。事先在網頁上預約更放心。

Scene 4 in Barcelona →P63

Palau de la Música Catalana

加泰隆尼亞音樂宮

以花窗玻璃及華麗雕刻等裝飾豪華的大廳

Happy Advice
內部參觀的導覽
雖然只有英語及西班牙語，
但豪華的內部裝潢
有一看的價值。

外觀的馬賽克磚及聖
喬治像非常吸引目光

加泰隆尼亞的聖地
朝聖者絡繹不絕

修道院就像是被聳立的奇岩籠罩著一樣

Scene 6 in Montserrat →P73

Basílica de Montserrat

蒙特塞拉特
大聖堂

加泰隆尼亞州的守護聖人黑色
瑪莉亞像

Happy Advice
在這裡彌撒時可以聽到少年
聖歌隊的歌聲。雖然也有
暑假等休息日，但基本上
會在中午及黃昏舉行。
詳細請上網頁確認行程！

Scene 5 in Toledo →P114

Toledo

古都托雷多

從位在太加斯河對
岸（南側）的瞭望
台看到的景色。河
的對岸是一整片古
代要塞都市托雷多
的美麗景色

融合長達2000年
異文化的要塞都市

Happy Advice
細小的道路錯綜複雜
有如迷宮一般，
要記得帶著地圖。
如果想看托雷多的全景，
則推薦到太加斯河的對岸。

西班牙天主教托雷多總
教區的主教座堂。高度
90m的鐘樓是在托雷多散
步時的地標

012

Scene 7 in Carmona→P139
Campo de girasol
卡爾莫納的向日葵花田

遍佈在安達魯西
亞荒野上的黃色
地毯

西班牙觀光焦點

令人憧憬的感動十景

Happy Advice
賞花季為6月中間到
7月上旬（每年不同）。
在從哥多華往卡爾莫納或
塞維亞往卡爾莫納的途中
都有零星的向日葵花田。

在爽朗的藍天下一整面閃耀不已的向日葵花田。這是初夏時安達魯西亞特有的風景

Scene 8 in Mijas→P136
Pueblos Blancas
米哈斯的
白色山城

不斷綿延的白
色牆壁，有鮮
豔的花朵增添
色彩

美麗的灰泥牆壁
綿延的悠閒山城

Happy Advice
記得到位在山城高台處的
瞭望台，享受從白色山城
所看到的太陽海岸及
地中海的景色。

塞維亞大教堂的標記吉拉達塔，是塞維亞城的地標

花費約100年建設
西班牙最大的教堂

Scene 9 in Sevilla→P133
Catedral de Sevilla
塞維亞大教堂

Happy Advice
從吉拉達塔眺望風景
也不能錯過。只是塔內
沒有電梯，必須要爬樓梯到
離地約70m的瞭望台，
帶著覺悟來挑戰吧！

內有曾流轉各地的
哥倫布靈柩

Scene 10 in Segovia→P117
Acueducto Romano
塞哥維亞的
羅馬水道橋

珍貴西班牙眼前的

Happy Advice
雖然不能走上水道橋，
但從橋側邊的樓梯往上爬，
可以到達與橋最高處
差不多高度的地方。

充滿厚重感的羅馬水道橋。這座橋興建時未使
用黏著劑，完全只用石頭堆積而成，能保存至
今是個奇蹟

在小酒館的美味體驗♪

早餐是簡單的1杯咖啡和麵包，中午是份量十足的盤式午餐，
晚上則是以酒為伴、悠閒地用餐……
從早到晚提供各種不同的度過方式，來體驗小酒館的魅力吧！

> **「小酒館」到底是什麼？**
>
> 是咖啡廳、是居酒屋，也是酒吧。除了酒類之外也提供咖啡、軟性飲料，餐點基本上是以小盤子提供的小菜類。也提供早餐及午餐（活用方法見P16）。
>
> ●西班牙的咖啡廳→P52～56
> ●西班牙的美食專欄→P106

Pinchos

用竹籤串起或
放在麵包上的
一口大小手抓食物。
享受有趣食材的組合吧

Mini Hamburguesa con Queso y Cebolla Confitada
€2.95
加了炒過洋蔥的迷你乳酪漢堡，份量滿分！

Montadito Pate Cerdo, Anchoa, Datil y Roquefort
€1.55
在麵包塗上豬肉泥，再放上椰棗、鯷魚、羅克福乳酪

Montadito Camembert con Almendra y Mermelada
€1.55
將杏仁撒在卡芒貝爾乳酪上的炸串物，還有柑橘醬的甜味

Montadito Vieira, Gamba y Papada
€3.95
大干貝、鮮蝦、多汁的豬頸肉的串烤，香味四溢

Pan con Tomate
€2.45
在麵包上塗上蒜泥及完熟蕃茄泥，再淋上橄欖油和鹽巴

Montadito Cangrejo
€1.55
人氣串物螃蟹肉拌美奶滋

飲料

把直接喝也很美味的西班牙產葡萄酒及啤酒
製作成調酒來喝看看吧！

Cerveza
€2.95
西班牙的啤酒種類很豐富。也推薦加了檸檬汁的「Clara」

Tinto de Verano
€2.90
紅葡萄酒加蘇打水是小酒館的招牌飲料。加檸檬更清爽

Vermut
€3.15
以「Cinzano」及「Martini」為代表的藥草酒，現在正悄悄掀起熱潮

Cava
€7.10
西班牙產的汽泡葡萄酒，不但高品質且是令人開心的平價

Sangria
€9.60
浸泡了橘子、蘋果、肉桂等的葡萄酒。也有用白葡萄酒製作的

❶❹櫃台隨時都有2～3位服務生俐落地服務❷主要陳列馬鈴薯蛋餅及小盤料理❸從傍晚就開始暢飲的客人❺過了19時後幾乎客滿了，外面也大排長龍

小菜

小酒館的小盤料理。
可以少量品嘗下酒的數樣菜色。
只要多點幾道就是正式的一餐了！

Gambas al Ajillo
€10.90
用蒜味很重的橄欖油燉煮的鮮蝦，是代表性的小菜

Boquerones en Vinagre
€4.20
醋醃小鯷魚。淋上橄欖油後口感更溫和

Calamares a la Romana
€6.95
花枝切成環狀油炸。淋上大量檸檬汁

Pulpo a la Gallega
€5.95
水煮章魚及馬鈴薯撒紅椒粉、橄欖油、鹽巴

Croqueta
1個€1.35
西班牙風奶油可樂餅。一般內餡是生火腿或雞肉等

Almejas Gallegas a la Plancha
€11.45
加利西亞風的蛤蜊鐵板燒。蒜頭與白葡萄酒很對味

Jamón Ibérico
€7.95
只有西班牙產的伊比利豬生火腿。最高級的是橡樹子等級

Pimientos de Padrón
€4.65
炸帕德龍鎮原產的青辣椒。淡淡的苦味和鹽味與啤酒極為搭配

Solomillo de Ternera
1個€3.95
牛腰肉上放了青辣椒，是份量十足的料理

Chorizo
€5.35
使用了大量蒜頭與紅椒粉等香辛料製作豬肉腸

上面照片全部是Cervecería Catalana→P52的菜色

徹底活用小酒館！
How To 小酒館

Hola！
（你好）

❶ 進入店內！
進入店裡後先選擇喜歡的座位坐下，等服務生來點餐。

Q 桌椅區和吧台區，比較推薦哪一個？
A 如果想用手指菜單來點菜的話，建議坐在吧台！想要悠閒用餐的話則往內部的桌椅區，但是有時費用會較貴。

Q 可以只借廁所嗎？
A 最好點杯咖啡或瓶裝水，或是放上小費。

Q 可以吸菸嗎？
A 從2011年後全面禁菸，但也有小酒館會設置香菸的自動販賣機。

Una cerveza,
por favor.
（請給我啤酒）

❷ 首先點飲料
可以用手指設置在吧台上的啤酒機，或看著菜單選擇。

Esto, por favor.
（請給我這個）

❸ 用手指Tapas點菜
如果被問要點什麼菜，就唸出想吃的Tapas。不知道菜色名稱的話，用手指也OK。

Q 想吃甜的東西！
A 有很多小酒館也提供甜點，可以點看看。

La cuenta,
por favor
（請幫我結帳）

Q 需要給小費嗎？
A 基本上不用給小費，但如果滿意服務態度，可以去找零的零頭交給店員。

❹ 結帳
結帳是在自己的位子上最後一起付款。當店員拿收據來時就將錢交給店員。

小酒館的早中晚餐

早餐 7:00~ DESAYUNO
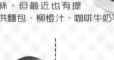
西班牙人的早餐很簡單，最常見的是熱巧克力加巧羅絲。但最近也有提供麵包、柳橙汁、咖啡牛奶等套餐的店家。

點心 11:00~ MERIENDA

西班牙人在三餐之間有吃2次點心的習慣。在上午是以西班牙三明治、夾肉麵包等充飢。下午的點心則是吃甜的零食或小菜等。

午餐 14:00~ COMIDA
西班牙人吃最多分量的時間帶，約花2個小時慢慢喝酒用餐。在小酒館也會提供以肉為主的盤式午餐等。

晚餐 20:00~ MERIENDA～CENA
因為吃了大份量的午餐又吃了下午的點心，西班牙人吃晚餐的時間大約是21時。但考慮到治安的問題，觀光客最好還是早一點結束用餐。小酒館是約從20時開始客滿，如果是人氣店家的話最好抓早一點的時段前往。

\最夯!/
聖伊爾德豐索市場的
立食小酒館 in 馬德里

現在西班牙的市場美食盛況空前。
在馬德里最新的市場裡，與當地客人一起享用美食吧

一起同樂吧！

2014年夏OPEN

聖伊爾德豐索市場
Mercado de San Ildefonso **MAP** 別冊P18A4

設置有葡萄酒、海鮮、乳酪、小菜等18間專賣店的攤位。1～3樓為店家，2樓中央為寬敞的用餐空間。讓遊客開心的是，每間店即使金額不高也可以使用信用卡。週末時當地年輕人都會聚集於此，相當熱鬧。

data
交M1・10號線
TRIBUNAL站
步行3分
住C. Fuencarral 57
☎91-5591300
時12時～24時
（週四、4五・六為～翌1時）休無休
E

❶亮著霓虹燈的時尚空間，完全看不出來是座位市場
❷位於市區當中，交通便利
❸挑高的露天座位很舒服。露天區可以吸煙

鮮蝦料理也很有人氣哦

現切火腿的香氣是完全不同的！

要趁熱吃哦！

Mariscos Malasaña
提供使用海鮮的菜色。
櫥窗裡陳列著新鮮海鮮！

孔雀蛤上放了蔬菜丁，是名為Salpicón的涼拌沙拉（€8）

Arturo Sánchez
這裡銷售現切的高品質
伊比利豬火腿。因為提供
外帶服務，可帶回住宿處。

100％純種伊比利豬的橡樹子等級生火腿€9.50

La Brochette
肉類與蔬菜等的
串烤料理專賣店。
芳香的氣味刺激食欲。

有雞肉串烤（€5.90）等菜色

各當地鄉土菜餚必吃清單

使用新鮮山珍海味的加泰隆尼亞菜、口味樸素卻深奧的
卡斯提亞菜等，西班牙每個地區都有它獨特的鄉土菜餚。
想在當地吃到正統的著名菜色。

加泰隆尼亞菜
必吃清單

善用被海山環繞的自然環境，
加泰隆尼亞菜大量使用新鮮的
山珍海味。特色是有很多活用食材
本身原味的調味。●海鮮燉飯特集→P54

海鮮燉飯 *Paella*

這個西班牙代表性的
傳統家庭菜色誕生於
瓦倫西亞。還有以墨
魚汁為底或海鮮與肉
類搭配使用等，種類
非常豐富。

海鮮燉麵 *Fideuà*

把海鮮燉飯的米改為短義大利麵。
將長約3cm的義大利麵與鮮蝦、花
枝一起炊煮的菜色，雖然濃縮了海
鮮的美味，卻清爽順口。

海鮮湯 *Zarzuela*

鮟鱇魚、鮮蝦、花枝、
蛤蜊、文蛤等貝類一起
拌炒，再加進蕃茄底的
醬汁和蕃紅花一起燉
煮。海鮮菁華溶進湯汁
裡，非常美味。

燉蝸牛 *Caracoles*

用偏辣蕃茄底醬汁燉煮蝸牛的料
理。吃法像卷貝類一樣使用牙籤。
是小酒館的著名菜色之一。

黑血腸 *Butifarra Negra*

加豬血的香腸。也有不加
血的種類。是加泰隆尼亞
地區流傳的獨特名菜，分
量十足。

卡斯提亞菜
必吃清單

卡斯提亞地區因為畜牧業興盛，以大量使用肉類的菜色為主流。有很多鹹味較重的重口味菜色。

●卡斯提亞菜特集→P96

馬德里燉菜 *Cocido*

將豬肉、豆子、馬鈴薯、辣香腸、培根等放進陶壺中，以長時間燉煮的菜餚。基本作法是先喝湯汁，之後才吃料。

燉內臟 *Callos*

馬德里流傳的燉牛肚料理。將牛肚與蕃茄、洋蔥、青辣椒等一起耗時慢慢燉煮。有著濃郁的香氣與口味。

烤乳豬 *Cochinillo Asado*

卡斯提亞地區的傳統菜色，用的是出生後20天以內的乳豬，以烤箱或烤網細心且豪氣的烤製而成。外皮酥脆，肉質多汁。

Olleta *Olleta*

把豬肉與四季豆、芹菜、蕪菁等蔬菜一起長時間細心燉煮的湯品。主要在內陸常食用，是最常見的馬德里傳統菜色。

安達魯西亞菜
必吃清單

安達魯西亞菜不但有豐富的蔬菜和水果，種類也很多樣。有燉牛尾、西班牙凍湯等代表性的菜色，但油炸菜餚的種類比較豐富。

綜合炸海鮮 *Frito Variado Sevillano*

油炸新鮮海鮮的菜餚。主要使用的是花枝、章魚、白肉魚等，為安達魯西亞的鄉土菜餚。

西班牙凍湯 *Gazpacho*

蕃茄湯底的蔬菜冷湯。將麵包、橄欖油、醋、蒜頭、蔬菜放進果汁機中打成泥，冷卻後食用。

燉牛尾 *Rabo de Toro*

牛尾的燉煮菜餚。口感軟嫩多汁，主要是塞維亞及哥多華地區食用。

便利點餐♪

飲料List

西班牙觀光焦點 各當地鄉土菜餚必吃清單

Café Solo
也就是濃縮咖啡。基本上是加砂糖喝。

Café con Leche
加了牛奶的Café Solo

Café Cortado
加了少量牛奶的Café Solo。牛奶量比Café con Leche少。

Café con Hielo

冰咖啡。將Café Solo倒進放了冰塊的玻璃杯中飲用。

Zumo
新鮮果汁。

Cerveza
啤酒。生啤酒為CAÑA de Cerveza。

Sidra
以蘋果汁自然發酵而成的發泡酒。

Vino
葡萄酒。紅葡萄酒為Tinto，白葡萄酒為Blanco，粉紅葡萄酒為Rosado。

讓人迷上西班牙甜點

有自古傳來純樸的點心也有逐漸進化的當紅點心，種類很豐富。
雖然每一種口味都有點偏甜，但都是會讓讓人上癮的美味。

Churros & Chocolate
巧羅絲 & 巧克力牛奶

▶ 組合套餐€3.90

炸過的麵包沾著濃郁的巧克力飲品食用，是西班牙的名產。巧克力很甜，而巧羅絲本身帶了鹹味中和了甜度。Ⓐ

€4/100g

Rosquillas de Alcalá

源自於馬德里的傳統糕點，麵糰裹上蛋黃與糖漿。濃厚的甜味加上酥脆口感非常特別。Ⓒ

店家的特別商品
濃郁巧克力與
牛奶蛋白霜

Crema Catalana
加泰隆尼亞烤布蕾

加泰隆尼亞州的名甜點。口味有點像奶油布蕾。在冷藏後的卡士達醬表面撒上砂糖，再用噴槍或烙鐵烤到表面酥脆。Ⓑ

Granja La Pallaresa

€3.30

€3.30

用鮮奶油熬煮得甜甜的牛奶焦糖醬與香蕉

€3.30

Helado
冰淇淋

在西班牙文叫作Helado。近年來陸續有很多由義大利人或阿根廷人所經營的正統手作冰淇淋店開幕。也有店舖販售西班牙特有的烤布蕾或杜隆糖口味。Ⓔ

€7.95

Madre de Dios

€1.10

Polvorón

安達魯西亞的傳統糕點。杏仁粉與肉桂味很重的烤點心，放進口中會慢慢溶化，是很不可思議的口感。Ⓕ

迷你包包系列的
黑巧克力與牛奶巧克力，
是可愛的購物袋形狀 H

€9.95

€3.50

威士忌、萊姆酒、莫吉托等
9種酒的利口酒精選 H

王室御用商店的
加了果醬的
夾心巧克力 G

Chocolate 巧克力

在中美大陸發現可可，且最早將其引進歐州的就是西班牙。不愧是巧克力文化的發源地，現在在老店及話題性巧克力師傅的商店等，都販售各式新舊樣式的巧克力。
G H I

包裝充滿POP感的
板狀巧克力作為
伴手禮也不錯 I

€12.90

€2.90～

€2.90～

€4.50/100g

西瓜口味大罐（上）、
檸檬及萊姆等柑橘類的
綜合小罐（下）

Caramelos 糖果

在手作糖果店Papabubble的店頭也會進行實際製作表演。有招牌的水果口味，和奶油、辣肉桂等多樣口味。J

櫻桃口味的
棒棒糖

Mazapán 杏仁糖糕

將杏仁粉加以大量的砂糖、蜂蜜、蛋白凝固，是托雷多傳統的塑形點心。有各種不同的形狀。D

加了鳳梨的
蛋黃杜隆糕（上）、
優格口味（下）

€14.90

€2.90

€7.90

€7.30

Turrón 杜隆糖

在聖誕節時食用的牛軋糖。最常見的是加了杏仁粒，較硬的Alicante和口感溼潤較軟的Jijona。K

€8.60

€2.05/100g

Bizcocho

在地中海及南美廣泛受到喜愛的海綿蛋糕（烘焙糕點）的西班牙名。也被認為是蜂蜜蛋糕的原型 C

誕生於西班牙的高級品牌

介紹不只在台灣，在全世界都廣受喜愛的西班牙品牌。
每個品牌都是自豪的傳統工匠技術與高品質。來找看看可以使用一輩子的逸品吧。

1.巴塞隆納店充滿豪華感的外觀　2.人氣的Loewe
的招牌包AMAZONA€1700　3.貓熊造型的零錢包
€295　4.T化妝包（小）€425、（大）€495　5.卡片夾
€275　6.ANTON BACKPACK€1700　7.用多片皮革
拼接而成，設計嶄新的PUZZLE€1800　8.鑰匙圈
€170

包包

Loewe
代表西班牙的高級皮革品牌

深受西班牙王室喜愛的豪華皮革品牌。使用取自西班
牙庇里牛斯山高地飼養的羊群、稱為「Entrefino」的
最高級羔羊皮。以工匠嫻熟技藝製作出的商品，獨特
的鞣製法帶來細緻且光滑的觸感，輕盈地叫人驚訝。
其機能性及外觀之美，在全世界名媛中擁有眾多愛好
者。

SHOP DATA 巴塞隆納…P69　馬德里…P91

Brand History

源自馬德里工匠們在1846年所開設的皮革製品工
坊。之後在德國人Enrique Loewe Roessberg加入後，
才設立這個品牌。在1905年時，西班牙王室阿方索
13世頒贈王室御用稱號。2013年Jonathan Anderson就
任創意總監，更新了品牌標誌與anagram系列。現在
仍持續進化中。

包包

Malababa
王妃也喜愛

這裡的手製皮革製品及人造珠寶帶
了古典風味又充滿洗練感。除了基
本款的商品外，每年還會推出2次新
作品。捨去多餘裝飾的簡單美以及
素材的嶄新組合，充滿講究的商品
每一件都很有質感。

SHOP DATA 馬德里...P109

Brand History
Ana Carrasco在學生時代與朋友及親
戚一起製作的飾品獲得好評，進而在
2003年設立這個品牌。現在商品在西
班牙國內有100處以上、南美及日本
有50處以上的零售店都有銷售。

1.帶扣擁有強烈視覺衝擊力的手拿包€225 2.從和服衣帶結獲得靈感的
手拿包€220 3.男性風格鞋子€225 4.陳舊風格手環€68 5.提出美麗剪影的
鬆垮包€450

西班牙陶磁器

Lladró
美術館也收藏的磁器藝術

這個磁器藝術品牌遵守著歐洲磁器的傳統，也同時
確立出獨特的風格。全部的作品都是在瓦倫西亞的
磁器之城一件件手工製作，細緻的花朵及曲線美有
著超高的評價。

SHOP DATA 巴塞隆納...別冊P10A1 馬德里...P100

1.ANGEL WITH LYRE€280（左）、
HEAVENLY STRINGS€280（右）
2.SUMMERTIME SYMPHONY
€12000 3.西班牙限定的SOUL
OF SPAIN€470（左）、HEART
OF SPAIN€470（右）
4.連吉他的細部都精巧重現的
FLAMENCO SINGER
€1100

Brand History
這是在1953年由Lladro三兄弟所創立
的品牌，並在紐約、巴黎、東京與
世界主要都市設置直營的精品店。
不但起用世界上著名的新銳設計
師，並持續發表家飾等新品。

珠寶

Tous
貴婦們喜歡的奢華品牌

喚起人們兒時記憶的TOUS小熊為註冊商標。以珠
寶為中心，另外還廣泛拓展包包、香氛等商品。低
調的主題受到年輕女性和貴夫人們的喜愛。

SHOP DATA 巴塞隆納...別冊P11C3 馬德里...P91

Brand History
品牌起源於1920年Blavi與其妻子Teresa所
開設的鐘錶修理店。由創業者的小孩們
繼承後，在1985年誕生了TOUS小熊。現
在已在世界上45個國家設有500間以上的
店舖。

1.18K金熊珍珠手環€34 2.18K金的鑽
石熊吊飾€765 3.手錶PRAGA€319
4.18K金熊不銹鋼編織戒指€149

擁有西班牙的鞋子 ♥

高級素材穿起來很舒服，因此源自西班牙的鞋子品牌在世界上有很多愛好者。
款式種類豐富又多樣，卻全部是很容易入手的價格。出發尋找喜歡的鞋子吧！

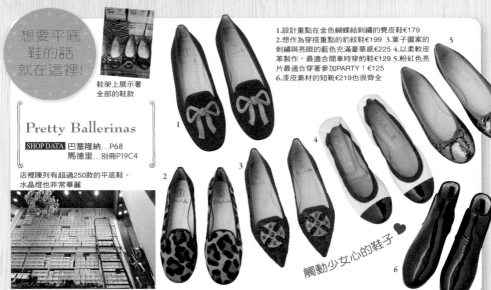

想要平底鞋的話就在這裡！

鞋架上展示著全部的鞋款

Pretty Ballerinas

SHOP DATA 巴塞隆納…P68
馬德里…別冊P19C4

店裡陳列有超過250款的平底鞋。
水晶燈也非常華麗

1.設計重點在金色蝴蝶結刺繡的麂皮鞋€179
2.想作為穿搭重點的豹紋鞋€199 3.葉子圖案的刺繡與亮眼的藍色充滿豪華感€225 4.以柔軟皮革製作，最適合閒暇時穿的鞋€129 5.粉紅色亮片最適合穿著參加PARTY！€125
6.漆皮素材的短靴€219也很齊全

觸動少女心的鞋子

想要草編鞋的話就在這裡！

不只草編鞋，還陳列了各種款式的鞋子

舒適感過人！

La Manual Alpargatera

SHOP DATA 巴塞隆納…P69

是西班牙第一間推出平常可穿的
現代風草編鞋的老店

1.厚底的運動鞋風格。鮮豔的花朵圖案讓人聯想到度假勝地€45 2.外型很基本的話就大玩顏色€12 3.毛巾素材感和船錨的圖案，充滿夏天的感覺！€19 4.楔形鞋底與橫條紋的涼鞋，很吸引人目光€40

1.以藍色為點綴色，格紋的鞋跟很可愛€165 2.整雙楔形涼鞋都是元氣的橘色€135
3.用拖鞋外形的草編鞋完成休閒的造型€75

Cristina Castañer

SHOP DATA 巴塞隆納…P68

脫俗自然感

也要看看靴子和皮鞋哦♪

設計師Cristina

想要細跟
高跟鞋的話
就在這裡！

Manolo Blahnik

SHOP DATA 巴塞隆納…別冊P10B3
馬德里…P91

突顯纖細線條的展示方式

♥廣受全世界喜愛的優雅鞋款♥

1.像腳踝靴一樣的高筒麂皮船形高跟鞋€640　2.腳尖部份的亮片和水晶給
人異國風格的印象。Lavani紫色緞面高跟鞋€940　3.腳背部份的裝飾是重
點。Seneca象牙白高跟鞋€610　4.粗鞋根高11.6cm的麂皮高跟鞋。Alba系
列€560　5.以3個蝴蝶結展現女人味的Rozzo麂皮高跟鞋€690　6.黑底與果
實印花的Evans高跟鞋。同樣的圖案也有推出平底鞋€650

Camper

SHOP DATA
巴塞隆納…P68
馬德里…P109

♥講究穿著的舒適度！

整面牆都被青色運動鞋
填滿的嶄新裝潢

1.左右腳為不同設計，很特別的
TWINS運動鞋€150 2.以運動風格為意
象的運動鞋系列Capas€99 3.招牌系列
鞋款印上奇特的圖案，TWINS€160
4.與在馬德里活躍的藝術家的合作設
計。TWINS高筒運動鞋€155

想要休閒
鞋的話
就在這裡！

MaTeS

SHOP DATA
巴塞隆納…P69

極具機能性的手工運動鞋。
顏色、素材、設計都很豐富

♥由工匠手工製作！

1.色彩鮮豔的運動鞋是編織鞋墊加上布面的運動款式€117 2.為紀念
西班牙傳統活動「疊人塔」而製作的稀有款式€110 3.以白色為基底
的設計，這個系列有易搭造型的好評€137 4.以綠色麂皮布料製作的
運動鞋，是渾圓外型的可愛設計€98

佛朗明哥&鬥牛

陶醉於**佛朗明哥舞蹈**

據說佛朗明哥的由來,是從印度北部來到安達魯西亞定居的人們,開始用歌唱與舞蹈來表現一直以來受迫害的心情,再融合了土著的民謠後,而誕生了佛朗明哥。

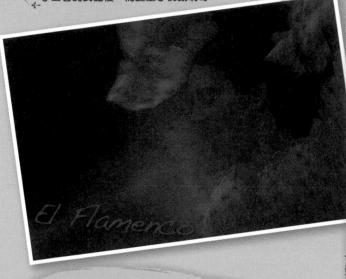

El Flamenco

觀賞前CHECK!

Q 在哪裡觀賞?

A 可以在佛朗明哥小酒館(tablao)觀賞。有些是傳統的表演,也有加入現代舞蹈的店家。表演秀一般來說1天會進行2場。

Q 什麼是tablao?

A 指的是可以一邊喝酒一邊觀看佛朗明哥舞蹈的地方。有一邊觀秀一邊用餐的店家,也有在表演之前先提供餐食,或只提供飲料等各種類型。

Q 需要訂位嗎?

A 如果是受歡迎的佛朗明哥小酒館的話,先訂位是最保險的。可以麻煩飯店櫃台幫忙訂位。最近也有店家提供上網訂位的服務。

Q 觀賞時的禮儀是?

A 因為會造成別人的困擾,表演秀開始後是不能進出場的。最好在開演前先去上洗手間。拍照的規定則是因店而異,但盡量不要使用閃光燈。手機也要記得轉為震動模式。雖然沒有著裝規定,但盡量不要穿著過度休閒的服裝。

Q 表演秀1場大約多長?

A 大約是1小時。大部份是從21時開始。

為**鬥牛**狂熱

鬥牛是鬥牛士與體重約500kg的公牛,在專用鬥牛場中格鬥的競賽。穿著華麗服裝的鬥牛士,搭配音樂與公牛全心對戰的模樣,讓觀賽者為之狂熱。

觀賞前CHECK!

✱ 季節及開始時間
與每年3月舉行的瓦倫西亞火節一起開幕,在10月的薩拉戈薩比拉爾聖母祭時結束。每個週日舉行競賽,通常是從日落前2小時開始。

✱ 門票的購買方法與費用
門票可以在舉行日期數天前在鬥牛場的窗口購買。座位有最前列、1樓席、2樓席、3樓席,再從多個區域中選擇。費用約是€5〜160。

✱ 觀賞時的注意事項
夏天因為陽光很強,最好選擇陰涼處的座位。在場內飲食如果只是零食程度的話是允許的。也會有銷售員銷售飲料。服裝則是休閒即可。

Corrida de Toros

佛朗明哥的基礎知識

Bailaor (a)
佛朗明哥的舞者。「~or」是男性，「~ora」是女性，而「Baila」指的是舞蹈。

Cantaor (a)
佛朗明哥的歌手。在佛朗明哥之外不會用到這個字。

Guitarristas
佛朗明哥的吉他演奏者。約從200年前開始出現。

¡Ole!
精采！

Bien!
讚！

¡Guapa!
迷人的女人！

佛朗明哥的喊叫聲

佛朗明哥的技巧

Bata De Cola
輕快地甩動看起來很重的裙擺，是表現女人味的技巧，也是表演秀最大賣點。

Palma
像是打擊樂器一樣的拍手聲。用大聲的高音和小聲的低音來作重音。

Zapateado
用鞋子踩出節奏的技巧。是最有魅力的技巧之一。

Brazo
舞者的手腕動作，是基本的舞蹈動作之一。配合臉部表情等來表現喜怒哀樂。

Pitos
彈指的聲音。配合緩慢的動作，以彈指聲來打節奏。

Cante
歌曲。有傳統嚴肅內容的Cante Grande，和輕快節奏的Cante Chico兩種。

這裡可以觀賞佛朗明哥！

鬥牛的基礎知識

Matador
正鬥牛士。負責用劍刺死鬥牛的人氣角色。

Novillero
鬥牛士的見習生。用斗蓬來區分出激動的牛。

Picador
負責用長槍刺傷牛的鬥牛士。會騎著馬與牛對戰。

Banderillero
為了讓牛更激動，用裝飾過的長鉤刺牛的鬥牛士助手。

這裡可以觀賞鬥牛！

鬥牛的過程與精彩處

由分別負責不同工作的6個人為一隊與公牛對峙，一般是3隊各登場2次。合計會與6頭牛對戰。

1 鬥牛士進場
在樂隊的開場樂中，鬥牛士、騎馬鬥牛士、鬥牛士助手進場。

2 斗蓬階段
為了分辨牛的習性、習慣、速度，揮動斗蓬來挑釁公牛。

3 長槍階段
乘坐在馬上的騎馬鬥牛士登場。用長槍刺牛頭後方的肉瘤，來消耗牛的體力。

4 長鉤階段
鬥牛士助手登場。用加了裝飾的長鉤從牛的正面刺向背上，使公牛更激動。

5 幕雷達階段
鬥牛士登場。約20分鐘手持斗蓬與公牛一對一的全力對戰。

6 真實的瞬間
鬥牛的最後高潮。朝牛肩胛骨僅有5cm的細縫刺去，將公牛刺死。

橄欖 & 葡萄酒

說到西班牙的代表性伴手禮，就是橄欖和葡萄酒。
複習一下品種和特色，在豐富的種類當中
找到適合自己的商品吧。

生產量
世界第一

田中富子小姐

橄欖大國
西班牙的**橄欖**是？

西班牙這個橄欖大國，大約擁有260個品種。西班牙的橄欖田栽種面積竟占了全世界的26%。並且，原產地標記與有機栽培認證等都進行嚴格的管理也是特色之一，品質是有所保證的。

從2001年起居住於塞維亞。除了以橄欖油專家身分仲介出口外，也在地方自治單位的橄欖地區振興計畫等擔任顧問。

等級

根據歐盟所制定等級稱為初榨橄欖油，初榨橄欖油中又依品質為分為3個層級。而初榨橄欖油之下又分為好幾個等級。

特級初榨橄欖油
初榨橄欖油中成分、口味、香氣品質極佳的最高等級。酸味不到0.8%。

初榨橄欖油
比特級初榨橄欖再低1等級的第2等級。酸味不到2%。

劣等初榨橄欖油
初榨橄欖油當中第3個等級。酸味為3.3%以上，無法直接食用。

其他橄欖油
在三個等級之下還有歐盟未特別制定等級的橄欖油。經過熱處理的橄欖油歸在此類。

加泰隆尼亞 ❶
馬德里
巴塞隆納
❷
卡斯蒂利亞-拉曼恰
安達魯西亞
❹ ❸
地中海

產地與品種

橄欖依照產地不同，所栽種的品種也有所不同。以下就來學習一下西班牙代表性的產地及其品種。

❶ Arbequina
主要栽種於巴塞隆納的加泰隆尼亞的榨油用品種。特色是總狀花序、果實小。

❷ Cornicabra
主要栽種於卡斯提亞拉曼查地區的榨油用品種。

❸ Picual
在安達魯西亞的哈恩特別多人栽種的榨油用品種。是綠色橄欖油的風味，很有個性。

❹ Hojiblanca
在安達魯西亞的哥多華特別多人栽種，為食用及榨油用皆可的兩用品種。油脂很清新。

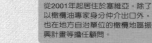
田中小姐的推薦♪

橄欖商品

在全世界橄欖生產量第一名的西班牙，除了食用之外也用於美妝品。來找看看特殊的橄欖商品吧。

FOOD

€4.50
MORELLANA
稀有的特級初榨橄欖油。產自哥多華。 **Ⓑ**

Melgarejo·Picual
可同時感受到皮夸爾品種的強烈及高雅口味的橄欖油 **Ⓑ**

€9

€12
Queso de oveja de Aceite de oliva con Trufa 用加了黑松露的橄欖油醃漬的羊乳酪 **Ⓑ**

護唇膏
含有高保溼效果的特級初榨橄欖油。觸感清爽 **Ⓐ**

€4.80

€13
Crema Regeneradora Intensiva Aceite de oliva
含橄欖油的美容霜。可以改善肌膚問題、黑斑、皺紋 **Ⓑ**

COSME

€6
Crema Manos Aceite de oliva
含有維他命E、天然保溼成份的橄欖油護手霜 **Ⓑ**

在這裡買得到！
A Olis Olive...P51
B Óleo-le...P135

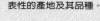

※欲當作伴手禮帶回家時，還有瓶裝、罐裝、袋裝等各種包裝。因為新鮮橄欖無法存放太久，要記得確認保存期限。

種類多樣

西班牙的葡萄酒是？

西班牙全國生產著各式各樣的葡萄酒，也是個葡萄酒大國。葡萄酒用的葡萄栽種面積是世界第一，生產量也是繼法國、義大利之後的第三名。地區名產像是雪莉酒、卡瓦酒等，有很多有著獨特風味的葡萄酒，可以多多嘗試。

享用各式各樣的葡萄酒吧！

分級制度

在西班牙為了維持葡萄酒的品質，有著嚴格的分級制度。在法定產區制度（DO）下，只有通過品質監督管理局所制定的條件，才能取得分級名稱。在選擇葡萄酒時可以用來參考。

Vino de Pago/V.P.
限定在特定的單一葡萄田的葡萄酒，為高級葡萄酒。

Denominación de Origen Calificada/D.O.C.
優質法定產區葡萄酒，用比D.O.更嚴格的基準選出。

Denominación de Origen/D.O.
法定產區葡萄酒，是高級葡萄酒裡的中間等級。

Vino de Calidad con Indicación Geográfica/V.C.
特定產區葡萄酒，在這個等級累積5年的記錄即可申請成為D.O.。

Vino de la Tierra/V.T.
也就是所謂的地區餐酒，在上述葡萄酒的等級之下。

Vino de Mesa
大量生產型的葡萄酒，未特別分級的葡萄田生產的葡萄酒。

學習釀造學且在數間葡萄酒廠工作後，在4年前就任Vila Viniteca（→P51）的經理。在這個業界活躍有20年。

Jordi Arnal

產地與品種

西班牙的東西南北各地皆有栽種葡萄。以國際上著名的卡瓦酒為首，每個產地都釀造著個性豐富的葡萄酒。

❶ Rías Baixas
西北部加利西亞地區的代表性栽培區域。也有國內最佳白葡萄酒產地的評價。

❷ Ribeiro
大量種植白葡萄酒的阿爾巴利諾（Albarino）品種、紅葡萄酒的格那希（Garnacha）品種。

❸ 多羅 Toro
位於多羅河西側的地區。以名為Tinta de Toro的獨特黑葡萄釀造濃郁的紅葡萄酒。

❹ Ribera del Duero
與里奧哈合稱雙璧，為西班牙首屈一指的紅葡萄酒產地。主要使用Tinto Fino品種。

❺ 里奧哈 Rioja
西班牙最古老的D.O.C.認定的產地。以坦帕尼優（Tempranillo）品種釀造厚重的紅葡萄酒。

❻ 納瓦拉 Navarra
最有名的是粉紅葡萄酒。雖然光芒常會被相鄰的里奧哈蓋過，但近年是逐漸被大家認識的紅葡萄酒產地。

❼ Chacoli
巴斯克地區的汽泡型白葡萄酒產地。葡萄酒帶酸味，口感清新。

❽ 佩內得斯 Penedés
加泰隆尼亞地區的產地。有名的是卡瓦酒和白葡萄酒，但也有紅葡萄酒與粉紅葡萄酒，種類豐富。

Jordi的推薦♪

西班牙葡萄酒5選

西班牙葡萄酒有著豐富的種類，可以輕鬆享用的種類也相當充足。以下介紹的是由Jordi所嚴選的葡萄酒！

€8.75～
Perro verde
水果風味非常順口。使用的是傳統葡萄品種Verdejo。

€13.20～
El jardin de Lucia
使用100%西班牙白葡萄酒的人氣品種阿爾巴利諾（Albarino）。清爽、輕盈的口味

€12.95～
Aire
巴塞隆納郊外佩內得斯的汽泡酒。口感較澀

€20.70～
Paisajes
紅葡萄酒名產地里奧哈的典型葡萄酒。帶香辛料味但很順口

€12.90～
L'equilibrista
以採自巴塞隆納的加泰隆尼亞州全域的葡萄製作的葡萄酒。有水果味

標籤的識別法

酒名 ── MARQUES DE SEGOVIA

原產地 ──
採收年份 ── Rioja Alta
Denominacion Origen Calificada
Reserva 1985

釀造者 ──
釀造地 ──
酒精濃度 ── Cosechado,Embotellado y Criado por
BODEGAS RIOJA OESTE,S.A
Luna,La Rioja
12.5% 75cl

內容量 ──

※可以帶進台灣國內的酒類最多是1公升可以免稅，因此買酒當伴手禮時要特別注意。　029

超熱血 ★ 足球觀戰!

西班牙的職業足球聯盟「足球聯賽」，分為甲級、乙級、乙二級，最高等級的甲級「西班牙甲組足球聯賽」有20個隊伍。被稱為世界最強的聯盟，有來自各國的明星選手齊聚其中。

賽事行程

賽季是在8月下旬開幕，到隔年5月下旬為止。每一個球隊一年要進行38場比賽。主場與客場輪流進行比賽，並隔週在主場城市舉行。比賽日為週六、日、一，開場時間各有不同。

購票方式

有直接在體育場的窗口購買，和在網路上購買的兩個方法。如果不是高人氣的比賽的話，當天也可能買到票。在網路上購票的話，是從各隊的官方網站上購買。票價會依比賽的類型及座位而有不同。

足球聯賽注目的兩支球隊

| 主場球場 | 參觀賽事購票方法 | 參觀體育場 | 周邊商品 |

巴塞隆納
FC Barcelona

諾坎普體育場
Estadio Camp Nou MAP 別冊 P6B4

歐州最大規模的體育場　附設博物館

巴塞隆納的主場地。可以容納98000名觀眾，雖然很巨大，但因為樓梯和出口的巧妙配置而不會造成人潮的混亂。

data ㊂Ⓜ3號線MARIA CRISTINA站步行15分
㊃C.Arístides Mallol 12　☎90-2189900

在球隊的官方網站或球場的售票中心等處購買。非比賽日的售票中心在9號入口。週一～週六10時～18時30分。週日為～14時15分。

費用 大人€23、兒童（6～13歲）€17

舉行日、時間 9時30分～19時。週日、國定假日～14時30分（1月6日～3月18日、10月17日～12月17日10時～18時30分。週日、國定假日～14時30分）

內容 球員入場走廊、置物櫃室、球場、記者室、記者席、博物館等

球隊顏色與BARCA文字的加油圍巾
€18.90～

主場球衣€70～

皇家馬德里
Real Madrid

聖地亞哥伯納烏球場
Estadio Santiago Bernabéu MAP 別冊 P14B2

交通超方便的巨大體育場　在最上層座位看到的景色

皇家馬德里隊的主球場。位於馬德里的郊外。有4層樓高，共可容納75000名觀眾。因為距離地鐵站很近，很輕鬆就可以到達。

data ㊂Ⓜ10號線SANTIAGO BERNABEU站步行3分
㊃Concha Espnia 1　☎91-3984377

基本上在球隊的官方網站上購買。欲在體育場的售票中心購買的話，則是7號GATE旁的10號窗口。

費用 大人€19、兒童（14歲以下）€13

舉行日、時間 10～19時。週日、國定假日10時30分～18時30分

內容 體育場的全景、獎盃室、球場、VIP席、長椅、置物櫃室、記者室等

加油圍巾有黑白兩個顏色€18.99～

加油必備商品
球衣€65～

Barcelona

巴塞隆納

可一望巴塞隆納市景的奎
爾公園（→P38）

031

（了解整個城市）

巴塞隆納區域Navi

巴塞隆納有三方被丘陵包圍，城市以港口為中心呈半圓形展開。
看著被獨創性的現代主義建築裝飾的色彩，
和美麗的建築城市景觀，一邊來段藝術的散步吧。

基本資料 加泰隆尼亞自治區的首都
人口…約162萬人（2014年）
面積…約101k㎡

旅行計畫提示 加泰隆尼亞廣場為城市的中心，也是交通要衝。其西北方向為格拉西亞大道，東南方向為蘭布拉大道。除了哥德地區之外，每個地區都是棋盤狀的規劃，散步非常方便。

1 格拉西亞大道周邊
Passeig de Gràcia

MAP 別冊P10B2

位於加泰隆尼亞廣場北側的區域。西班牙品牌不用說，還有世界各國的一流品牌商店林立。大道上還有高第所建設的米拉之家及巴特略之家，想觀光也可以。

Check! ●米拉之家（➡P39、45）
●巴特略之家（➡P39、44）

【最接近的車站】Ⓜ2・3・4號線 PASSEIG DE GRÀCIA站、3・5號線DIAGONAL站

Advice 街道規劃為棋盤狀，非常清楚好懂。PASSEIG DE GRACIA站有很多出口，走上地面前要先在出口導覽板上確認道路名稱。

➡購物大街。精心打扮上街去吧

2 蘭布拉大道
La Rambla

MAP 別冊P12B3

充滿活力的舊市區的主要街道。被英國作家薩默塞特・毛姆稱為是「世界上最美麗的街道」。在街道上聚集了來自世界各地的觀光客，相當熱鬧。

Check! ●博蓋利亞市場（➡P46）
●奎爾宮（➡P47）

【最接近的車站】Ⓜ1・3號線 CATALUNYA站、3號線LICEU站、DRASSANES站步行即到

Advice 因為是散步道，沒目的地的漫步也很有趣。但因為蘭布拉大道西側的拉瓦爾地區治安較不好，晚上不要落單。

←兩側種植了梧桐樹，綠意盎然很舒適

5 哥德～博恩地區
Barri Gòtic～Born

MAP 別冊P12

以巴塞隆納大教堂為中心，為歷史悠久的地區。有分量的建築物林立，有如中世紀般的景象。沿著海岸的博恩地區，則是古老街景與流行共存的地區，充滿話題性。

Check! ●畢卡索美術館（➡P40）
●巴塞隆納大教堂（➡P48）

【最接近的車站】Ⓜ4號線JAUME I站

Advice 哥德地區有很多小巷子容易迷路，所以散步時最好以巴塞隆納大教堂為認路的標記。另外不管白天夜晚，都要盡量避開人煙稀少的地方。

↑哥德區地標巴塞隆納大教堂周邊的道路

奎爾公園周邊

LESSEPS

SAGRADA FAMILIA
聖家堂

聖家堂周邊

格拉西亞大道周邊

DIAGONAL
PASSEIG DE GRÀCIA

奎爾別墅

PALAU REIAL

CATALUNYA
UNIVERSITAT

加泰隆尼亞廣場

聖母主教座堂

哥德~
博恩地區

新市區

SANTS ESTACIÓ

JAUME I

BARCELONETA

蘭布拉大道

LICEU

地鐵5號線

ESTACIÓ
BARCELONA
SANTS站

ESPANYA

PARAL·LEL

巴塞羅內塔

哥倫布之塔

蒙特惠克山

蒙特惠克地區

←奎爾別墅的大
門。是龍展開翅膀
的形狀

6 新市區
Zona Alta
MAP 別冊P6

位於市區西部的區域。在
PALAU REIAL站旁邊，有大門
是高第設計的奎爾別墅，和巴
塞隆納足球隊的主球場諾坎普
體育場。

Check! ●奎爾別墅(➡P63)
●諾坎普體育場(➡P30)

【最接近的車站】M3號線PALAU
REIAL站

Advice 主要的名勝位於對角線大
道的北側，因此要搭乘地鐵3號線。
前往諾坎普體育場也可以搭乘3號
線。因為範圍很廣，要有效率的遊
覽。

4 聖家堂周邊
Basilica de la Sagrada Família
MAP 別冊P8B1

聖家堂位於格拉西亞大道的東北
側，是巴塞隆納觀光的焦點。附
近還有公園，是充滿綠意的地
區。因為有很多觀光客來訪，所
以餐廳及伴手禮店也很多。

Check! ●聖家堂(➡P10、34)
●聖保羅醫院(➡P63)

【最接近的車站】M2·5號線SAGRADA
FAMÍLIA站

Advice 從地鐵的出口走到地面上時
就會看到聖家堂，不用擔心迷路。因
為進場會花一點時間，最好在開放時
間就到達。

↑具有壓倒性存在感的聖家堂

5 奎爾公園周邊
Parc Güell
MAP 別冊P4B1

在市區北部小山丘上的奎爾公園周
邊，有很多閑靜佇立的建築物。與
市中心相比是較悠閒的氣氛，秘密
基地般的餐廳也散布在其中。

Check! ●奎爾公園(➡P38)

【最接近的車站】M3號線LESSEPS站

↑可一望巴
塞隆納市區
的奎爾公園

Advice 從車站步行到奎爾公園需要約15分。因為連續是高高低
低的道路，在公園內也需要步行，記得穿好走的鞋子前往。另外，
夏天時也要記得準備帽子等防曬工具，且不要忘了補充水份。

**治安
情報** 因為是世界著名的觀光景點，因此以旅行者為目標的犯罪也不少。
人潮聚集的蘭布拉大道或加泰隆尼亞廣場要注意竊盜。舊市區的清
晨及夜間的搶劫事件也不少。尤其是在皇家廣場也要特別注意。

←蒙特
惠克山，視
野非凡

7 蒙特惠克地區
Montjuïc
MAP 別冊P5C4

位於市區的南側，以蒙特惠克
山為中心的地區。有很多運動
設施及美術館，也是萬博及奧
運的主場地。

Check! ●米羅美術館(➡P41)
●蒙特惠克城(➡別冊MAP/P5C4)

【最接近的車站】纜車鐵路PARC DE
MONTJUÏC站、M1·3號線ESPANYA站

←通往
舊港的棧橋

8 巴塞羅內塔
Barceloneta
MAP 別冊P5D3

地中海沿岸的港口地區。餐廳及
購物中心林立。棧橋「海上的蘭
布拉大道」是跨越在海上的明亮
拱橋，十分美麗，是人氣的夜景
景點。

Check! ●海上的蘭布拉大道(➡
別冊MAP/P5C3)

【最接近的車站】M4號線
BARCELONETA站

徹底解剖聖家堂！

聖家堂的巨大及複雜的形狀，
讓看到的人都為之震撼。
只要知道高塔及裝飾分別代表的意義，
就可以更深刻地感受這座聖堂。

獻給耶穌的中央的門。彫刻有耶穌誕生的故事

聖母戴冠

耶穌授冠給聖母瑪莉亞的畫面，常作為宗教畫的主題。左下方是聖約瑟

聳立在愛之門頂部的是象徵永遠的柏樹，及停駐於此的大理石鴿子

朝向右邊的門是獻給聖母瑪莉亞的門。可以看到世俗時代的耶穌等雕刻

左邊是獻給養父約瑟的門。描繪著抱著剛出生的耶穌逃向埃及的樣子

牧羊人的禮拜

民眾的象徵．牧羊人們知悉耶穌誕生而前來祝福的樣子。雕刻裡的牧羊人的帽子是加泰隆尼亞的傳統服裝

聖母領報

大天使加百列告知瑪莉亞降孕神子的著名場面

誕生立面
Façana del Naixement

高第生前幾乎完成的立面

表現耶穌誕生喜悅的立面，在晨光照射下相當美麗。是由4道門（有3道已完成）及4座鐘塔所構成，以數個雕刻敘述耶穌從誕生到年幼期的故事。

需時1小時30分
MAP 別冊 P8B1

耶穌的誕生
瑪莉亞與約瑟以溫柔目光凝視著剛出生的耶穌

聖家堂
Basílica de la Sagrada Família

欣賞高第建築的最高峰

在1882年以建設聖約瑟信徒協會的聖堂為旨而開始動工。隔年首任建築師辭任，承接的是當時沒沒無聞的安東尼‧高第。他所提出的構想，是用整個聖堂來表現聖經的內容。建設到現在已經過130年仍在進行當中，預定在高第死後100週年的2026年完工。已經完成的是「誕生立面」及「受難立面」，2016年的現在，「榮耀立面」依舊還在建築中。

世界遺產

data 交 M2‧5號線SAGRADA FAMÍLIA站步行即到　住C. de Mallorca 401　☎93-5132060　時9～20時（11～2月～18時、3‧10月～19時、12月25‧26日、1月1‧6日～14時）休不定休 料€15（電梯費€4.50）

坐在鐘塔之間的橋上的是金光閃耀的耶穌。象徵的是希望

陰刻的面容

張開著留有耶穌面容的裹頭巾的維洛尼卡像。耶穌的面容清楚可見

雕刻了從新約聖經中萃選出來敘述耶穌生前最後2天的8000字。重要的文字以金色呈現

受釘刑的耶穌

被釘在十字架上的耶穌的旁邊是約瑟與聖母瑪莉亞，以及抹大拉的瑪莉亞。腳邊還有讓人聯想到死亡的頭蓋骨

受難立面
Façana del Passió

傳達耶穌的苦難

從最後的晚餐到被釘上十字架的釘刑，再到復活的受難過程，大膽地用簡單的直線來呈現。由上中下組成的雕刻群，被柱子遮住的地方也不要遺漏

聖堂內部
Creuri i Transseptes

**內部為
十字架的形狀**

內部宛如森林裡的空間，是用一共36支獨特形狀的大理石柱所支撐。越上方有越多的分枝，就好像真的樹木一樣。聖堂內部為十字架形狀的構造也很有趣。

↓高第想呈現的是好像會成長的柱子

↑灑進自然光的側廊部花窗玻璃，是由巴塞隆納出身的玻璃工匠所製作

地下博物館

在聖堂地下有免費的博物館，展示著關於聖家堂的資料。有實際在設計時所使用的石膏模型，及雕刻家們所使用的工作室等。特別值得一看的是，可以理解聖堂構造的「倒掛實驗」的模型。將繩子兩端固定在天花板上，在鬆弛的狀態下掛上重物，形成自然的弧形，再用鏡子照出自然弧形上下相反的樣子。如此便能得知合理分散重量的構造，大聖堂便依此而建。

商店

在腹地內有2間商店，2間都有銷售繪有聖家堂的名信片及雪花球，另外也陳列了高第相關的書籍及週邊商品。

→高第建築之一，巴特略之家的立體紙拼圖€12

↑繪有聖家堂壁面的磁鐵€7.90

聖家堂攻略法

首先

確認參觀行程！

需時2小時30分

- 購買門票
- 受難立面
- 聖堂
- 電梯
- 鐘塔
- 誕生立面
- 博物館
- 伴手禮商店

門票購買方法

購買當日票

當日票是在受難立面旁的售票口購買。觀光季時可能需要等待上數小時，如果不想排隊的話最好在人少的上午前往。

事先網路預約

❶ 選擇門票種類

首先開啓連結 URL www.sagradafamilia.org/en/tickets（英文）。選擇只要進入聖堂的門票或包括登鐘塔的套票，再選擇進入聖堂的時間及同行人數。

❷ 選擇鐘塔的種類及時間

想登上鐘塔的人，接著選擇希望登上「誕生立面」和「受難立面」其中一個鐘塔。每進入聖堂一次只能選擇1個鐘塔。誕生立面的鐘塔在上塔時為電梯，下塔時為螺旋樓梯，受難立面則是上下塔皆為電梯。選擇鐘塔後，再選擇上塔的時間。

❸ 輸入必要資料

付款方式為信用卡，輸入必要資訊後進行付款。（若因天候不佳導致鐘塔關閉時，只會退回€4.50到付款帳號）

❹ 列印門票的PDF檔案

按下完成預約的按鈕，即可下載附有QR碼的門票PDF檔案。將檔案列印出來，當天攜帶著到入場時供工作人員確認。如果無法列印，PDF檔也會傳送到登錄的電子信箱，當天在入口處用手機等載具列出示給工作人員看也可以。事先預約的入口是在誕生立面那一側。

一定要

登上鐘塔！

1 在指定時間搭乘電梯

到了預約時間後，就在自己預約的立面側的電梯前排隊。因為不能攜帶背包及大型行李，所以要先寄放在電梯前的置物櫃。

2 橫渡鐘塔之間的橋

搭電梯上塔後，過橋走到相鄰的鐘塔吧。在這時可以遠望巴塞隆納的街景及藍色的大海，是聖家堂最大的美景景點。

3 站到陽台上

過橋走到相鄰的鐘塔後，沿著螺旋樓梯下塔。中途會出現一個陽台，走進去看看吧。從建築物下方仰望時是裝飾的一部分，而當自己就站在那裡面時，會有不可思議的心情。若是誕生立面側的話，還可以看到高第大道廣場的池塘。

4 從螺旋樓梯下塔

從受難立面側下塔是搭乘電梯，誕生立面側則是一路沿螺旋樓梯走下塔。這個有如漩渦一樣的美麗樓梯，一定要看看。

從這裡！
尋找最佳角度！

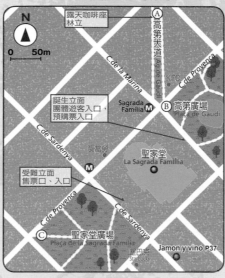

露天咖啡座林立

N
0　50m

C. de la Marina
C. de Provença
高第大道 (Av. de Gaudí)
KFC

誕生立面團體遊客入口、預購票入口

Sagrada Família　M

Ⓑ 高第廣場
Plaça de Gaudí

C. de Sardenya

麥當勞

聖家堂
La Sagrada Família

受難立面售票口、入口

C. de Provença
C. de Sardenya

Ⓒ 聖家堂廣場
Plaça de la Sagrada Família

星巴克 Starbucks

Jamon y vino P37

Ⓐ
MAP 別冊 P5C1

在大道兩側到處有咖啡廳及小酒館的露天座位，可以坐在露天座位上，邊吃飯邊悠閒地拍照。

Ⓒ
MAP 別冊 P8B1

從受難立面看到的廣場。其實比起在聖家堂附近，走到廣場的最遠處更能將整棟建築物拍進一張照片中。

Ⓑ
MAP 別冊 P8B1

誕生立面映照在池塘水面上，景色優美。打上燈光的夜間景色也很漂亮。

Ⓜ 地下鐵
SAGRADA FAMÍLIA站

已先上網預約的人，可以從通往誕生立面側的高第廣場出口出站。需購買當日票的人，則從通往受難立面側的聖家堂廣場出口出站較方便。

小憩景點

Jamón y vino
MAP 別冊 P8B1

→分量滿分的肉類拼盤€28～

參觀後的休息時刻來點生火腿&葡萄酒

這裡有生火腿吐司（€8）等以生火腿為主的菜色，以合理價格提供小菜及葡萄酒。位在從聖堂步行2分的地方，下午無休息時間，隨時可以前往。
♠M2・5號線SAGRADA FAMÍLIA站步行3分
住C. de Sardenya 310 ☎93-2659146
時10～24時 休無

←陳列著整排的牛腿

也推薦這裡！

高第建築巡禮

世界遺産　需時 半天

在巴塞隆納有很多由高第經手的建築物。因為花半天就可以走完了，就來巡禮一下吧。各地點DATA→P38

聖家堂
Ⓜ3號線LESSEPS站搭乘巴士約35分

奎爾公園
搭乘24路巴士約20分

Ⓜ3號線FONTANA站步行15分

米拉之家

步行6分

維森斯之家

巴特略之家

天才建築家安東尼・高第是…　Biography

誕生於銅匠家庭。學生時代在巴塞隆納學習建築。在巴黎萬博上被往後成為贊助者的富豪奎爾相中，在奎爾的贊助下創造了許多傑作。晚年則埋首於聖家堂的建築中。

1852年 誕生於加泰隆尼亞南部	1892年 聖家堂誕生立面工程開始
1873年 進入巴塞隆納的建築學校	1900年 建設奎爾公園（～1914年）
1878年 被優賽比・奎爾發掘	1904年 建設巴特略之家（～1906年）
1883年 就任聖家堂第2任建築主任、建設維森斯之家（～1888年）	1906年 建設米拉之家（～1910年）
1886年 建設奎爾宮（～1890年）	1926年 與世長辭

欣賞高第設計的建築物

從19世紀末到20世紀初期所建築的安東尼·高第的建築作品。
每一項都是被指定為世界遺產的傑作,值得一看!

從公園內觀景台所見的景色,可一望街景

世界遺產

奎爾公園
Parc Güell

需時1小時
MAP 別冊 P4B1

俯瞰巴塞隆納市街
高第的夢幻庭園住宅

在1900年到1914年之間由高第所建造的
作品。在贊助者奎爾的委託下,原本預定
建造成義大利風格的庭園住宅城市,但因
為房屋滯銷而宣告失敗。之後捐贈給巴塞
隆納市,在1922年開放作為公園。破碎磁
磚的裝飾及大量使用曲線的廣場等,都是
很有高第風格的手法。

data 交 M3號線LESSEPS站步行15分
住 Carrer d'Olot ☎93-4091831 時 8〜20時
(5月4〜9月6日〜21時30分、10月25日〜3月28
日是8時30分〜18時15分)※每年日期會略有不同
休 無 金 €8 link →P11

觀景台
百柱廳的上方是一座寬廣的觀景
台。波浪狀的椅凳也用破碎的磁磚
及玻璃作裝飾。

蜥蜴噴水池
彩色的破碎磁磚使人深刻印象的公園地
標。也有它是龍而不是蜥蜴的說法。在
中央樓梯迎接著觀光客的到來。

百柱廳
在建設的當時預定
是作為市場使用,
以86根柱子所建造
出來的大廳。天花
板上4個圓形的裝
飾是高第的徒弟約
瑟夫·馬利亞·喬
傑爾的作品。據說
代表了四季。

入口 廁所 入口 德利亞斯之家 入口 廁所 舊奎爾官邸 各各他山 廁所 高第博物館 入口 入口 入口 大樓梯 正門

柱廊
設置了3個柱廊,
建築樣式因高低落
差不同而異。傾斜
的柱子模仿的是椰
子樹。而為了讓車子也能通行,幅度
比較寬。

小小預習 欣賞高第建築的**方式**

安東尼·高第
Antoni Gaudí
1852年誕生於加泰隆尼亞南部
銅匠家庭,在16歲時立志成為建
築師。後來搬到巴塞隆納居住,
經苦學之後終於成為建築師。

色彩與曲線
高第特別講究色彩,因此突顯
了形狀及分量感。大量使用曲
線是為了表現在建築物中有生
命的存在。

穆德哈爾建築
融合了伊斯蘭教文化與天主教
建築的風格。在奎爾別墅及維
森斯之家等都可以看到這個特
色。

雕刻
據說聖堂在建造時,高第為
了製作雕像,還利用活人或死
者以石膏取模好作研究。

攻略的要訣
這段距離離市中心有一段距離。從加泰隆尼亞廣場移動最好
抓約1小時。去程因為是上坡,搭計程車較方便。

還有這裡!

高第博物館 Casa Museu Gaudí
展示高第所設計的傢俱及遺物等。這裡過去
是高第的住所,在搬到聖堂之前據說是居
住在這裡。

data 住 奎爾公園內 時 9〜20時 (10〜3月10〜18時、12月25、
26日、1月1〜6日〜14時) 休 無 金 €5.50 別冊MAP/P4B1

米拉之家
Casa Milà（La Pedrera）

`需時1小時`
`MAP 別冊 P10A1`

海浪般的設計相當奪目的人氣作品

外觀像是海浪一樣的特色住宅，據說是以地中海為意念。外牆大膽地不使用色彩，而是保留了石頭切割後的形體，因此也被稱為「La Pedrera（採石場）」。從屋頂可以看到一整面如棋盤般的巴塞隆納街景。

`data` 🚇M3、5號線DIAGONAL站步行3分 🏠C.de Provença 261-265 ☎902-202138 🕐9～20時(11月3日～12月24日、1月4日～2月26日9～18時30分)※每年日期會略有不同 🈺1月11～17日 💰€20.50 `link`→P45

在遠方也會被吸引的獨特氣氛

巴塞隆納 徹底解剖高第的傑作

✤攻略的要訣

✤有時購買門票及等待電梯會花點時間。最好趁避開館後人潮較少的時段前往。

屋頂
在屋頂使用了名為Azulejo的白色瓷磚，用來表現山上積雪。煙囪的外型為穿著盔甲的戰士。

頂樓的回廊
這裡是高第博物館。展示了高第全部作品的模型和圖板，有很多值得一看的內容。

⬇磁磚的不規則配置很有趣

屋頂
香菇形狀的煙囪和有如龍背脊的屋頂等，獨特的外型給人深刻的印象。高第把煙囪也視為是裝飾品。

立面
使用的是廢棄玻璃和蒙特惠克山的石頭等。據說玻璃的位置也是高第親自向石匠下指示。

巴特略之家
Casa Batlló

`世界遺產` `需時1小時` `MAP 別冊 P10B3`

廢棄的玻璃閃耀發光的獨創性宅邸

在實業家巴特略的委託下，高第在1870年代所建築的宅邸，因為陽台和柱子的形狀也被稱為「哈欠之家」、「骨頭之家」。使用廢棄玻璃及陶器碎片作裝飾。樓梯的門板也細心製作，連細部都充滿高第的講究。

`data` 🚇M2、3、4號線PASSEIG DE GRACIA站步行3分 🏠Passeig de Gràcia 43 ☎93-2160306 🕐9～21時（最後入場為20時）🈺無 💰€21.50 `link`→P44

✤攻略的要訣

✤不定期會在14時就閉館，必須事先作確認。盡可能在上午參觀比較保險。

維森斯之家
Casa Vicens

`世界遺產` `需時30分` `MAP 別冊 P7D1`

穆德哈爾樣式的美麗住宅建築

高第的第一棟住宅建築。因為業主是磁磚製造商而大量使用磁磚是它的特色。混合了穆德哈爾樣式也是看點之一，阿拉伯風格的外觀相當特別。

`data` 🚇M3號線FONTANA站步行5分 🏠C.de les Carolines 18-24 ※僅提供參觀外觀

⬇外觀磁磚的設計，仔細看會發現是這個地區盛開的萬壽菊圖案。

⬇和米拉之家相反是以直線所構成

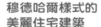

進入畢卡索、米羅、達利的世界
接近3大巨匠的藝術

西班牙所孕育的藝術家——畢卡索、米羅、達利。對後來的藝術界造成巨大影響的他們，年輕時代都是在巴塞隆納度過。來接近他們在城市裡留下的作品吧。

巴勃羅·畢卡索 Pablo Picasso
1881~1973年

出身於馬拉加，在14歲時移居巴塞隆納，並居住了將近10年。在這裡正式以畫家起步，與年輕藝術家們熱烈地進行交流。搬到巴黎後也曾回到巴塞隆納，《亞維農的少女》畫的就是巴塞隆納舊市區的亞維農大道。

《侍女》
Las Meninas 1957年

©2016-Succession Pablo Picasso-SPDA(JAPAN)

仿繪自西班牙巨匠委拉斯開茲所繪製、收藏在普拉多美術館的《侍女》（→P81），是畢卡索的連作之一。連作全部一共有58幅。構圖及畫中人物與原畫都相同，但人物的描繪及陰影對比等，都充滿了畢卡索的風格。

©2016-Succession Pablo Picasso-SPDA(JAPAN)

《小丑》 Arlequín
1917年

畢卡索居住於巴塞隆納時的初期作品。描繪主角為小丑，畫面左邊的深紅色的窗簾與藍色的服裝，是絕妙的色彩對比。

畢卡索美術館
Museu Picasso
博恩地區周邊 別冊 MAP P13C2

展示少年時代的珍貴素描

這裡是改裝自貴族住宅，於1963年開幕的美術館。館內可以參觀到畢卡索在少年時代所繪製的素描等珍貴的作品。除了圖畫之外，也展示了版畫、陶器等各式各樣的作品。走累了也可以在併設的咖啡廳裡小作休息。

data 交M4號線JAUMEI站步行5分
住C.de Montcada 15-23
電93-2563000 時9~18時(週四~20時)
休週一 費€14

→美術館的入口。這裡在過去是貴族的住宅

鑑賞的要訣
由於有入場限制，早點去或是事先預約比較好，旺季時門票有售罄的可能。

←展示品構成是以遺產及捐贈所

+α
建築師會館的壁畫
Mural del Col.Legi d'Arquitectes
別冊 MAP P12B2

在街角邂逅畢卡索的作品

在設計建築物的Xavier Busquets的委託下，畢卡索將素描繪製在牆壁上。用簡單但強力的筆觸，表現了民族舞蹈薩達納舞（→P48）及巨人Gigantes等。

data →P49

↑位於巴塞隆納大教堂的正面。用簡單但躍動的線條所繪製

在馬德里可以看到的代表作
《格爾尼卡》→P85 《穿藍衣的女人》→P85

胡安·米羅
Joan MirÓ 1893-1983年

誕生於巴塞隆納富裕的工匠家庭，從年幼時期就夢想成為畫家。一直以來繪製的都是加泰隆尼亞的田園風景，在巴黎留學時代受到立體派、野獸派的影響，並透過這兩個派流的表現手法確立其地位。在巴塞隆納留下不少描繪主題極度單純、充滿活力色彩的作品。

©ADAGP,Paris&JASPAR,Tokyo,2016
C1047

☘ Tapiz de la Fundación
☘ 1979年

米羅以女性為主題繪製的作品。羊毛製，由織錦畫設計師Josep Royo所編織。色彩豐富，鮮豔的用色讓人印象深刻。

米羅美術館 蒙特惠克地區 [MAP]別冊 P5C4
Fundació Joan Miró

收藏約1萬件米羅的作品

展示了米羅的各種跨領域作品，如繪畫、雕刻、版畫、紡織品等。收藏作品高達約1萬件，可以感受到米羅豐富的才華。建築物是由加泰隆尼亞出身的建築師Josep Lluis Sert所設計。

data 纜索鐵路PARC DE MONTJUïC站步行3分 Parc de Montjuïc
93-4439470 10～20時 (10～6月～19時，週四～21時，週日、國定假日～14時30分) 休週一 €11

鑑賞的要訣
每間展示室的繪畫和紡織品等都以年代別展示，可坐在室內設置的長椅上慢慢欣賞。

↑米羅有很多以鳥為題材的雕刻

©ADAGP,Paris&JASPAR,Tokyo,2016
C1047

☘ Pareja de enamorados de los juegos de flores de almendro 1975年

表現樂於遊戲的戀人們的作品。60年代之後米羅的雕刻作品中，大型且使用色彩的作品越來越多。

+α
米羅公園 蒙特惠克地區 [MAP]別冊 P7D4
Parc Joan Miró

可欣賞到米羅作品的秘密景點

矗立著米羅晚年作品《女人與鳥》的公園。立於人工池塘旁的作品色彩鮮豔且巨大，從遠處就看得到，是這個公園的地標。

data 1·3號線ESPANYA站步行5分 Parc Joan Miró

米羅的馬賽克地板 蘭布拉大道 [MAP]別冊 P12B4
Mosaico de Miró

出現在車站前的彩色馬賽克畫

繪製在LICEU站附近地上的米羅的馬賽克畫。特色是極度單純的圖案與鮮豔的色彩。

data →P47

在 也可以看到的
《叼煙斗的人 (Hombre con Pipa)》→ P85

薩爾瓦多·達利
Salvador Dalí 1904-1989年

誕生於加泰隆尼亞的小鎮菲格雷斯，自小繪畫才能被受肯定，雖然進入馬德里的美術學校，但遭退學而前往巴黎。被超現實主義影響，確立了夢想與現實交錯之下衝擊性的獨特世界。歷經移居美國，最後晚年在加泰隆尼亞的港口城市里加特港渡過。

巴塞隆納皇家藝術家協會
Real Círculo Artístico de Barcelona

哥德地區　MAP 別冊 P12B2　↓館內四處都展示了作品

充滿達利讓人意外的作品

雖然是規模較小的博物館，但展示了700件以上由個人收藏的達利繪畫、雕刻等，即使不是達利迷也非常值得一看。也有豐富的照片收藏，可以看到達利不為人所知的面貌。

鑑賞的要訣
值得一看的雕刻很多，可以慢慢逛。矚目作品《創造世界的七天》裝飾在地下暗室裡，不要錯過了。

data ☒M1·3號線CATALUNYA站步行5分
⊞Arcs 5
☎93-3181774
⊞10～22時
休無
金€10

←磚造的外觀
↓美術館就在畢卡索的壁畫附近

+α

還有！
從巴塞隆納出發的小旅行就可到達！

達利作品鑑賞SPOT

位於出生地菲格雷斯的達利美術館、位於里加特港，住宅兼畫室的達利之家、位於普柏，送給加拉夫人的加拉之家，在三個城市中可以看到達利的作品。以巴塞隆納為起點，來個欣賞達利作品的小旅行吧。

卡達克斯
里加特港
菲格雷斯
普柏
FLACA
巴塞隆納
0　　50km　N

達利美術館
Teatre Museo Dalí

↓外觀也設置了雕刻

收藏最大規模的達利作品

改裝自市劇場，於1974年開館的美術館。收藏了達利死後所留下超過1萬件的作品，從初期到晚年的作品皆有展示。

data ➡P76
所在地 **菲格雷斯** Figueres
從巴塞隆納往北約140km，位於法國邊境附近的小城市。是達利的誕生地，在他前往馬德里學習美術之前都在這個城市生活。
交通方式 ➡P76

→屋頂上有雞蛋，牆壁上有麵包

達利之家
Casa-Museo Salvador Dalí

↓位於面地中海的卡達克斯的海灣

在小小的海灣重現達利世界

利用達利的住宅兼畫室的建築物來展示作品。展示了他常用的畫具和未完成的畫作等珍貴的資料。

data ☒從卡達克斯的巴士站步行20分
⊞Portlligat　☎972-251015　⊞11月2日～1月10日與2月12日～6月14日為10時30分～18時、6月15日～11月1日為9時30分～21時　休2月13日～3月15日、11月1日～11月30日的週一、1月11日～2月11日　金€11(需上網預約)　www.salvador-dali.org/museus/casa-salvador-dali-portlligat/es_index/

所在地 **里加特港** Port Lligat
位在菲格雷斯的東邊布拉瓦海岸的度假勝地，是位在越過卡達克斯的山頂的漁村，也是達利度過晚年的地方。

界館內盡是達利的世

↓建築物原本是中世紀的城堡

加拉之家
Casa-Museo Castell Gala Dalí

©Fundació Gala-Salvador Dali, 2014

達利送給愛妻加拉的禮物

改裝自加拉夫人的住宅。除了達利的版畫及素描，還以原來的模樣展示了加拉夫人喜愛的服裝等物品。

data ☒巴士站(la Gasolinerab de la Pera)步行20分
⊞Pl. Gala Dali　☎972-488655　⊞11月2日～1月10日為10時～17時、3月14日～6月14日與9月16日～11月1日為10時～18時、6月15日～9月15日為10時～20時　休週一(6月15日～9月15日無休)、1月11日～3月13日　金€8

所在地 **普柏** Pubol
位於菲格拉斯南部，是有著美麗田園風景的城市，這裡有座達利為了加拉而購買的古城。保留了中世紀古城的面貌，同時也利用極具達利風格的建築物，公開眾多作品。

交通方式 巴塞隆納搭乘往FLACA的地方快車，需時1小時35分。FLACA轉乘巴士約10分，在la Gasolinerab de la Pera下車，步行20分。

當伴手禮也很適合！
博物館商品
Selection

除了藝術家相關的商品外，
在博物館的商店裡
也有很多時尚的商品。
在欣賞完美麗的作品後，
來尋找一下特別的記念品吧。

←鉛筆、原子筆
等文具類也很豐
富

⬇作品《人物》
的簡單風格小錢
包€15～

⬆印製了畢卡索畫作
的馬克杯，是他送給
好友Eugenio Arias的
作品€9.20

➡鴿子形狀的原
子筆各€3.20，
是畢卡索很喜
歡畫的圖案

⬇一筆勾畫出
駱駝圖案的小
盤各€10.30。
也有鴿子和蝴
蝶等圖案

畢卡索美術館
➡P40

⬆寬敞的店內由3個空間所
構成，也有大型書店
「Laie」的店舖

⬇記事本式的便條紙。
是方便攜帶的口袋尺寸
€9.70

米羅美術館
➡P41

←陳列了從飾品到
兒童玩具、設計稀
見的商品

⬆獨特用色給人
印象深刻的口金
零錢包€15～

➡普普風色彩活潑的迷你海
報。B5尺寸最適合當伴手禮
€11～

⬇《火焰與裸女》（左）與
《蔚藍的金色》（右）的筆記
本，各€4.90～

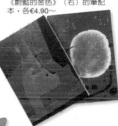

➡1977年作
品《夜之人
物》的防熱
手套。是很
實用的伴手
禮

⬆印有《坐在沙發上的女
人》等作品的抱枕套
€69.90

←可愛設計的藝術遊戲書
€9.90，適合小朋友的塗色
本為€8～

©2016-Succession Pablo
Picasso-SPDA(JAPAN)

巴塞隆納皇家藝術家協會
➡P42

➡售票處同時也
是博物館商店

←金屬的CD
收藏盒€7。是
最有人氣的商
品

欣賞格拉西亞大道上的建築物

在格拉西亞大道上，以高第為首的著名建築師所建造的現代主義建築物林立。
邊注意其各自個性上的不同，邊欣賞他們留下來的多數作品吧。

小小預習 什麼是現代主義建築？

現代主義建築的原文「Modernismo」在西班牙語裡是「近代主義」的意思，指的是加泰隆尼亞地區發生在19世紀末到20世紀初的藝術復興運動。尤其是在建築領域當中，因為有新興資產階級提供豐富的資金援助，而讓復興運動相當熱絡。高第（→P37）就是現代主義建築的代表性建築師之一。

高第的對手們

多梅內克・蒙塔內爾
Domènech i Montaner

1850年誕生於巴塞隆納。25歲時擔任建築學校的教職，也曾指導筆年紀小他2歲的高第。將受到西班牙國內阿拉伯建築影響的理性主義及現代主義風格獨特的曲線融合，是其特徵。

約瑟夫・普意居・伊・卡達法爾契
Josep Puig i Cadafalch

1867年誕生於馬塔羅。以24歲的年輕之姿成為馬塔羅市公認的建築師，在故鄉十分活躍。爾後在巴塞隆納成為多梅內克・蒙塔內爾的徒弟，被稱為是最後的現代主義建築師。

安東尼・塔皮埃斯美術館
Fundació Antoni Tàpies

 MAP 別冊 P10B3

 蒙塔內爾

現代藝術×現代主義建築

展示出身於巴塞隆納的藝術家安東尼・塔皮埃斯作品的美術館。建築物是由蒙塔內爾所設計。

data 区 M2・3・4號線 PASSEIG DE GRÀCIA 站步行4分
住Aragó 255
☎93-4870315
時10～19時 休週一
費€7

屋頂上的鐵絲裝飾是安東尼・塔皮埃斯的作品

 高第

 世界遺產

完工當時也被稱為「骨頭之家」

巴特略之家
Casa Batlló

MAP 別冊 P10B3

高第圓熟期的代表性傑作

在實業家約瑟普・巴特略・伊・卡薩諾瓦斯的委託下，由高第進行改裝的宅邸。正面裝飾了藍色、綠色的玻璃片及圓盤形的磁磚，在陽光照射下十分耀眼美麗。

data →P39

1

阿馬特耶之家
Casa Amatller

 卡達法爾契

MAP 別冊 P10B3

特殊的人字形山牆給人深刻印象

施以浮雕的壁畫、色彩豐富的人字形屋頂都很美麗的建築物。在入口處放置了表現聖喬治屠龍的雕刻。負責巴特略之家改建的高第，據說對於這棟相鄰的建築物相當在意。

data 区 M2・3・4號線PASSEIG DE GRÀCIA站步行3分
住Passeig de Gràcia 41
☎93-4617460 時60分導覽僅提供英文，時間為11時～。30分導覽為15時30分～18時，每1小時1次(時有變動)
休無 費€15
※內部參觀必須參加導覽

2

1.在巧克力職人安東尼・阿馬特耶的委託下建設的建築物 2.獨特配色的牆壁非常特別

卡達法爾契 可看出受到哥德建築影響

刺針之家．

米拉之家
El Cafe de la Pedrera

Dos I Una P61
Roca Moo P56
Gallery Hotel P72
Camper P68
DIAGONAL

0　200m

\也CHECK這裡!/
科馬拉特之家
由薩爾瓦多・瓦萊利於1911年所建設的宅邸

P66 De Tapa Madre

Cristina
Castaner P68
Mauri P67
Lupo P59
Restaurante
Cinco Jotas P64
Cervecería
Catalana P52
Pretty Ballerinas P68
Nice Things P69

Loidi P57
Mango P59
Bimba y Lola P58
Sabon P70
Zara Home P61

La Vinoteca
Torres P64
Claris P71

\也CHECK這裡!/
高第的路燈
在格拉西亞大道的兩側立了由高第設計的路燈

地鐵4號線

PASSEIG DE
GRACIA
巴特略之家
Citrus P64

安東尼・塔皮埃斯美術館
阿馬特耶之家

步行約3分

Thai Barcelona P67
Tapas 24 P53
Adolfo Domínguez P68

Cacao Sampaka P70
獅子與桑樹之家
NH Calderon P72
Loewe P69
加泰隆尼亞現代主義美術館 P62
PASSEIG DE GRÀCIA

Vinitus P65

\也CHECK這裡!/
亞洲之家
由卡達法爾契負責設計。請注意其細緻的裝飾

CATALUNYA

1.3樓以上為住宅，導覽只會介紹2樓的部分
2.1樓為高級品牌Loewe的店鋪

蒙塔內爾

1
2

刺針之家
Casa de les Punxes
MAP 別冊 P8A1

卡達法爾契的代表作

在1905年受到特拉德斯姊妹要求而建設，彷彿是中世紀歐洲城堡的建築物。建築物的頂端有6座塔，塔上有像針一樣的裝飾品，因此被命名為加泰隆尼亞語的「刺針之家」。

data 地鐵3・5號線DIAGONAL站步行5分
住Av.Diagonal 416-420 ※內部未開放參觀

El Café de la Pedrera
MAP 別冊 P10A1

短暫休息

在世界遺產內的小憩時光

併設在米拉之家內的咖啡廳＆餐廳。天花板和米拉之家是同樣的設計。午餐套餐€19等，也可以享用餐食。

也提供午餐和晚餐

data 地鐵3・5號線DIAGONAL站步行3分
住Passeig de Gràcia92 電93-4880176
時8時30分～24時 休無 （晚餐）

高第

世界遺產

獅子與桑樹之家
Casa Lleó Morera
MAP 別冊 P10B3

精緻裝飾與花朵圖紋磁磚都是亮點

在1864年蒙塔內爾重新改修的建築物，大量使用了花朵圖紋磁磚及浮雕，非常美麗。每個樓層不同的裝飾、曲線形的陽台、屋頂上的塔以多根柱子支撐，值得注目欣賞。

data 地鐵2・3・4號線PASSEIG DE GRÀCIA站步行3分
住Passeig de Gràcia 35 時30分快速導覽為10時～18時30分，每1小時1次 休週一 費€12（60分導覽為€15） ※內部參觀必須參加導覽，需預約

米拉之家（採石場）
Casa Milà（La Pedrera）
MAP 別冊 P10A1

波浪狀的外觀非常有特色

在實業家貝雷・米拉的要求下開始建設。波浪狀的外觀、屋頂上盔甲形狀的煙囪、模擬植物的陽台等，充滿值看一看的部分。

data →P39

據說波浪狀外觀想表現的是地中海的樣貌

漫步在蘭布拉大道♪

蘭布拉大道被英國作家薩默塞特‧毛姆稱作是「世界上最美麗的街道」。
散步道上有伴手禮店等攤販及整排的梧桐樹，不管白天晚上都因旅客而熱鬧非凡。

A 博蓋利亞市場
（聖約瑟市場）

Mercat de la Boqueria
（Mercat de Sant Josep）

MAP 別冊 P12A3

充滿活力的市民廚房

正式名稱為聖約瑟市場。陳列有新鮮蔬菜、肉類、海鮮、水果等，一直都是很熱鬧的市場。也有很多極具個性的小酒館，一邊買東西一邊續攤也很有趣。也有銷售新鮮水果果汁€1.50～等，想休息時就順便繞來這裡看看吧。

data 交M3號線
LICEU站步行3分
住La Rambla 91
☎93-3182584
時8時～20時30分
（視店舖而異）
休週日

1.市場裡招牌店員用笑容迎接著客人！ 2.堅果類等為秤重銷售 3.到處都是色彩鮮豔的零食 4.新鮮水果堆成座小山 5.累了就買水果或果汁休息一下！

市場裡的小酒館也要CHECK！

Bar Pinotxo
MAP 別冊 P12A3

找到開朗的老闆就對了

Pinotxo大叔是市場裡的名人，而這裡是他的小酒館。從早上到傍晚都是人潮絡繹不絕的人氣店。使用當季食材的傳統家庭菜色很美味。

data 交住與市場相同
☎93-3171731
時6～16時 休週日

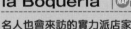

1.鱈魚沙拉Ensalada de Bacalao €4.50 2.燉牛肉Capipota€6
3.有時會大排長龍 4.有名的Pinotxo大叔

El Quim de la Boqueria
MAP 別冊 P12A3

名人也會來訪的實力派店家

隨時被來自世界各地的客人擠滿，販售正統菜色的小酒館。讓來到這裡的米其林星級餐廳主廚也甘拜下風。在香港也有分店。

data 交住與市場相同
☎93-3019810
時7～16時（週五‧六為～17時）
休週日‧一

1.螢烏賊的煎蛋Plato Estrella con chipirones€19.75 2.香菇炒小扁豆佐鵝肝醬Salteado de setas variadas con foie gras caramelizado€23.95 3.ㄷ字形的吧台 4.老闆Kim先生

擠滿觀光客的蘭
布拉大道

Ⓐ 博蓋利亞市場
—Bar Pinotxo
—El Quim de
la Boqueria
Sukaldari P53 ●

Vicens ●
P70

Granja La
Pallaresa
P49

C. de Petritxol

Escribá Ⓑ

米羅的馬賽克磚地板

路上有很多街
頭畫家

Ⓒ LICEU

蘭
布
拉
大
道

● Cafe de L'Opera
P67

可以自由拍照！

利塞奧大劇院 P62 ●

步行
約3分

有很多
街頭表演者哦

Les Quinze Nits P54 ●

皇家廣場的路燈 ●

皇家廣場 Ⓓ

La Rambla

Ⓔ
奎爾宮

Art Escudellers Ⓕ
▼往DRASSANES站

N
0   50m

Ⓑ **Escribà** MAP 別冊 P12B3

1906年創業的老店

巴塞隆納市民無人不知的甜點名店。其中評價最高的是巧克力和蛋糕，也曾獲得世界上無數獎項。除了甜點店之外，還附設了咖啡廳，所以很適合也在這裡短暫休息。現代主義式的外觀也不能錯過。

data 交M3號線LICEU站步行3分
住La Rambla 83　☎93-3016027
時9～22時　休無
link →P21

1.面對著蘭布拉大道的外觀。在入口旁邊有露天座位
2.進入店裡的前方是商店，後方是咖啡廳

Ⓒ **米羅的馬賽克磚地板** MAP 別冊 P12B4
Mosaico de Miró

在馬路正中央的圓形馬賽克磚畫

米羅在1976年所製作的馬賽克畫。位於人潮眾多的蘭布拉大道的地鐵LICEU站附近。是米羅特有的抽象形狀及豐富用色。

因為是人潮很多的地方，小心不要錯過了

data 交M3號線LICEU站步行即到　住La Rambla

Ⓓ **皇家廣場** MAP 別冊 P12B4
Plaça Reial

高第製作的路燈聳立於廣場裡

廣場上的路燈，是高第取得建築師資格後第一件設計的作品。小酒館和咖啡廳圍繞著廣場，到深夜也都很熱鬧。

data 交M3號線LICEU站步行3分
住Pl. Reial

路燈是以石頭與青銅所製作

奎爾公園著名的
蜥蜴€15.16～

Ⓕ **Art Escudellers** MAP 別冊 P12B4

採買現代主義藝術商品當伴手禮

這裡收集有以現代主義建築為主題的雜貨。奎爾公園的蜥蜴和奎爾公園的煙囪的擺飾品很受歡迎。以達利與米羅作品為主題的杯子等物也很有趣。

加泰隆尼亞音樂堂
的柱子€25～

奎爾公園的長
椅€50～

data 交M3號線LICEU站步行5分
住Escudellers 23　☎93-4126801
時11～23時　休無

Ⓔ **奎爾宮** MAP 別冊 P12B4
Palau Güell

高第初期的傑作

高第在奎爾的要求下所設計的初期作品。採用了大理石的豪華建築物，在當初是為了作為別館使用而建造，但因為奎爾在完工後太過滿意，將這裡改作為本館來使用。

正面玄關有鋼鐵製的加泰隆尼亞徽章

data 交M3號線LICEU站步行5分　住C.Nou de la Rambla 3-5
☎93-4725775　時10～20時（11～3月～17時30分）　休週一（遇國定假日則開館）、12月26日、1月18～24日　費€12

在哥德區探索歷史

哥德區位於巴塞隆納舊市區的中心位置，13～15世紀建築物林立，是有悠久歷史的地區。欣賞莊嚴的哥德建築和巡禮老字號店家，享受探索歷史的散步吧！

1.3.巴塞隆納大教堂前的廣場 2.蘭布拉大道通往巴塞隆納大教堂的小路

巴塞隆納大教堂
Catedral de Barcelona

MAP 別冊 P12B2

加泰隆尼亞的哥德式建築傑作

巴塞隆納大教堂的建造從1298年到1448年，歷經了一世紀以上才完成。屬於加泰隆尼亞哥德式建築的教堂。內部為厚重的三廊式構造，在主祭壇下的地下聖堂，安置著巴塞隆納守護聖女聖埃烏拉利亞的石棺。

data 交M4號線JAUME I站步行3分 住Pl. de la Seu ☎93-3428262 時8時～12時45分、17時45分～19時30分(週日～13時45分、週六·日下午為17時15分～20時) 休無 費免費※僅13～17時30分(週六為～17時、週日為14時～)€7(包含迴廊、瞭望台、美術館的特別入場)

1.哥德地區的象徵
2.迴廊的中庭裡還有噴泉
3.美麗的花窗玻璃

市立歷史博物館
Museu d'Història de la Ciutat

MAP 別冊 P13C2

了解巴塞隆納的歷史

使用14世紀的加泰隆尼亞哥德式建築的貴族宅邸作為歷史博物館。忠實重現了公共澡堂等設施，可以看到當時庶民們的生活方式。

data 交M4號線JAUME I站步行3分 住Pl. del Rei, s/n ☎93-2562100 時10～19時(週日為～20時) 休週一、5月1日、6月24日 費€7

羅馬時代的遺跡不容錯過

這裡也要 CHECK!

巴塞隆納大教堂正面廣場

聖母主教堂正面廣場在每週日的11時15分到13時之間（有時會變動），會演奏加泰隆尼亞民族音樂薩達納。有機會的話就一起參加吧。遇國定假日及雨天則中止。

與市民一起圍成圈圈跳舞吧

國王廣場
Plaça del Rei
MAP 別冊P13C2

亞拉岡王國的中心地

這個廣場過去在14～15世紀的亞拉岡王國時代為王宮中心。三方被總督宮、塔內爾廳、馬蒂諾王的瞭望塔、聖亞加大小堂所圍繞。其中塔內爾廳是1493年哥倫布發現新大陸後回國時，謁見伊莎貝爾女王的歷史性場所。

data 交M4號線JAUME I站步行2分 住Pl. del Rei

1.廣場為歷史博物館的一部分，可進行參觀 2.哥德式的厚重建築物圍住整座廣場

建築師會館的壁畫
Mural del Col. Legi d'Arquitectes
MAP 別冊P12B2

在街角欣賞畢卡索的作品

在巴塞隆納大教堂正對面，於1962年完成的建築師會館的壁面上，有由畢卡索所畫上的素描。有民族舞蹈的薩達納及巨人Gigantes等，以躍動的筆觸呈現他在少年時代所看到的加泰隆尼亞的祭典模樣。

很有畢卡索風格，強而有力的素描

data 交M4號線JAUME I站步行5分 住Pl. Nova 5

Cereria Subirà
MAP 別冊P13C2

以傳統製法製作的蠟燭

這裡是創業於1761年的蠟燭專賣店。講究手工製作，商品有9成以上都是在市內的工坊所製造。從傳統作禮拜用的蠟燭，到模仿高第建築外型的家用飾品，種類相當豐富。

螺旋狀蠟燭€2.30。另外還有5～6種顏色

可愛的小豬€2

和真花一樣的三色堇€13.60

data 交M4號線JAUME I站步行2分 住Baixada de la Llibreteria 7 ☎93-3152606 時9時30分～13時30分、16～20時（週五為9時30分～、週六為10時～）休週日

1.店裡色彩豐富，非常可愛 2.店舖就在巴塞隆納大教堂的後面

Granja La Pallaresa
MAP 別冊P12B3

想吃熱巧克力和巧羅絲的話就要來這裡

這間店創業於1947年。為了享用招牌的熱巧克力和巧羅絲，從開店前就有大排長龍的客人。店裡面保留著創業當時的古典氣氛。另外還有布丁及蕃茄乳酪淋蜂蜜等種類多樣的傳統甜點。

data 交M3號線LICEU站步行5分 住C. de Petrixol 11 ☎93-3022036 時9～13時、16～21時（週日為9～13時、17～21時）休無 Link →P21

1.巧羅絲€1.65。沾著甜度較低的巧克力一起吃！ 2.熱巧克力上加了如山的鮮奶油，Suizo€3 3.復古設計的外觀 4.清爽的店內。在櫃台上也有陳列麵包，也提供輕食

Caelum
MAP 別冊P12B3

品嘗修道院製作的餅乾

以西班牙國內的修道院原創食譜所製作的餅乾，大受好評。是以自古傳承的製法精心製作。在1樓及地下室也有咖啡廳區域。地下室為洞穴的風格，非常浪漫（僅下午開放）。

data 交M3號線LICEU站步行5分 住C. de la Palla 8 ☎93-3026993 時10時～20時30分（週五・六為～22時、週日為～21時）休無 Link →P21

1.愛心形狀的杏仁糖糕€2.30（1個）、1盒為€16.85 2.撒上松子、氣味芳香的杏仁糖糕€2.20（1個）3.小巧的店內擺滿了手工製作的餅乾 4.店面就位在小巷交叉的位置

在博恩地區尋找美食

摩登的商店與歷史悠久的街道融合，博恩地區是引起話題的時尚地區。這裡有很多美食專賣店，邊悠閒漫步，邊尋找伴手禮，享受邊走邊吃的樂趣。

1.2.在高品味的商店及小酒館之中，也能看到居民的日常生活
3.夏天炎熱，連當家犬也在休息中

聖卡塔林納市場
Olis Oliva

步行約3分

畢卡索美術館 P40

C. de la Princesa
C. dels Flassaders
C. del Rec
C. de Commerce
C. Antic de Sant Joan
C. de Montcada

Casa Gispert

Cal Pep P53

JAUME I Ⓜ
C. de l'Argenteria
市立歷史博物館 P48
Cereria Subira P49

Senyor Parellada P65
Kukuxumusu P69
海洋聖母聖殿

Bubo Bar P53
Bubó

La Vinya del Senyor

Shanti Gelato
Plaza de Palau

Vila Viniteca

Via Laietana
C. dels Agullers

N
0　50m

La Vinya del Senyor

MAP 別冊 P13D3

葡萄酒愛好者必訪的酒吧

這裡收集了國內外約450種的葡萄酒，以杯裝提供的葡萄酒有21種。小菜則有乳酪及燻製拼盤等冷製菜色約25種。因為座位數不多，所以是客滿率很高的人氣店。

data 地鐵4號線JAUMEI站步行7分 地Pl. Santa Maria 5 電93-3103379 營12時30分～翌1時30分(週五為～翌2時、週六為12時～翌2時、週日為12～24時) 休無

1.露天座位的前方就是海洋聖母聖殿 2.高質感的橄欖油與蕃茄的酸味刺激食欲的pan con tomate€3 3.切成丁狀的燻鮭魚€7.10 4.3種西班牙產乳酪的拼盤€7.95

Bubó

MAP 別冊 P13D3

著名蛋糕師傅的摩登甜點

由曾經獲得多項榮耀獎項的蛋糕師傅Carles Mampel所經營的甜點店。店裡也有內用的空間。再往前一點也有Mampel所經營的小酒館&咖啡廳Bubó Bar(→P53)。

data 地鐵4號線JAUME I站步行7分 地C. de les Caputxes 10 電93-2687224 營10～22時(週五・六為～24時) 休無

1.2016年春天首次登陸日本的高級甜點店 2.SAINT HONORE€4.20，大量的覆盆子與巧克力非常對味 3.甜點店的代表作XABINA€4.20，是2005年獲得巧克力蛋糕世界大賽優勝的蛋糕

聖卡塔林納市場

El Mercado de Santa Caterina

MAP 別冊P13C1

以食材為中心的市民廚房

位於修道院的舊址，為巴塞隆納第二古老的市場。市場內天花板很高，很有開放感。由著名建築師所設計的建築物也值得一看。

data 🚇M4號線JAUME I站步行6分
🏠Av. Francesc Cambó16 📞93-3195740 🕐7時30分～15時30分（週四・五為～20時30分，視店舖而異） 休週日

標記是曲線如海浪般的屋頂

Olis Oliva

MAP 別冊P13C1

裡面的店家也要CHECK！

高品質橄欖油的寶庫

銷售多種西班牙產高品質的特級初榨橄欖油。另外也有使用橄欖油製作的美妝品等，種類豐富。

data 📞93-2681472 🕐9時30分～15時（週一為～14時、週四・五為～20時、週六為～15時30分） 休週日、7月的週四的下午、8月的下午

link →P28

1.蕃茄風味的特級初榨橄欖油€5.45
2.檸檬風味的橄欖油（迷你瓶）€1.80

Casa Gispert

MAP 別冊P13D2

現炒的西班牙產堅果

創業於1851年的老字號乾貨店。在店內以從開業當時一直使用至今的鐵爐翻炒著堅果，香氣四溢。還有水果乾、紅茶、咖啡、香料等經過精挑細選的食品。

data 🚇M4號線JAUME I站步行5分
🏠C. dels Sombrerers 23 📞93-3197535
🕐10～14時、16～20時（11月17日～12月24日為10～20時） 休週日

1.留有創業當時氣氛的店面 2.用店裡古老的鍋爐翻炒著堅果 3.榛子€1.90／100g 4.列伊達縣產的杏仁€11／500g

Shanti Gelato

MAP 別冊P13D3

講究素材的極品手工製作冰淇淋

約2.25坪的小巧手工製作冰淇淋店。有提拉米蘇、焦糖等奶油類、芒果等水果類，還有西班牙才有的杜隆糖口味。

data 🚇M4號線JAUME I站步行7分 🏠C. dels Canvis Vells 2
📞93-2680729 🕐13時～23時45分（週五・六為～翌1時30分）※冬季不固定 休無

link →P21

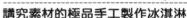

1.右邊的冰淇淋攤飾品其實是垃圾筒 2.平常時都會輪流提供16種口味。最有人氣的是香濃巧克力口味

Vila Viniteca

MAP 別冊P13D3

這裡也要CHECK！

整排的嚴選食材

在1932年創業以來，深受當地居民喜愛的食材店。在店內的角落也併設了小小的酒館。商品種類多而且講究，分別有不同熟成士的乳酪及生火腿一定要吃看看。可以和店家自豪的葡萄酒一起品嘗。

data 🚇M4號線JAUME I站步行8分 🏠C. Agullers 9
📞93-3101956 🕐8時30分～20時30分（7・8月的週六為～14時30分） 休週日

1.小小的店內陳列了滿滿的講究食材 2.在商店旁邊也經營了葡萄酒店 3.橡樹子伊比利亞火腿€19.50 4.豬腸LONGANIZA€5.50 5.加泰隆尼亞的拉加羅查乳酪€3.50

同時也有經營葡萄酒店

種類齊全是市內**No.1**

這裡不只是商店，也是供貨給市內餐廳及小酒館的著名批發商。國內外的葡萄酒滿滿地排到天花板的高度。

data 🚇M4號線JAUME I站步行8分
🏠C. Agullers7 📞93-2683159
🕐8時30分～20時30分（7・8月的週六為～14時30分） 休週日

link →P29

店內齊備了7500種類葡萄酒，很有震撼力

口味和氣氛絕對不讓人失望

去了不會後悔的6間小酒館

在當地的樂趣之一，就是小酒館的巡禮。巴塞隆納的小菜的種類很豐富，
從正統到獨創類型都有，選擇豐富。輕鬆地來續攤吧！

Cervecería Catalana

格拉西亞大道周邊
MAP 別冊 P10A2

小菜種類豐富大受好評

除了當地居民外，也很受觀光客歡迎，是隨
時都是客滿狀態的小酒館。在吧台上擺滿了
各種冷盤小菜，光是選擇就很有趣。小菜和
葡萄酒的價格都很合理，可以多試幾樣。

data 交M3・5號線DIAGONAL站步行6分
住C.de Mallorca236 電93-2160368
時8時～翌1時30分(週六・日為9時～)
休無

↑最推薦充滿活力的吧台座位！

小酒館DATA
預算…€20
座位數…可容納170人
菜色數…約70

Solomillo de Ternera

←厚厚的牛腰肉放在
麵包上，碳烤的開胃菜。
€4

最好提前在
西班牙人用餐時間
之前的17～19時
來哦！

Huevos Cabreados

←炸馬鈴薯上放著荷包蛋。
是家庭式的口味。€5.90

Brochetas de Langostinos

→花蝦串，口感彈牙。€3.90

Lolita Taperia

蒙特惠克地區
MAP 別冊 P5C3

品嘗正統派小菜

由在西班牙料理界引發革命的「El
Bulli」名廚Ferran Adrià的弟弟
Alberto所經營的小酒館。提供的菜
色非創意料理，而是西班牙人熟悉的
傳統小菜。

data 交M3號線POBLE SEC站步行5分
住C.de Tamarit 104 esquina rocafort
電93-4245231 時19～24時(週五・六
為13～16時，19時～翌2時30分)
休週日・一

↑唯一的桌子座位必
須先訂位！

Patatas Bravas con Salsa

←直接油炸的馬鈴薯
淋上辣蕃茄醬。€4.50

小酒館DATA
預算…€25～
座位數…約70席
菜色數…約50

Flauta de Sardinillas
"el mejor bocadillo del
mundo"

↓將高品質沙丁魚夾進酥脆
的麵包中，很簡單的口味。
€5.50

Cal Pep

博恩地區周邊 MAP 別冊 P13D2

小酒館DATA
預算…€45～
座位數…約50席
菜色數…約40

鮮度過人，享受當季的講究菜色

從開店前30分就大排長龍，是巴塞隆納首屈一指的人氣店。店內並無菜單，而是直接向店員詢問當天的推薦菜色。餐點就在吧台座位的前面料理，可以品嘗到現作的餐點。

data 交M4號線JAUME I站步行5分 住Plaça de les Olles 8 電93-3107961 時13時～15時45分、19時30分～23時30分 休週一中午、週六晚上、週日、8月後半的三星期

↑受歡迎到吧台座位後面就有下一個客人等候的程度

Tortilla
↑加了炒過的馬鈴薯與洋蔥的西班牙歐姆蛋。€8

Sepia amb Sigrons
→燉孔雀蛤、墨魚及鷹嘴豆。€14

Bubó Bar

博恩地區周邊 MAP 別冊 P13D3

創意小菜的發源地

由在國內外屢獲無數的當地甜點師傅Carles Mampel所打造，充滿原創風格小菜的小酒館。大家熟悉的小菜也以摩登的姿態登場。

data 交M4號線JAUME I站步行7分 住C.de les Caputxes6 電93-3105773 時9～24時（週五‧六為～翌3時） 休無

↑看得到海洋聖母聖殿的露天座位

小酒館DATA
預算…€20～
座位數…5桌（約20席）、露台5桌（約20席）
菜色數…約50

bacalao con anchoas escarola romesco y olivas
←加了鱈魚與鯷魚的生菜沙拉淋上蕃茄底的羅美斯扣醬汁。€6

Brocheta de calamares con lima
←炸烏賊。擠上檸檬汁後口味清爽。€5

Gambas crujientes con ajo
←與蒜頭一起炒的蝦子鐵板燒。€11

Tapas 24

格拉西亞大道周邊 MAP 別冊 P11C3

引領摩登西班牙菜的小酒館

由任職於「comerç 24」主廚的Carles Abellan所經營。除了基本小菜之外，也推薦這裡原創的小菜。就位於購物後可輕鬆路過的地方。

data 交M2‧3‧4號線PASSEIG DE GRÀCIA站步行3分 住C.de Diputació 269 電93-4880977 時9～24時 休週日

↑當天的菜單要在黑板上確認！

小酒館DATA
預算…€20～
座位數…約50席
菜色數…約40

↓馬鈴薯的可樂餅。上面是辣醬與美奶滋。€3.80

Bombas de la Barceloneta

Mc Foie-Burguer
→外層酥脆，裡面是滿滿的濃稠鵝肝醬。€9.50

Sukaldari

蘭拉布大道周邊 MAP 別冊 P12B3

面對博蓋利亞市場的大型小酒館

以西班牙北部巴斯克地區的菜色為主的小酒館。有米料理和肉、魚料理等分量十足的菜色。

data 交M3號線LICEU站步行5分 住La Rambla87 電93-3181531 時9時～翌2時 休無

→吧台上整排的小菜。點菜時可以用指的

Blandada de Bacalao（左）、Mejillones a la Marinera（右）
←鱈魚泥釀青椒與孔雀蛤的漁夫風味餐點。各€6.95

Pintxo de Jamón y Pimiento
→招牌的Montaditos。放了生火腿與青椒的麵包。1個€2.2

美食 你喜歡哪一個？ 名店決勝負！

極品西班牙海鮮燉飯大比拼

海鮮燉飯是瓦倫西亞的家庭菜色。現在成為西班牙的代表性菜色。
雖然很簡單卻依店家各有不同，比較每間店的口味也很有趣。

西班牙海鮮燉飯
Paella de Mariscos
1人€21.90／照片為2人份

是有偏硬的米芯的
正統派。海鮮的
高湯很入味

孔雀蛤
海螯蝦
海瓜子
烏賊
花蝦

一起選擇！

↓Sorbete de Frutos de Bosque
清涼感的莓果雪酪與
卡瓦酒的蒸餾酒
€4.65

✦ Esqueixada de Bacalao
加了大量鱈魚與蕃茄的沙拉
€12.70

綜合西班牙海鮮燉飯
Paella Mixta
1人€8.95／照片為2人份

豬肉
花蝦
孔雀蛤
香腸

滿滿的山珍海味很有滿足感

一起選擇！

➡Nido de Salmón con Mousse de Bogavante
龍蝦慕斯、
燻鮭魚卷€9.25

El Cangrejo loco

巴塞羅內塔 **MAP** 別冊 P9D3

同時享受海景與海鮮

可一望地中海的海景座位及高等級
的餐點相當有人氣。不只是西班牙
海鮮燉飯，西班牙菜種類也很齊
全，其中最推薦使用新鮮海鮮的菜
色。

data 交M4號線CIUTADELLA VILA OLÍMPICA站步行10分
住Moll de Gregal 29-30, Port Olímpic 話93-2211748
時13時～翌1時 休無

Les Quinze Nits

蘭拉布大道周邊 **MAP** 別冊 P12B4

親民價格很有魅力

位於皇家廣場，可容納180人
的大型餐廳。可以在天花板挑
高又寬敞時尚的店內享用地中
海餐點。CP值超高。

data 交M3號線LICEU站步行3分
住Pl. Reial 6 話93-3173075 時12時30分～23時30分
休無

實用!!海鮮燉飯單字表

蝦	Gamba
花蝦	Langostino
烏賊	Calamar
白肉魚	Merluza
墨魚汁	Tinta de Calamar
孔雀蛤	Mejillón
兔肉	Conejo
豬肉	Cerdo

什麼是西班牙海鮮燉飯?

指的是用名為paellera的海鮮燉飯專用鍋子（淺的平底鍋）所製作的米飯餐點。將肉、海鮮、蔬菜等材料拌炒過後，再加進白米、湯、染色用的黃色香辛料番紅花炊煮而成。白米吸取了從材料燉煮出來的美味湯汁，飽含著有深度的美味。在餐廳點菜時幾乎最少都要點2人份，通常是大家一起分食。

Paella!

西班牙海鮮燉麵
Fideuá
1人€16／照片為2人份

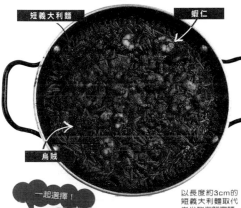

短義大利麵　蝦仁

烏賊

以長度約3cm的短義大利麵取代白米的海鮮燉麵

一起選擇！

↑Salteado de Closcas
先炒再煮的海瓜子、蜆、蟶貝等€24

↓Rebosados de Anémones
炸海葵€15。味道像牡蠣一樣

墨魚汁西班牙海鮮燉飯
Arroz Negro
1人€19／照片為2人份

海瓜子　豌豆

烏賊

為了帶出墨魚汁的風味，選用簡單的食材。獨特的濃郁感讓人上癮

一起選擇！

←Ensalada de Langostinos, Tomate
長臂大蝦與蕃茄的沙拉€15.20。有很多隻大蝦子

Vino blanco de casa→
自家品牌的白葡萄酒€14.50。2011年時為記念175週年所生產的酒

←Cava de casa
自家品牌的卡瓦酒€17.90。標籤是由著名設計師所設計

Can Majó

巴塞羅內塔　MAP 別冊 P9C4

回流客很多的人氣店

開店於1968年，由家族共同經營的店家。有很多當地人為了烤箱烤現捕海鮮或鐵板燒烤，及種類豐富的米飯餐點而來。可以瞭望海灘的露天座位有24席。

data 交 M4號線BARCELONETA站步行10分
住Almirante Aixada 23　☎93-2215455　營13～16時、20時～23時30分　休週日晚上、週一

---

7 Portes

巴塞羅內塔　MAP 別冊 P13D3

名人也會到訪的店

從1836年創業時起，每天營業的老字號。來訪的名人所坐過的位置會貼上名牌，在入口附近還有畢卡索、切·格瓦拉所坐過的位子。有提供1人份的西班牙海鮮燉飯。

data 交 M4號線BARCELONETA站步行5分
住Paseo Isabel II 14　☎93-3193033　營13時～翌1時
休無

優雅初試摩登西班牙菜

現在正受到全世界注目，創新的摩登西班牙菜。雖然多為高級店而讓人卻步，但選用午餐的話，比晚餐划算又可以輕鬆享受。

· LUNCH MENU ·
Moo
€45

（餐前酒1杯、前菜1盤、主菜1盤、甜點1盤、麵包、飲料）※ 前菜、主菜為2選1
● 晚餐全餐為€87～

前菜

主菜

甜點

1.俄羅斯風味沙拉Ensalada Rusa。將紅蘿蔔打成汁後製成球狀等，色彩豐富　2.豬腸飯Arroz con Butifarra　3.鮪魚排Ventresca de atun con Mostaza。芥茉風味　4.牛尾釀牛髓 Rabo de toro Relleno de Tuetano　5.迷你尺寸的冰淇淋及蛋糕捲Fresa con Nata

Roca Moo
格拉西亞大道周邊
MAP 別冊 P10A1

輕鬆享受全世界最美味的餐點

在2015年榮獲「Sanpellegrino世界最佳餐廳」第1名、位於巴塞隆納近郊的「El Celler de Can Roca」所經營的餐廳。一盤料理中充滿了驚喜，在這裡可以享用世界最高等級的餐點。

data ⓂⒹ3·5號線DIAGONAL站步行3分　ⒸC.del Rosselló 265　☎93-4454000　🕐13時30分～16時、20時30分～23時　🈳週日·一、8月12～29日

· LUNCH MENU ·
Menú de mediodía
€39

（前菜1盤、主菜1盤、甜點1盤、麵包、飲料）※ 前菜、主菜為2選1
● 晚餐全餐為€85～

前菜

主菜

甜點

1.茴香湯、平鯛與馬鈴薯泥Crema de Hinojo,Drandada de Dorada　2.牛肉塔塔芥末冰淇淋Tartar de Buey,Mostaza Helada　3.莫札瑞拉起司、生火腿的雞肉捲Saltimobacca de ave,Tomate,Mozzarella　4.鱈魚（白肉魚）千層麵Lasana de Merluzaa　5.脆餅與莓果冰淇淋佐桃子醬Sorbete de Furutos rojos y Sable

Caelis
格拉西亞大道周邊
MAP 別冊 P11C3

法國菜與西班牙菜的融合

由出身於南法的Romain Fornell主廚所提供的法式地中海餐點大受好評的餐廳，獲得米其林1星的評價。店內水晶吊燈閃耀著的奢華氣氛，不愧是位於五星級飯店「El Palace Hotel」內的餐廳。

data Ⓜ2·3·4號線PASSEIG DE GRÀCIA站步行5分　ⒼGran Via de les Corts Catalanes 668　☎93-5101205　🕐13時30分～15時、20～22時　🈳週日·一、週二中午

　※菜單依季節等會有不同。上述介紹的照片和菜單只是其中一例

什麼是摩登西班牙菜（Nueva Cocina）？

創意西班牙菜、新西班牙菜的意思。是由素材、調理器具以斬新的創意及料理法，創造出來的菜色種類之一。不只是口味，連口感、外觀等，五官皆能享樂其中是摩登西班牙菜的特色。雖然看起來很奇特，但有很多都是以傳統的西班牙菜為基底來變化。

費蘭．阿德里亞費
1962年誕生於巴塞隆納近郊的奧斯皮塔萊特德略布雷加特。在1980年進入料理的世界，爾後進入餐廳「El Bulli」。1987年被單獨任命為主廚，以獨自的型態在料理界引發了革命。

· LUNCH MENU ·
Condes

€28

（前菜1盤、主菜1盤、甜點1盤、麵包）
※ 前菜、主菜為2選1
● 晚餐全餐為€48～

前菜

主菜

甜點

1.南瓜與柳橙的冷湯Crema de Calabaza y Naranja 2.墨魚汁飯Arroz Cremoso de Luto 3.鱈魚（白肉魚）與蕃茄與羅勒Merluza con Tamate, Albahaca,etc 4.鴨腿肉與芒果蘋果泥Muslo de Pato con Mango 5.傳統的炸吐司佐香草冰淇淋Torrlja con Crema Pastelera y Helodo de Vainilla

Loidi
格拉西亞大道周邊
MAP 別冊P10A2

明星主廚製作的地中海料理

西班牙裡擁有最多米其林星數（3間店共7顆）的主廚Martín Berasategui所經營的餐廳。活用了素材風味、簡單的餐點卻有著美麗的盛盤，以及讓人可以輕鬆享用的良心價格，因此吸引很多粉絲。

data 交M2・3・4號線PASSEIG DE GRÀCIA站步行5分 住C.de Mallorca 248 電93-4929292 時13 時～15時30分、20～23時 休週日晚上、國定假日晚上

· LUNCH MENU ·
Menú Club Mediodía
€65

共6盤（小菜3種、前菜1盤、主菜2盤、乳酪、甜點3種）
● 晚餐全餐為€153～

1.鮮蝦、蔬菜、香草佐乳化醬汁Sea water transparency-shrimp,vegetables and fine herbs emulsion 2.燉煮白米、鮮蝦、蔬菜的Arroz, cigalas y verdudas 3.綠色魚子醬（荷蘭豆）Caviar Verde 4.花朵甜點Postre Floral

Moments
格拉西亞大道周邊
MAP 別冊P10B3

使用馬雷斯梅地區食材的創意菜色

由位於巴塞隆納郊外的馬雷斯梅地區的餐廳「SANT PAU」的人氣女性主廚所經營的餐廳。食材主要選用馬雷斯梅地區的當季蔬菜及海鮮。很有女性風格的多彩外觀，也是這間店才有的。

data 交M2・3・4號線PASSEIG DE GRÀCIA站步行3分 住Passeig de Gràcia38-40 電93-1518781 時13時30分～15時30分、20時30分～22時30分 休週日・一、8月

探求時尚服飾！

最夯的

在源自西班牙、陸續登陸海外的西班牙流行品牌當中，挑選出融入了最新潮流的商品，以及極具西班牙風格、用色大膽的商品都在這裡作介紹。

店裡陳列著成熟女性必備的單品

大膽的圖案和用色很有魅力！

Bimba y Lola

格拉西亞大道周邊
MAP 別冊 P10B2

上班族女性最實穿的低調服飾

由西班牙著名設計師Adolfo Dominguez的姪女姊妹在2006年所創設的品牌。以適度的流行又充滿玩心的布料所製作的衣服，和獨特設計的包包及珠寶等，受到西班牙上班族女性的一致好評。

data　交⑭2·4號線PASSEIG DE GRÀCIA站步行5分
住Passeig de Gràcia, 55-57, CC Bulevar Rosa
☎93-2158188
時10時30分～21時　休週日
link　→P91

成熟的裝扮中也帶了點玩心！

1.復古洋裝的手套圖案很特別€145　2.麂皮材質的手拿包是很少見的黃色€215　3.裙子的色塊組合很可愛€116　4.提供上班和平常都通用的服裝搭配

1.經編針織布的袖子和刺繡等，混合不同素材的拼布。特殊的牛仔外套€89.95　2.與Christian Lacroix聯名的印花洋裝€99.95　3.披肩€29，用來作造型或依心情搭配　4.各種圖紋組合而成的拼布包包€54　5.給人時髦印象的緊身洋裝€69.95

充滿別的地方找不到的原創圖紋的單品

不只有服裝類，也銷售家飾雜貨

Desigual

格拉西亞大道周邊
MAP 別冊 P12A1

想要個性單品的話就在這裡

以巴塞隆納為據點的流行品牌。品牌的名稱是西班牙語的「不一樣」的意思。如同這個名牌名稱，鮮艷色彩與大膽設計頗具獨創性，盡是在外面買不到的商品。

data　交⑭1·3號線CATALUNYA站步行3分
住Pl. de Catalunya 9　☎93-3435940　時10～22時　休週日

迷人又流行的設計

1
2
3

1.Lupo的招牌包包也有後背包款式。Abanico後背包€490 2.鮮豔的橘色很吸引目光的斜背包，La Pedrera€425 3.以淡粉紅色展現女人味。Jane€460

Lupo
格拉西亞大道周邊
MAP 別冊 P10A2

西班牙女孩嚮往的包包

誕生於巴塞隆納的牛皮包包品牌。新款商品約陳列了70種，加了荷葉邊的甜美設計的彩色包包，是當地西班牙女性的嚮往單品。這個品牌自己的店舖只有巴塞隆納店一間，一定要來這裡逛逛。

data 交M3・5號線DIAGONAL站步行5分
住Passeig de Gracia 124
☎93-2142535 時10時～20時30分 休週日 E

時尚的店內陳列著色彩豐富的包包

以高音譜記號為人知的巴塞隆納人氣品牌

Stradivarius
格拉西亞大道周邊
MAP 別冊 P11C4

讓潮流時尚更平價

以巴塞隆納為據點的品牌。有高CP值的服裝單品及鞋子、包包等，小物種類也很豐富。從流行單品到基本款式，商品範圍很廣。這個品牌在2014年時也已在日本展店，但在這裡有很多只在西班牙才買得到的單品。

data 交M2・3・4號線PASSEIG DE GRÁCIA站步行5分
住Passeig de Gracia, 11 ☎93-3437439 時10～22時
休週日(不定期營業) E

除了女性單品外，也有兒童、男性的商品

Mango
格拉西亞大道周邊
MAP 別冊 P11B2

來自西班牙的世界級休閒品牌

源自巴塞隆納的休閒品牌。起用活躍於全世界的女演員及模特兒作為形象代言人，持續傳達最新流行。因為是以都會女性的簡單造型為意念，所以盡是實穿好搭配的單品。

data 交M2・3・4號線PASSEIG DE GRÁCIA站步行1分
住Passeig de Gracia 65 ☎93-2157530 時10～21時 休週日 E

這裡也要CHECK!

西班牙公主也喜愛的童裝品牌

Nanos
格拉西亞大道周邊
MAP 別冊 P10A2

這些惹人憐愛的洋裝及帥氣的外套等高質感童裝，在聽到是皇室家族的愛用品牌時，是會讓人感到心服口服的。單品以新生兒到12歲兒童為對象，從正式到休閒類型都有，種類豐富。

data
交M3・5號線DIAGONAL站步行2分
住C. Provença 268
☎93-4876149
時10時～20時30分 休週日 E

也很受時尚名媛媽媽的歡迎！

1.宛如小孩房間的店內擺著可愛的商品　2.蕾絲的優雅洋裝€269.90　3.人氣伴手禮布玩偶€19.90　4.沐浴膠、古龍水、沐浴乳的組合€34.90，親子皆可使用，最適合作為誕生賀禮

1
2
4
3

品味與眾不同

把POP雜貨帶回家！

正如其藝術城市之名，在巴塞隆納有許多極富個性的雜貨。都是不只時尚還兼具機能性的高品味商品。帶回家自用之外，當成伴手禮也超適合！

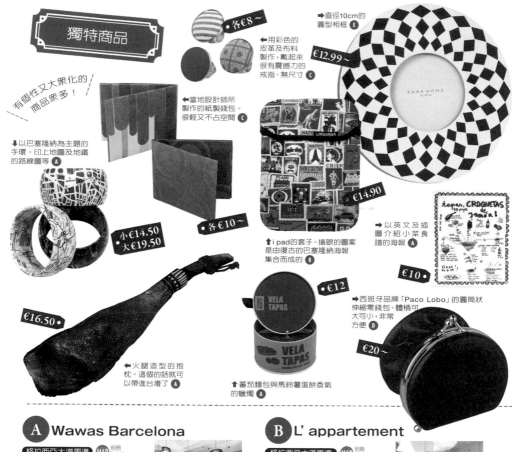

獨特商品

有個性又大眾化的商品眾多！

←各€8～

←用彩色的皮革及布料製作，戴起來很有震撼力的戒指。無尺寸 **C**

→直徑10cm的圓型相框 **E**
€12.99～
ZARA HOME

←當地設計師所製作的紙製錢包。很輕又不占空間 **C**

↓以巴塞隆納為主題的手環。印上地圖及地鐵的路線圖等 **A**

小 €14.50
大 €19.50

各 €10～

↑ipad的套子。搶眼的圖案是由復古的巴塞隆納海報集合而成的 **B**

€14.90

→以英文及插圖介紹小菜食譜的海報 **A**

€10

€16.50

←火腿造型的抱枕。這個的話就可以帶進台灣了 **A**

VELA TAPAS
•€12

↑蕃茄麵包與馬鈴薯蛋餅香氣的蠟燭 **A**

→西班牙品牌「Paco Lobo」的圓筒狀伸縮零錢包。體積可大可小，非常方便 **D**

€20～

A Wawas Barcelona

格拉西亞大道周邊　MAP 別冊 P13C1

集合設計創新的商品

只銷售由當地藝術家所製作，made in Barcelona的設計雜貨。店內有很多由專業攝影師的店長姊妹收集的有趣又特別的雜貨。

data 地下鐵4號線JAUME I站步行5分
住Carders,14　電93-3197992
時11～15時，16時30分～21時(週日為12時～)　休無

B L' appartement

格拉西亞大道周邊　MAP 別冊 P10A3

獨特商品的寶庫

在這裡可以找到很時尚，但又帶了獨特個性的商品。商品有很多是居住在巴塞隆納的多國籍設計師的作品。也有銷售日本及法國等的進口商品。

data 地下鐵3・5號線DIAGONAL站步行10分　住C.d' Enric Granados 44　電93-4522904　時11～14時，17時～20時30分(週六為～20時)　休週日

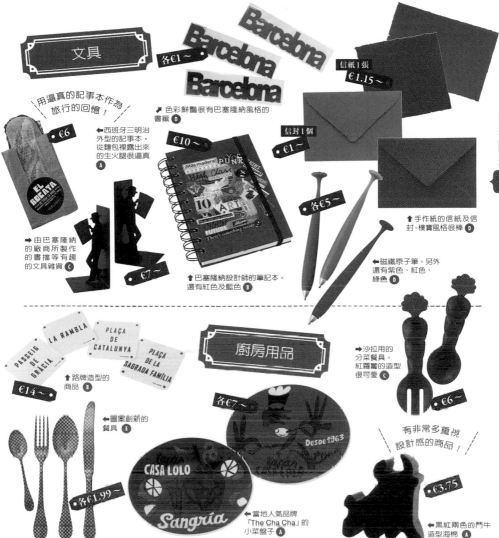

文具

用逼真的記事本作為
旅行的回憶！

各€1～

Barcelona
Barcelona
Barcelona

信紙1張
€1.15～

信封1個
€1～

€6

← 西班牙三明治
外型的記事本，
從麵包裡露出來
的生火腿很逼真 A

↗ 色彩鮮豔很有巴塞隆納風格的
書籤 D

€10～

EL BOCATA

→ 由巴塞隆納
的廠商所製作
的書當等有趣
的文具雜貨 C

€7～

↑ 巴塞隆納設計師的筆記本。
還有紅色及藍色 B

各€5～

↑ 手作紙的信紙及信
封。樸實風格很棒 D

← 磁鐵原子筆。另外
還有紫色、紅色、
綠色 A

廚房用品

PASSEIG DE GRÀCIA
LA RAMBLA
PLAÇA DE CATALUNYA
PLAÇA DE LA SAGRADA FAMÍLIA

↑ 路牌造型的
商品 B

€14～

→ 沙拉用的
分菜餐具。
紅蘿蔔的造型
很可愛 C

€6～

各€7～

← 圖案創新的
餐具 E

有非常多重視
設計感的商品！

DESDE 1963

CASA LOLO

Sangría

各€1.99～

€3.75

← 當地人氣品牌
「The Cha Cha」的
小菜盤子 A

← 黑紅兩色的鬥牛
造型海棉 A

C Dos I Una

格拉西亞大道周邊　MAP 別冊 P10A1

罕見人氣商品的秘密基地

開幕於1975年的雜貨店。小小的店內
約有1600種來自國內外的雜貨。從嬰
兒用品到文具等，不分性別、年齡的
單品很受當地居民的喜愛。

data 地鐵M3・5號線DIAGO
NAL站步行5分
住C.del Rosselló 275
電93-2177032
時11時～20時30分
休週日

D Raima

哥德區周邊　MAP 別冊 P12B1

吸引大人前來的大型文具店

這裡有種類豐富的文具，簡單卻又很
有品味。其中信紙及信封等的種類是
巴塞隆納裡最多的。同集團的店舖在
市內還有另外4間。

data 地鐵M1・4號線URQUI
NAONA站步行5分
住C.Comtal 27
電93-3174966　時9時
30分～20時30分（週六
為10時～）　休週日

E Zara Home

格拉西亞大道周邊　MAP 別冊 P10B3

最新潮流集合於此

人氣服裝品牌「Zara」的雜貨部門。
以寢具、餐具等家庭日用品為主。床
單及桌巾等布料類商品有一定的好
評。

data 地鐵M2・3・4號線PASS
EIG DE GRÀCIA站步行
5分　住Rambla de
Catalunya 71　電93-
4874972　時10～21時
休週日

還有哦！觀光景點

除了現代藝術建築外，還有可以欣賞到畢卡索、達利、米羅作品的美術館，以及分量感十足的華麗教會等，充滿優美藝術的景點散布在城市裡。獨特建築物集中的格拉西亞大道是必訪之地。

特集也要 Check!
聖家堂…P34
巨匠美術館…P40
現代主義建築…P44

Advice

●行程計畫的要訣
想參觀以高第為代表人物的現代主義建築的話，就以格拉西亞大道為目標吧。想欣賞教會、美術館、博物館的話就往哥德地區前進。不要忘了先查好是否提供內部參觀、人潮較多的時段等。

觀光服務處
加泰隆尼亞廣場 MAP 別冊P12A1
✉ Pl.de Catalunya 17　📞93-2853834
🕐8時30分～20時30分
休無

格拉西亞大道周邊　MAP 別冊P11D3

卡佛之家
Casa Calvet

□ 高第唯一的得獎作品

經營紡織業，與奎爾家有往來的卡佛家，請高第建造的紡織纖維公司辦公室兼住所。在高第作品中為偏保守的建築物，但卻獲得第一屆巴塞隆納最佳藝術建築物的建築年度獎。屋頂附近裝飾的卡佛故鄉的守護聖人像，及陽台的雕刻都值得注目。只有1樓餐廳的客人可以入內參觀。

↑入口大樓上部為卡佛姓氏的「C」
➡立面使用的石頭來自蒙特惠克山

DATA
✉Ⓜ1・4號線URQUINAONA站步行3分
🏠C. Casp 48

格拉西亞大道周邊　MAP 別冊P10B4

加泰隆尼亞現代主義美術館
El Museu de Modernisme Català

□ 多數近代的代表性作品

經營收藏了現代主義時期的繪畫、雕刻、家具等的美術館。也展示了高第及普意居·伊·卡達法爾契的家具等。

DATA
✉Ⓜ2・3・4號線PASSEIG DE GRÀCIA站步行6分　🏠C. Balmes 48　📞93-2722896　🕐10時30分～19時（週日為～14時）　休無
💰€10

蘭布拉大道周邊　MAP 別冊P5C3

聖莫尼卡藝術中心
Centre d'Art Santa Mònica

□ 瀟灑佇立的美術館

主要展示現代藝術的美術館。建築物原本為17世紀建造的聖莫尼卡修道院，是蘭拉布大道上唯一一棟維持著300年前模樣的建築物。

DATA
✉Ⓜ3號線DRASSANES站即到
🏠La Rambla 7　📞93-5671110
🕐11～21時（週日～17時）
休週一　💰免費

蘭布拉大道周邊　MAP 別冊P12B4

利塞奧大劇院
Fundació de Gran Teatre del Liceu

□ 美麗立面的劇院

於1847年開幕的歌劇院，現在則是設置了最新技術的近代劇場。演目除了歌劇之外，還會舉辦舞蹈及演奏會等。

DATA
✉Ⓜ3號線LICEU站步行1分
🏠La Rambla 51-59　📞93-4859900
🕐9時30分～18時30分（會變動）
休無　💰Express Tour（25分）€6、Guide Tour（50分）€16

哥德地區　MAP 別冊P8A4

巴塞隆納現代美術館
Museu d'Art Contemporani de Barcelona

□ 欣賞前衛的作品

外觀給人洗練印象的美術館。主要展示的是1950年代之後的當代藝術。也有米羅、克利及生氣勃勃的藝術家的作品。

DATA
✉Ⓜ1・2號線UNIVERSITAT站步行5分　🏠Plaza de los Ángeles 1
📞93-4813368　🕐11時～19時30分（週六為10～21時，週日、國定假日為10～15時）　休週二　💰€10

🌏 世界遺產　 需時約30分　 需時約30～120分

格拉西亞大道周邊 MAP 別冊P12B1

加泰隆尼亞音樂堂
Palau de la Música Catalana

不能錯過充滿蒙塔內爾風格的華麗裝飾

大量使用了馬賽克畫及彩色磁磚，是蒙塔內爾的傑作。內部在音樂廳的天花板及牆壁裝飾了花窗玻璃，舞台上則是美麗的雕刻包圍著管風琴。而建築外側的柱頭配置了許多玫瑰的雕刻。是被稱為花的雕刻家的蒙塔內爾風格的裝飾，絕對不能錯過。雖然已被登錄為世界遺產，但現在也會舉辦演奏會。在1樓併設有小酒館。

↑建築物正面的馬賽克畫一定要看看看
→加泰隆尼亞守護聖人的聖喬治像為外牆增艷，雕刻很精緻

DATA
図M1・4號線URQUINAONA站步行5分
住Palau de la Música 4-6 ☎93-2957200
時55分GUIDE TOUR 10時～15時30分（7月為～18時、8月為9～18時）、每30分1次 休無 金€18 link→P12

聖家堂周邊 MAP 別冊P5C1

聖保羅醫院
Hospital de la Santa Creu i Sant Pau

代表性的現代主義建築

依銀行家Pau Gil的遺言以其遺產興建，為多梅內克‧蒙塔內爾的代表作之一。因為資金不足而與聖十字醫院合併，所以是在多梅內克死後由其兒子Pere Domènech i Roura所完成。14萬5000㎡的腹地內的48棟病房地下互相連接，從中庭可以看到施以花飾及天使雕刻的穆德哈爾式風格建築物整然林立的景象。

↑現在也作為醫院使用
→到處都有藝術性的裝飾

DATA
図M5號線SANT PAU-DOS DE MAIG站步行5分 住Sant Antoni Maria Claret 167 ☎93-5537801 時10時～18時30分（11～3月為～16時30分），週日、國定假日為～14時30分） 金€8 休無 ※英文的GUIDE TOUR為€14。時間為12時、13時

新市區 MAP 別冊P6B3

奎爾別墅
Pavellons Güell

欣賞早期高第的精髓

奎爾的週末宅邸。由高第負責警衛室、馬廄、馬場、圍牆、門等設計。過去是馬廄的建築物，現在作為加泰隆尼亞理工大學建築院、高第記念講座的本部使用。磁磚及紅磚組合的外牆，是高第早期常見的穆德哈爾式風格。寬約5m的正面是熟鐵製的「龍之門」，非常有魄力，值得一看。據說連製作的鍛冶工匠們也讚不絕口，只是來看一下大門也可以。

↑奇特設計是高第的特色
→為了採光而設的窗戶

DATA
図M3號線PALAU REIAL站步行10分
住Avinguda Pedralbes 7 ☎93-3177652
時10～16時 休無 金€4

新市區 MAP 別冊P6A2

貝得拉爾卑斯修道院
Reial Monestir de Santa Maria de Pedralbes

展示為時代增色的作品群

這間修道院為14世紀的哥德式建築。在禮拜堂及僧房中展示了宗教畫等物品。值得注目的是提森‧博內米薩的收藏等作品。

DATA
図M3號線MARIA CRISTINA站步行10分 住Baixada del Monestir 9 ☎93-2563434 時10～17時（週六為～19時、週日為～20時。10～3月的週六・日為～17時、週二～五為～14時） 休週一 金€5

巴塞羅內塔地區 MAP 別冊P13D4

加泰隆尼亞歷史博物館
Museu d'Història de Catalunya

解說加泰隆尼亞的歷史

在1996年在海洋會館開幕的博物館。介紹從西元前經西班牙內戰到1979年自治政府成立為止的歷史。

DATA
図M4號線BARCELONETA站步行5分 住Pl. de Pau Vila 3 ☎93-2254700 時10～19時（週三為～20時，週日、國定假日為～14時30分） 休週一 金€4.50

蒙特惠克地區

以蒙特惠克山（別冊MAP/P4B4）為中心的蒙特惠克地區。人氣瞭望景點蒙特惠克城建立於17世紀，是此地區的地標。蒙特惠克城佇立於山頂上，可以一望巴塞隆納市內及地中海的景色。附近也有米羅美術館等很多值得一看的景點。最好在時間充裕的狀況下到訪。從地下鐵PARAL LEL站搭乘電纜車約3分到達。

←想眺望美景的話，建議選擇傍晚時段

舊市區的中心——哥德地區的街景有著中世紀般的氣氛，尤其是在街道中散步最有趣。如果時間允許，繞路到畢卡索美術館的蒙卡達大道等的小巷也不錯。

還有哦！美食

加泰隆尼亞地區的大都市巴塞隆納因為面臨地中海，所以有很多著侈使用海產的菜色。透過西班牙海鮮燉飯及燉煮料理，品嘗素材的美味。

特集也要 Check!
西班牙海鮮燉飯大比拼…P54
摩登西班牙菜…P56

Advice

●海鮮小菜

在擁有豐富海產的巴塞隆納的小酒館中，小菜有很多海鮮類的菜色。自由氣息下創造出來的創意小菜，加泰隆尼亞的傳統小菜，都能享受到新鮮海產。簡單的炸海鮮和海鮮燉飯，都是讓人想點來吃看看的料理。

●早餐

西班牙式早餐最有名的是巧羅絲與巧克力牛奶。吃法是用油炸的巧羅絲沾巧克力牛奶食用。可以在小酒館或咖啡廳吃看看。

●摩登西班牙菜

創意餐點摩登西班牙菜（→P56）近年非常受到注目。在格拉西亞大道周邊有很多摩登西班牙菜的餐廳。

西班牙菜

巴塞隆納是食材的寶庫，有很多符合台灣人口味的菜色。最有名的海鮮燉飯及海鮮湯等加泰隆尼亞菜的店家，都集中在舊市區及格拉西亞大道周邊。餐廳種類多樣，從家庭菜色的大眾餐館到高級餐廳都有。

格拉西亞大道周邊 **MAP** 別冊P10B3

Citrus

眺望現代主義建築的好地點

可以一邊用餐一邊眺望對面高第作品的餐廳。家庭菜色肉餡捲€7.75、加了大量海產的海鮮燉飯€11.55等，菜色種類多樣。

DATA
🚇M2・3・4號線PG. DE GRÀCIA站步行3分 🏠Passeig de Gràcia 44 ☎93-4872345 🕐13～16時、19～24時 休無

格拉西亞大道周邊 **MAP** 別冊P10A4

Chicoa

持續堅持守護著鄉土的口味

這間餐廳提供的是正統加泰隆尼亞菜。Esqueixada（醃鱈魚和蕃茄沙拉）€14.50等人氣菜色，一定要試看看。

DATA
🚇M1・2號線UNIVERSITAT站步行10分 🏠C. d'Aribau 73 ☎93-4531123 🕐13時30分～15時30分、20時30分～23時30分 休週日晚上、國定假日晚上

格拉西亞大道周邊 **MAP** 別冊P10A2

Restaurante Cinco Jotas

享用最高級的生火腿

評價最高的是世界最高級哈武戈產的伊比利豬火腿。含下酒菜、前菜、主菜2盤的午餐套餐€17.50，及生火腿€24.50最有人氣。

DATA
🚇M2・3・4號線PG. DE GRÀCIA站步行5分 🏠Rambla de Catalunya 91-93 ☎93-4878942 🕐9～24時（週六・日為13時～）休無

格拉西亞大道周邊 **MAP** 別冊P10B2

La Vinoteca Torres

輕鬆享受豐富的葡萄酒
還有多樣的正統菜色

由西班牙著名葡萄酒廠Torres所經營的葡萄酒吧。從價格合理的餐酒到超高級的葡萄酒都有，以杯裝提供50種以上自家釀造的葡萄酒。葡萄酒1杯最低€2.70起，是讓人可以輕鬆試喝的價格。另外也有搭配葡萄酒的小菜。12～16時還可以享用正式的餐點。在氣氛時尚的店內輕鬆享受葡萄酒吧。

↑高雅又時尚的店內
→適合葡萄酒的餐點也很豐富

DATA
🚇M2・3・4號線PASSEIG DE GRÀCIA站步行3分 🏠Passeig de Gràcia 78 ☎902-520522 🕐10時～翌1時（週五・六為～翌2時）休無

🪑需事先訂位　👔有著裝規定　📖有英文版菜單　🅴有諳英語的員工

蘭布拉大道周邊　別冊P12B4

Los Caracoles

老店的著名海鮮燉飯
享受傳統菜色

創業於1835年的老字號餐廳。充滿風情的店內讓人感受到它的歷史悠久。餐廳的構造在入口為小酒館，再往內部到2樓是用餐的空間，中央為開放式廚房，坐鎮著大型炭火烤爐。推薦餐點是使用了大量新鮮海鮮的海鮮燉飯€19，及被用於店名的Caracoles€12。在這裡可以徹底地享受西班牙傳統的菜色。

↑很有老店風情的店內
→Caracoles是用蕃茄醬汁燉煮蝸牛的料理

DATA..............
🚇M3號線DRASSANES站步行5分
C. dels Escudellers 14　📞93-3012041
⏰13時15分～24時　休無

博恩地區周邊　別冊P13D1

Espaisucre

話題性的甜點餐廳

專賣甜點的餐廳。甜點使用當季食材且甜度適中，像是吃正餐一樣的感覺。甜點套餐為€35。僅週五・六的晚上需要事先訂位。

DATA..............
🚇M4號線JAUME Ⅰ站步行10分
C.de la Princesa 53
📞93-2681630　⏰21時～23時30分
（週五・六為20時30分與22時30分的清場制）　休週日・一

博恩地區周邊　別冊P13C2

Senyor Parellada

充滿風情的空間也頗受好評

利用從19世紀以來作為旅館的建築物，於1983年開幕的餐廳。最推薦的是用義大利麵皮將肉包起來，加上醬汁與乳酪後烤製而成的熔岩肉餡捲€11.60。

DATA..............
🚇M4號線JAUME Ⅰ站步行3分
C.de l'Argenteria 37
📞93-3105094　⏰13時～15時45分、20時30分～23時30分　休無

聖家堂周邊　別冊P8B1

Els Porxos

種類豐富的小菜最有人氣

位於聖家堂前面的餐廳，合理價格和自在的氣氛很有魅力。推薦餐點是種類豐富的小菜，1盤€3.50～。海鮮燉飯€17.20也有不錯的評價。

DATA..............
🚇M2・5號線SAGRADA FAMÍLIA站步行3分　C.de Mallorca 410
📞93-2319990　⏰9時30分～24時
休12月24日

新市區　別冊P7D1

Botafumeiro

在優雅的氣氛中享受
傳統加泰隆尼亞的美味

餐點中使用了新鮮海鮮的人氣餐廳。店內由4個樓層組合，到處都配置了綠意，是讓人感到舒適的環境氣氛。推薦菜色是鮮蝦、螃蟹、貝類的拼盤€140（2人份）、及烤魚佐蔬菜€35～等。以原創海鮮燉飯為首的5種海鮮燉飯也很受歡迎。其中特別值得一吃的，是風味濃郁的墨魚汁海鮮燉飯€30～。

→鱈魚佐鷹嘴豆€29.35

↑充滿木頭溫暖質感的店內

DATA..............
🚇M3號線FONTANA站步行5分
C. Gran de Gràcia 81
📞93-2184230　⏰12時～翌2時
休無

格拉西亞大道周邊　別冊P10B3

Vinitus

摩登的店內享用人氣的創意義大利麵

總是大排長龍的Cerveceria Catalana（→P52）的姊妹店。提供包括總店著名的花蝦與蕃茄小盤料理€3.90等，可輕鬆享用創意義大利麵。

DATA..............
🚇M2・4號線PASSEIG DE GRÀCIA站步行5分　C. del Consell de Cent 333　📞93-3632127　⏰12時～翌1時（週五・六為～翌1時30分）　休無

聖家堂周邊　別冊P8B1

Brasa y Vino

自豪的炭烤菜色

種類豐富的小菜、用炭火烤到香氣四溢的肉類與魚類等，及海鮮燉飯等都是自豪的菜色。香蒜辣蝦€10.90、海鮮燉飯€15.90這些常見的小菜也值得推薦。

DATA..............
🚇M5號線SAGRADA FAMÍLIA站步行5分　C. de Sardenya 310
📞93-0171396　⏰10～24時
休無

如果想到高級海產店或創作料理餐廳用餐的話，在巴塞羅內塔附近有很多當紅的餐廳。
也是讓人想要稍加打扮一下才出門的區域。

小酒館&佛朗明哥小酒館

可以輕鬆地順路前往，且提供餐點、咖啡、酒類的小酒館，對遊客來說是很值得一去的地方。餐點的美味程度也是和餐廳不相上下的。尤其是會大排長龍的人氣店，最好選擇人潮較少的時段前往。

蒙特惠克地區　MAP 別冊P10B1

De Tapa Madre

以極品生火腿與葡萄酒乾杯

專門提供西班牙內陸部薩拉曼卡地區菜色的小酒館。因為該地區不面海，因此以肉類餐點為中心。西班牙的最高級品牌Joselito公司的生火腿100g€6～，一定要吃看看。

DATA
M4、5號線VERDAGUER站步行5分　C.de Mallorca 301
93-4593134　11時30分～24時
休無

博恩地區周邊　MAP 別冊P13C4

El Tropezón

受當地饕客喜愛的小酒館

位於窄巷交錯的舊市區內的一角。吧台上排列的大盤子中，有著名的辣醬烤馬鈴薯€5等種類豐富的小菜。

DATA
M4號線JAUME I站步行10分
C.Gignas 20
93-3101864　14～24時
休無

蘭布拉大道周邊　MAP 別冊P12B4

Tablao Cordobes

體驗正統的小酒館氣氛
享受招牌西班牙菜

這間特色佛朗明哥小酒館在洞窟般的空間中加上伊斯蘭風格裝潢，讓人聯想到伊朗明哥發源地的安達魯西亞。附晚餐的費用為€78.5，僅提供飲料時則是€42。晚餐為自助餐的形式，從前菜到主菜、甜點都可以吃到正統的西班牙菜。佛朗明哥的表演秀長度約1小時20分，特別要注意的是入店需要事先預約。預約時也不要忘記確認入店的時間。

↑可以的話選擇正面座位欣賞舞蹈秀
→表演時只可以喝飲料

DATA
M3號線LICEU站步行10分　La Ramblas 35　93-3175711　表演秀為20時15分～、22時～、23時30分～等
休無　link→P27

新市區　MAP 別冊P7D2

Paco Meralgo

精萃的美食空間

充滿清潔感的店內，在吧台上陳列著當季的海鮮餐點。菜色約是1盤€5～20左右。餐點全部都是半盤的份量，可以多樣嘗試。

DATA
M5號線HOSPITAL CLINIC站步行5分　C.de Muntaner 171
93-4309027　13～16時、20時30分～翌0時30分　休無

蒙特惠克地區　MAP 別冊P5C3

Quimet & Quimet

精選食材與極品醬汁

使用精選食材的高人氣小酒館。將鮭魚或蝦等食材放在輕烤過麵包上的Montaditos€2.50值得一嘗，不同食材會搭配不同醬汁。

DATA
M2、3號線PARAL-LEL站步行5分　C.Poeta Cabanyes 25
93-4423142　12～16時、19時～22時30分　休週六晚上、週日

蒙特惠克地區　MAP 別冊P4B4

Tablao de Carmen

傳承佛朗明哥的傳統

位於西班牙村內的佛朗明哥小酒館。為了記念1929年萬博時，當時14歲的傳說舞者卡門・阿瑪雅在國王阿方索13世面前展露佛朗明哥舞蹈，而建造了這間佛朗明哥小酒館。表演秀有19時～與21時30分～22時30分的2場。附1杯飲料的費用為€41，附小菜則為€52，附以加泰隆尼亞菜為中心的全餐為€70。最好避免穿過度休閒的服裝。雖然非必要，但最好事先訂位。

↑回程搭計程車較方便
→先訂位的話，16時之後可免費進入西班牙村

DATA
M1、3號線ESPANYA站步行15分
Av. Francesc Ferrer i Guàrdia, 13
93-3256895　表演秀為19時～、21時30分～　休週一　link→P27

需事先訂位　　有著裝規定　　有英文版菜單　　有諳英語的員工

各國餐點&咖啡廳

❖

以下介紹日本料理、泰國菜，及最適合小憩的咖啡廳。配合散步行程，好好地活用吧。在大道及廣場外圍的咖啡廳有很多提供露天的座位，可以趁天氣好的時候融入當地居民當中積極利用。

格拉西亞大道周邊 **MAP** 別冊P11C3

Thai Barcelona

正統的高級泰國菜

這裡是巴塞隆納第一間正統的泰國菜餐廳。店員全部是亞洲人，廚師也是泰國人，徹底地營造出東洋的氣氛。推薦的是泰國菜著名的泰式酸辣蝦湯€8.55，以及7種咖哩。加了椰奶更加溫和、有深度，是台灣人喜好的口味。想少量多樣嘗試泰國菜的話，則推薦套餐€32.90。泰國菜獨特的蔬菜及水果裝飾，為餐桌增色不少。

↑店內配置泰式傢俱

→佐以花生與萊姆的青木瓜沙拉Som Tam €12.60

DATA............
🚇M2・3・4號線PG. DE GRÀCIA站步行3分 🏠C. de la Diputació 273
📞93-4879898 🕐13～16時、19時30分～23時（週五・六晚上為～24時）🈚無

哥德地區 **MAP** 別冊P12A3

Granja Viader

前身為牛奶店的老字號咖啡廳

創業於1870年，前身為牛奶店的老字號咖啡廳。推薦餐點是烤布蕾€3.90等以優質乳製品自製的甜點。也可以直接購買乳製品。

DATA............
🚇M1・3號線CATALUNYA站步行5分 🏠C. d'en Xuclà, 6 📞93-3183486 🕐9時～13時15分、17～21時 🈴週日

格拉西亞大道周邊 **MAP** 別冊P10A2

Mauri

提供外帶

店內陳列著蛋糕€3.50～及麵包、熟食，還可以在內部的咖啡廳空間享用。在同一個樓層也有銷售橄欖油及各種肉醬。還提供午餐，預算約€13～。

DATA............
🚇M3・5號線DIAGONAL站步行2分 🏠Rambla de Catalunya 102
📞93-2150998 🕐8～21時（週六為9時～、週日為9～15時）🈚無

蘭布拉大道周邊 **MAP** 別冊P12A2

Zürich

最適合作為會面點的咖啡廳

面對加泰隆尼亞廣場的三角大樓Triangle的1樓，為人潮眾多的老字號咖啡廳。位置上很適合在觀光空檔中順路一訪。啤酒€3、咖啡€2～。

DATA............
🚇M1・3號線CATALUNYA站即到 🏠Pl.de Catalunya 1
📞93-3179153 🕐8～23時（週六為～24時）🈚無

蘭布拉大道周邊 **MAP** 別冊P12B4

Café de L'Òpera

在老字號咖啡廳優雅小憩

位在利塞奧大劇院前，創業於1929年的咖啡廳。和喧囂街道截然不同，店內是安靜的古典氣氛，可以享用咖啡、蛋糕類之外，還有輕食及含酒精飲料。卡布奇諾€2.60、甜點類€3.30～。

DATA............
🚇3號線LICEU站步行3分
🏠La Ramblas 74 📞93-3177585
🕐8時30分～翌2時30分 🈚無

哥德地區 **MAP** 別冊P12B2

4 Gats

十多歲的畢卡索也常去的咖啡廳

開幕於1897年，因為現代主義的藝術家都聚集於此而出名，菜單及招牌也是由十多歲時的畢卡索所繪製。當時雖然6年後即結束營業，但為記念畢卡索誕生100週年而復活。內裝保留了當時畢卡索上門前來時的樣子。

DATA............
🚇M1・4號線URQUINAONA站步行10分 🏠C.Montsió 3
📞93-3024140 🕐8時～翌1時 🈚無

新市區 **MAP** 別冊P7C3

桜屋
Sakura-ya

在百貨公司享用的日本菜

在有小酒館及咖啡廳的購物中心地下美食街的壽司吧台。廚師為西班牙人，提供壽司拼盤€21.50。

DATA............
🚇M3號線MARIA CRISTINA站步行5分 🏠Ag. Diagonal 557, Centro Comercial Lilla
📞93-4052645 🕐13時～21時30分 🈴週日

 在店家入口處如果沒有標示是否可吸菸，就是全面禁菸，要特別注意。

還有哦！購物

除了拓展到全世界的西班牙品牌外，
很有巴塞隆納風格
且充滿個性的單品也不容錯過。
博恩地區值得注目的商店也陸續登場。

特集也要 Check!
最夯時尚服飾…P58
把POP雜貨帶回家…P60

Advice

●尋找必買的伴手禮的話就到蘭布拉大道
蘭布拉大道有著許多觀光地特有的伴手禮店。來找看看與巴塞隆納相關的有趣商品吧！因為觀光客會聚集在這區，所以很常發生扒手和竊盜事件。在購物的同時也要特別小心隨身攜帶的物品。

●重視品味的話就到哥德&博恩地區
從特色老店的名品，到很有藝術城市風格的高品味時尚單品，在新舊藝術中精選出喜愛的商品。
●想檢視流行時尚的話就到格拉西亞大道
從全世界代表性高級品牌到休閒品牌都有。走在街上的人們大家都好時尚！

流行服飾

一流著名品牌及源自西班牙的休閒品牌等，當紅的流行都集合在這裡。可以觀察到西班牙的潮流。雖然有很多已在海外拓展市場的熟悉品牌，但其他也有不少值得注目的品牌。

格拉西亞大道周邊 **MAP**別冊P11C3

Adolfo Domínguez

特色是簡單的線條

在全世界展開市場的西班牙品牌。Adolfo Domínguez的主題是「極簡主義」。簡單卻經過計算的設計，在日本也有很多愛好者。

DATA
交 M2・3・4號線PASSEIG DE GRÀCIA站步行3分 住Passeig de Gràcia 32 Esquina Diputación
93-4874170 時10～21時 休週日 link→P90

格拉西亞大道周邊 **MAP**別冊P10A3

Antonio Miró

不受拘束的設計大受好評

由來自巴塞隆納的設計師Antonio Miró所經營的精品店。不只有男裝、女裝，還有雜貨、廚房用品等。男性的休閒襯衫為€60～。

DATA
交 M3・5號線DIAGONAL站步行5分 住C. de Enric Granados 46
93-1132697 時10時30分～20時30分 休週日

格拉西亞大道周邊 **MAP**別冊P10A1

Camper

舒適感過人的人氣鞋子品牌

來自馬約卡島的人氣休閒品牌。圓形鞋尖及柔軟的鞋底，在海外也有很多愛好者。在巴塞隆納的這間店為最大規模的店舖，商品數也很豐富。

DATA
交 M3・5號線DIAGONAL站步行2分 住Passeig de Gràcia 100
93-4674148 時10～21時 休週日 link→P25

格拉西亞大道周邊 **MAP**別冊P10A1

Cristina Castañer

Cristina的鞋子只有這裡買得到

這裡是以草編鞋聞名的鞋子品牌「Castañer」的直營店。而由創業者孫女Cristina所設計的「Cristina Castañer」的商品，只有在這裡才買得到。

DATA
交 M3・5號線DIAGONAL站步行3分 住C. de Rosselló 230
93-4142428 時10時～20時30分 休週日 link→P24

格拉西亞大道周邊 **MAP**別冊P10A3

Pretty Ballerinas

設計可愛的平底鞋

西班牙的Mascaró Group以高質感皮鞋聞名，由其推出的人氣平底鞋專賣店。色彩鮮豔的鞋子使用的是柔軟的布料，非常好走。

DATA
交 M2・3・4號線PASSEIG DE GRÀCIA站步行5分 住Rambla de Catalunya, 77 93-2157687
時10時～20時30分 休週日 link→P24

格拉西亞大道周邊　(MAP) 別冊P10A3

Nice Things

源自巴塞隆納的品牌

當地流行雜誌上的熱門話題性新品牌。有多款相當有女人味的衣服,及包包、領巾等小物。包包€35～、洋裝€70～。

DATA
⊠ⓜ2・3・4號線PASSEIG DE GRÀCIA站步行5分
🏠C. de València 235　📞93-4873752
🕐10時～20時30分　休週日

蒙特惠克地區　(MAP) 別冊P4B3

Mates

兼具舒適度與設計感

店裡所陳列的運動鞋,都是在市內工坊由工匠手工製作的。原是為運動量身打造的鞋子,穿起來的舒適度相當好。

DATA
⊠ⓜ1號線HOSTAFRANCS站步行5分
🏠C. de Gayarre 25
📞93-4318386　🕐10時～13時30分、17時～20時30分（週一為17時～）　休週日、8月　link→P25

格拉西亞大道周邊　(MAP) 別冊P11D2

Mango Outlet

會挖到意外的寶物

銷售年輕流行代表性品牌Mango的尺寸不齊、過季商品的暢貨中心。包包€15～、飾品€5～等小物非常划算。

DATA
⊠ⓜ2號線TETUÁN站步行5分
🏠C.de Girona 37　📞93-4122935
🕐10時～21時
休週日

哥德地區周邊　(MAP) 別冊P12B3

La Manual Alpargatera

熟練工匠製作的草編鞋

創業於1941年的老字號草編鞋專賣店。這種鞋子原來是務農時穿的鞋子,用繩子編的鞋底穿起來又輕又舒服。有各式各樣的尺寸、顏色、外型,來這裡找找中意的鞋子吧。

DATA
⊠ⓜ3號線LICEU站步行5分
🏠C. Avinyó 7　📞93-30101720
🕐9時30分～13時30分、16時30分～20時　休週日　link→P24

格拉西亞大道周邊　(MAP) 別冊P10B3

Loewe

代表西班牙的奢華品牌

創業於1846年,西班牙誇耀世界的皮革品牌。1樓為女裝、地下樓層為男裝樓層,以包包為主,從錢包、領巾等小物到高雅洋裝等服飾都有。人氣商品之一是有著四個L組成的商標立體壓紋的經典包款AMAZONA€1700～。店舖位在著名的現代主義建築「獅子與桑樹之家」內,逛街還可以同時欣賞建築物。

↑在格拉西亞大道上特別顯眼的美麗建築
→寬敞的店內

DATA
⊠ⓜ2・3・4號線PASSEIG DE GRÀCIA站步行3分　🏠Passeig de Gràcia 35
📞93-2160400　🕐10時～20時30分
休週日　link→P22、91

蘭布拉大道周邊　(MAP) 別冊P12A3

Custo

來自全世界名媛們的高度支持

在蘭布拉大道上的人氣商店。除了有在好萊塢大紅大紫的獨特插畫€40～200,還有極具設計感的各式各樣單品。

DATA
⊠ⓜ3號線LICEU站步行5分
🏠La Rambla 109　📞93-4813930
🕐10～21時（週六為～21時30分、週日為12～20時）　休無

博恩地區周邊　(MAP) 別冊P13D3

Kukuxumusu

獨特的插畫很有趣

來自巴斯克的品牌,帶了點諷刺的獨創插畫很有人氣。也有很多適合作為伴手禮的商品。其中推薦的是集合了巴塞隆納各名勝景點的T恤€14.10～。

DATA
⊠ⓜ4號線JAUME Ⅰ站步行5分
🏠C.de l'Argenteria 69
📞93-3103647
🕐10時30分～22時30分　休週日

蒙特惠克地區　(MAP) 別冊P4B3

Vialis-Aro

源自巴塞隆納的運動鞋

店內集結了簡單又有美麗外型的運動鞋。講究鞋根等部位,好穿好走也是其魅力之一。中間價位€30～80的運動鞋也有很高的人氣。

DATA
⊠ⓜ1・3號線ESPAÑA站步行1分
🏠Gran Via de les Corts Catalanes 373-385　📞93-4244170
🕐10～22時　休週日

巴塞隆納有很多以藝術作品為主題的雜貨類等個性化商品。蘭布拉大道到哥德地區有不少小而美的商店銷售著獨特的商品,可以多加前往。

雜貨&其他

除了設計感佳、個性豐富的雜貨，還有想買回去當伴手禮的各式各樣新舊西班牙甜點，想要的東西還有好多好多。附有超市的百貨公司也不要忘了去逛逛。

格拉西亞大道周邊 **MAP** 別冊P11C4

El Corte Inglés

什麼都有的綜合百貨公司

分店散布在西班牙全國各地，什麼都賣的大型百貨公司。受觀光客歡迎的商店是位在地下1樓的食品超市及銷售高級食材的美食區域。想買伴手禮這裡最適合。

DATA
☒Ⓜ1・3號線CATALUNYA站步行3分　⬛Pl. de Catalunya 14
📞93-3063800　🕐9時30分～21時30分　🈺週日

格拉西亞大道周邊 **MAP** 別冊P10B3

Cacao Sampaka

巧克力風潮的推手

因為香辛料等特殊口味的巧克力而大受歡迎同時也是西班牙王室御用的巧克力品牌。近年也有推出使用稀有的可可亞所製作的正統板狀巧克力等商品。

DATA
☒Ⓜ2・3・4號線PASSEIG DE GRÀCIA站步行6分　⬛Consell de Cent 292　📞93-2720833
🕐9～21時　🈺週日　link→P21

格拉西亞大道周邊 **MAP** 別冊P10B2

Sabon

沐浴&身體保養品牌

含有死海礦物質的沐浴用品，以及身體用護膚產品的人氣品牌。稱重賣的手工原創香皂€5.80/100g相當受到歡迎。

DATA
☒Ⓜ2・3・4號線PASSEIG DE GRÀCIA站步行3分
⬛C. de València 260　📞93-4871215
🕐10～21時　🈺週日

格拉西亞大道周邊 **MAP** 別冊P7D2

Maisons du Monde

設計感商品的寶庫

1樓為廚房雜貨，2樓為集結了床鋪、沙發等商品的選貨店。相框€5～及抱枕套€9等，也有很多方便帶回國的商品。

DATA
☒Ⓜ3・5號線DIAGONAL站步行10分　⬛Avda. Diagonal 405
📞93-3683207　🕐10時～20時30分
🈺週日

蘭布拉大道周邊 **MAP** 別冊P12B3

Vicens

創業於1775年的杜隆糖專賣店

從1775年起就在巴塞隆納郊外的村莊製作杜隆糖的專賣店。杜隆糖原本只有在聖誕節期間才會銷售，現在則是一整年都吃得到。有多達100種各式各樣的口味。

DATA
☒Ⓜ3號線LICEU站步行5分
⬛Carrer Petritxol 15　📞93-3043736
🕐10時～20時30分（週日為11～20時）　🈺無　link→P21

哥德地區周邊 **MAP** 別冊P12B3

Sabater Hermanos Fábrica de Jabones

色彩繽紛的自製香皂專賣店

位於巴塞隆納大教堂正後方的手工香皂專賣店。香皂的香味約有40種。推薦模仿巴塞隆納步道磁磚的香皂100g€4，和分送用的伴手禮40g€2。

DATA
☒Ⓜ4號線JAUME Ⅰ站步行5分
⬛Pl. San Felip Neri 1
📞93-3019832　🕐10時30分～14時30分、15時30分～21時　🈺無

博恩地區周邊 **MAP** 別冊P13C4

Papabubble

可愛的手工圖案糖果

約10年前開幕以後漸漸成為人氣品牌，在世界各國設立分店。在店頭可以觀看到製作糖果的過程，非常特別。有棒棒糖、瓶裝、袋裝的種類。

DATA
☒Ⓜ3號線DRASSANES站步行10分
⬛C.Ample 28　📞93-2688625　🕐10～14時、16時～20時30分（週六為10時～20時30分）　🈺週日　link→P21

格拉西亞大道周邊 **MAP** 別冊P10A1

Farga

充滿高級感的包裝頗受好評

創業於1957年的老字號甜點店。傳統蛋糕€10與及巧克力€10～，味道之好不用說，品味優雅的包裝也頗受好評。店內同時也是餐廳&咖啡廳。

DATA
☒Ⓜ3號線DIAGONAL站步行3分
⬛Diagonal 391　📞93-4160112
🕐8～24時（週六為9時～、週日為9～23時）　🈺無　link→P21

Hotel

飯店

五星級、四星級的飯店不只是設備高檔而己,連服務也是充滿格調。有使用豪華宅邸的古典飯店,也有機能性的城市型飯店,可以依照旅行的計畫來作選擇。

格拉西亞大道周邊 | **MAP** 別冊P10B3

文華東方酒店
Mandarin Oriental, Barcelona

地點超讚的最高等級飯店

位於格拉西亞大道上,聖家堂及哥德地區都是步行可達的距離。飯店內有獲得米其林星級的餐廳,還有SPA、室外游泳池等充實的設備。

DATA..........

M3・5號線DIAGONAL站步行5分 Passeig de Gràcia 38-40 93-1518888 €550～ 120室 ★★★★★

格拉西亞大道周邊 | **MAP** 別冊P11C3

El Palace

傳統的歐洲風格

巴塞隆納市內的代表性最高級飯店。大廳裡擺設著1920年左右的骨董品等裝飾,飄散著高格調的氣氛。客房也因為經過改裝,以明亮印象重新登場。

DATA..........

M1・4號線URQUINAONA站步行3分 Gran Via de les Corts Catalanes 668 93-5101130 €515～ 125室 ★★★★★

格拉西亞大道周邊 | **MAP** 別冊P8A1

Casa Fuster

住在蒙塔內爾的作品裡

建造於1908年,飯店是在2004年開幕。是現代主義建築師蒙塔內爾最後的作品,雖然經過改裝,但在館內現在仍可看到奢華的裝飾。

DATA..........

M3・5號線DIAGONAL站步行5分 Passeig de Gràcia132 93-2553000 €287～ 105室 ★★★★★

格拉西亞大道周邊 | **MAP** 別冊P10B2

Claris

房間裝潢各不相同的個性派飯店

這間飯店改裝自建於19世紀的宅邸。在館內有世界最大規模個人所有的埃及美術收藏品。最上層還有游泳池和小酒館等多項充實的設施。

DATA..........

M2・3・4號線PASSEIG DE GRÀCIA站步行5分 C. de Pau Claris 150 93-4876262 €180～124室 ★★★★★

新市區 | **MAP** 別冊P6B3

Hilton Barcelona

新市區內的摩登飯店

位在對角線大道上,機能性相當好的高級飯店。客房室內擺設統一為洗練的簡單摩登設計。也備有設置了最新器材的健身房。

DATA..........

M3號線MARIA CRISTINA站步行5分 Av. Diagonal 589-591 93-4957777 €144～ 289室 ★★★★★

新市區 | **MAP** 別冊P7C2

Meliá Barcelona Sarrià

高機能性的都會型飯店

房客多為商務旅客,21層的高樓層飯店。簡單的客房中備有最新設備,相當具機能性。位在對角線大道附近,是方便購物的地點。

DATA..........

M3號線MARIA CRISTINA站步行10分 Avda. de Sarrià 50 93-4106060 €150～ 333室 ★★★★★

巴塞羅內塔 | **MAP** 別冊P9D3

Arts Barcelona

海岸地區的地標式建築

位於奧林匹克港的雙塔建築之一。44樓高的飯店,每個房間都可以眺望美景。在看得到地中海的2樓還有室外游泳池。館內也設有小酒館及餐廳。

DATA..........
M4號線CIUTADELLA VILA OLÍMPICA站即到 C.de la Marina 19-21 93-2211000 €250～ 483室 ★★★★★

巴塞羅內塔 | **MAP** 別冊P5D1

Hilton Diagonal Mar Barcelona

現代感的設計風飯店

位於國際會議中心對面,距離海灘為400m、到市中心則為15分,地點良好。全部客房都備有高速網路的服務也相當方便。

DATA..........
M4號線EL MARESME FORUM站步行5分 Passeig del Taulat 262-264 93-5070707 €184～ 433室 ★★★★★

一般的旺季為夏季假期,或從聖誕節到過年的期間。台灣進入長假的期間就會一房難求,因此最好盡早預訂。

巴塞羅內塔 MAP 別冊P5D4

Eurostars Grand Marina Hotel

正對海景的超棒地點

位於面對地中海棧橋側邊的飯店。可從屋頂露台將前方海洋及港口的景色盡收眼底，因為地點佳而很有人氣。因為距離蘭布拉大道很近，購物及散步也很方便。

DATA............ 🛂🏨🏊‍♀️🏋️

🚇Ⓜ3號線DRASSANES站步行10分 🏠Moll de Barcelona,s/n ☎93-6039000 💰ⓈⓉ€186～ 291室 ★★★★★

聖家堂周邊 MAP 別冊P5D1

Catalonia Atenas

從屋頂一望巴塞隆納的街景

因為位在聖家堂附近，對旅客來說是地點很好的飯店。在屋頂上有游泳池，可以一望巴塞隆納的街道景色及聖家堂。

DATA............ 🛂🏨🏊‍♀️🏋️

🚇Ⓜ1・2號線CLOT站即到 🏠Av. Meridiana 151 ☎93-2322011 💰Ⓢ€60～・Ⓣ€100～ 201室 ★★★★

蒙特惠克地區  MAP 別冊P5C4

Crowne Plaza Barcelona Fira Center

近美術館的好地點

位於蒙特惠克地區的現代感飯店。內部有完善的三溫暖、室內游泳池。要前往米羅美術館、加泰隆尼亞美術館等各間美術館的交通都很方便。

DATA............ 🛂🏨🏊‍♀️🏋️

🚇Ⓜ1・3號線ESPAÑYA站步行10分 🏠Avda.Rius i Taulet 1-3 ☎93-4262223 💰ⓈⓉ€141～ 276室 ★★★★

格拉西亞大道周邊 MAP 別冊P11C2 **Renaissance Barcelona Hotel** **(原AC Diplomatic)** ★★★★★	內部採用的是和風裝潢。客房的拉門等讓人聯想到日本和室。 🚇Ⓜ2・3・4號線PASSEIG DE GRÀCIA站步行3分 🏠C.de Pau Claris 122 ☎93-2723810 💰ⓈⓉ€170～ 211室
新市區 MAP 別冊P6A4 **Rey Juan Carlos I**	被25000㎡庭園環繞的飯店，有著如避暑盛地般的寧靜感。從客房的窗戶可以眺望到街景。🚇Ⓜ3號線PALAU REIAL站步行5分 🏠Av. Diagonal 661-671 ☎93-3644040 💰ⓈⓉ€124～ 432室
格拉西亞大道周邊 MAP 別冊P10B4 **NH Calderón** ★★★★	位於市內中心部的飯店。一整年開放的室外游泳池相當舒適。 🚇Ⓜ2・3・4號線PASSEIG DE GRÀCIA站即到 🏠Rambla de Cataluña 26 ☎93-3010000 💰Ⓢ€120～・Ⓣ€180～ 255室
格拉西亞大道周邊 MAP 別冊P10A1 **Gallery Hotel** ★★★★	位於格拉西亞大道附近的飯店。館內為色彩豐富的流行設計。 🚇Ⓜ3・5號線DIAGONAL站即到 🏠Rosselló,249 ☎93-4159911 💰Ⓢ€115～・Ⓣ€132～ 110室
聖家堂周邊 MAP 別冊P5C1 **Ayre Hotel Rosellón** ★★★★	位於聖家堂附近的飯店。從陽台和窗戶即可以欣賞到壯觀的景色。🚇Ⓜ2・5號線SAGRADA FAMÍLIA站步行3分 🏠Rosselló 390 ☎93-6009200 💰Ⓢ€63～・Ⓣ€110～ 105室
聖家堂周邊 MAP 別冊P5C1 **Ilunion Bel Art** ★★★★	位於聖保羅醫院附近的飯店，有著休閒感的氣氛。提供免費的無線網路等服務。🚇Ⓜ4號線ALFONSO站步行7分 🏠Lepant 406 ☎93-4335440 💰ⓈⓉ€60～ 94室
聖家堂周邊 MAP 別冊P5D1 **Four Points By Sheraton** **Barcelona Diagonal** ★★★★	為100%禁菸的飯店。健身中心為24小時開放。🚇Ⓜ1・4號線POBLENOU站步行15分 🏠Av. Diagonal 161-163 ☎93-4868800 💰ⓈⓉ€75～ 154室
新市區 MAP 別冊P7C4 **Barceló Sants** ★★★★	備有能夠對應會議及活動等使用的大型會議室。🚇Ⓜ3・5號線 SANTS ESTACIO站步行3分 🏠Pl. dels Països Catalans s/ n. ☎93-5035300 💰ⓈⓉ€90～ 378室
蒙特惠克地區 MAP 別冊P9D2 **H10 Marina Barcelona** ★★★★	附於奧運村附近的飯店。全館提供免費的Wi-Fi與ADSL連線。 🚇Ⓜ4號線BOGATELL站步行5分 🏠Av. Bogatell 64-68 ☎93-3097917 💰ⓈⓉ€70～ 235室
巴塞羅內塔 MAP 別冊P5D1 **Barceló Atenea Mar** ★★★★	備有免費Wi-Fi，以及使用了尖端視聽技術的5間會議室等。 🚇Ⓜ4號線POBLENOU站步行10分 🏠Paseo Garcia Faria 37-47 ☎93-5316040 💰ⓈⓉ€75～ 191室
巴塞羅內塔 MAP 別冊P9D2 **Salles Pere IV** ★★★★	室房的床鋪使用有溫度的木頭。SPA、按摩、游泳池皆很完善。 🚇Ⓜ4號線BOGATELL站步行2分 🏠Pallars 128-130 ☎93-3209650 💰ⓈⓉ€80～ 195室
巴塞隆納郊外 MAP 別冊P4B1 **Hotel Alimara** ★★★★	位在遠離市區的地點。有寬敞的庭院，綠意盎然很舒適。 🚇Ⓜ3號線MUNDET站步行2分 🏠Berruguete126 ☎93-4270000 💰ⓈⓉ€51～ 156室

 🛂有諳英語的員工 🏨餐廳 🏊‍♀️游泳池 🏋️健身房

從巴塞隆納出發的 1 day trip

在近郊有被大自然及歷史圍繞的街道，以及與達利有淵源的地點等，很有魅力的城市。以小旅行的心情出發吧。

Access 從巴塞隆納的PLACA ESPANYA站（別冊MAP/P4B3）搭乘加泰隆尼亞鐵路的R5號線，到達MONSTSERRAT AERI站約1小時車程。從車站搭乘纜車約5分。

觀光重點 購物及用餐主要都在纜車山頂站前的大馬路上。前往大聖堂則需穿越大馬路，爬上石頭樓梯後往右轉。

Information 🏢觀光服務處
MAP P73 🏠Pl, la Creu s/n
📞93-8777701
🕐9時～17時45分（7～9月為～20時）休無

蒙特塞拉特
Montserrat MAP 別冊P282

蒙特塞拉特位於巴塞隆納西北方向約50km處，傳說在9世紀後半於山中洞窟發現聖母瑪莉亞像，而開始了這個城市的歷史。現在的聖堂在16世紀後半完成後，聖母瑪莉亞像就被移到這裡，開始有了眾多朝聖者前來參訪。

↑天氣晴朗時還可以看到巴塞隆納的電視塔

↓大聖堂的中庭。正面的雕像也值得注目

➡數量多到讓人無法想像展示品以個人收集及捐贈為主

觀光
蒙特塞拉特美術館 MAP P73
Museu de Montserrat

收藏畢卡索及達利等1300件以上的作品

除了畢卡索、達利等加泰隆尼亞當地的畫家作品外，還收藏了因聖家堂的雕刻而聞名的荷西・瑪利亞・蘇比拉克斯的作品等。還可以看到古代文明的出土物。

data 🚶觀光服務處步行2分 🏠Plaza de Santa Maria s/n 📞93-8777745
🕐10時～18時45分（冬季為～17時45分、12月25日為～13時45分）休無 💰€7

觀光
大聖堂 MAP P73
Basílica (de Montserrat)

佇立於岩石山麓的聖地

在16世紀開始建築，爾後在西班牙獨立戰爭時受到嚴重損壞，到19世紀後半為止持續進行修復工作。以守護聖人身份受到供奉的黑色瑪莉亞像和歌聲清澈的聖歌隊，絕對不能錯過。

←黑色瑪莉亞像。前來參拜的人們絡繹不絕

data 🚶觀光服務處步行3分 🏠Plaza de Santa Maria s/n 📞93-8777766
🕐黑色瑪莉亞像為8時～10時30分、12時～18時30分（夏季時19時15分～20時可入場）休無 💰免費

La Cafeteria 美食 MAP P73

三明治及飲料種類豐富

內有自助式咖啡廳餐廳的兩層樓建築物。有西班牙風味三明治€3.95、生啤酒€3.20等菜色。

data 🚶觀光服務處步行2分 🏠Plaza de la Creu s/n 📞93-8777701
🕐9時～17時45分（六・日、國定假日為～18時45分）休無

↑也提供正式的餐點

蒙特塞拉特

N
0　100m

P73 蒙特塞拉特美術館
Museu de Montserrat
入口
聖瑪莉亞廣場
Plaça de Santa Maria
●La Cafeteria P73
空中纜車山頂站
Aeri de Montserrat
本篤會修道院
Monestir
大聖堂 P12、73
Basílica
(de Montserrat)
黑色瑪莉亞像
La Moreneta
瞭望步道
Plaça de l'Abat Oliva
匯兌所
●觀光服務處
十字架廣場
Pl. i Pujada de la Creu
視覺空間
往Sant Joan
的地軌式纜車
Funicular Sant Joan
往Santa Cova地軌式纜車
Funicular Santa Cova
往MONTSERRAT AERI
往瞭望台

陽光灑落的柳橙城市
瓦倫西亞
Valencia MAP 別冊P2B2

⬇從大教堂的米格雷特塔的眺望景色

瓦倫西亞是西班牙的第三大城市。耀眼的陽光及藍天讓人印象深刻，當地居民稱之為「La Clara」，為「明亮」的意思。因為溫暖的氣候與肥沃的土壤，以柳橙產地而富有盛名之外，西班牙三大節慶之一的「火節」也相當聞名，吸引來自世界各地的觀光客。

⬆在雷納廣場上特別醒目的米格雷特塔

⬆瓦倫西亞的NORTE站。離市中心很近，很方便

⬆市政廳廣場有充滿魄力的噴水池，是市民的休憩之處

TOPIC-1
通知春天到來的火節

在3月中旬舉行，與奔牛節及四月春會合稱為西班牙三大節慶。在城市中的廣場及街道裝飾著紙糊人形，在最終一天的夜晚同時點火焚燒。瓦倫西亞廣場的巨大紙糊人形被火焰吞噬時，即為火節畫下句點。

⬅各種大小不同的紙糊人形登場

TOPIC-2
前往Lladró (→P100) 總公司參觀工坊

相當受歡迎的西班牙伴手禮Lladró，其工坊位於從瓦倫西亞搭車約20分鐘左右的地方。只要先上官方網站預約就可以入內參觀。
URL www.lladro.com/company/book

➡總公司內被稱為瓷器之城的工坊

Access 從巴塞隆納的SANTS站搭乘往瓦倫西亞的列車Euromed，到JOAQUIN SOROLLA站約3小時30分車程。1天運行7～8班。從JOAQUIN SOROLLA站到NORTE站約步行15分。

觀光重點 大教堂等主要觀光地點都集中在NORTE站北側的舊市區。

Information 🏠雷納廣場觀光服務處 MAP P74B1 🏠Plaza de la Reina 19 ☎96-3153931 開9～19時（週日、國定假日為10～14時）休無

瓦倫西亞

絲綢交易所
La Lonja
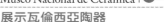

世界遺產

MAP P74A1

建造於15世紀末的交易所

已被登錄為世界遺產的哥德式建築物。到19世紀為止都作為交易所使用。一進入口的大廳就是過去進行交易的空間，可以看到當時使用的桌子及道具。

data 交瓦倫西亞大教堂步行2分　住C.de la Lonja 2　☎96-2084153　時9時30分～19時（週日、國定假日為～15時）　休無　金€2

↑大廳裡螺旋狀的長柱子，讓人印象深刻

←入口為簡單樸素的構造

國立陶器博物館
Museo Nacional de Cerámica
MAP P74B2

展示瓦倫西亞陶器

在這裡可以欣賞到瓦倫西亞三大陶器產地帕特爾納、馬尼塞斯、拉爾科拉的作品。建築物原來是多薩瓜斯候爵的宅邸，內部裝飾也很豪華。

data 交瓦倫西亞大教堂步行3分　住Poeta Querol 2　☎96-3516392　時10～14時、16～20時　休週日、國定假日的下午、週一　金€3（週六的16～20時、週日的10～14時為免費）

↑入口的細微裝飾給人深刻印象

樓重現了19世紀瓦倫西亞的廚房

在3

1 day trip

從米格雷特塔可以一覽瓦倫西亞的街景

瓦倫西亞大教堂
Catedral
MAP P74B1

建於清真寺舊址的教會

建造於13世紀中旬。經過多次改修，南側帕勞大門為羅馬式，北側使徒大門則為哥德式，混合了各種建築風格。

data 交NORTE站步行12分　住Plaza Almoina s/n　時10時～18時30分（週日、國定假日為14時～、11月1日～3月19日為～17時30分、週日、國定假日為～17時）※進行彌撒時不可進場　金登塔時為€2、英語導覽€5　休無

←挑高天花板的瓦倫西亞大教堂

科隆市場　El Mercado de Colón
MAP P74B2

裝飾美麗的正門入口

市場正面的獨特設計非常吸引目光。地下層為生鮮食品的賣場，地上層為餐廳及咖啡廳，可以簡單地用餐及休息。

data 交瓦倫西亞大教堂步行10分　住C.Jorge Juan 19　☎96-3371101　時7時30分～翌1時（視店鋪而異）　休無

↑正門上部有象徵瓦倫西亞的蝙蝠裝飾

El Rall
MAP P74B1

在開放感十足的露天座位享受極品海鮮燉飯

海鮮燉飯及伊比利豬生火腿很受歡迎的餐廳。海鮮燉飯在點菜後才開始製作，將鍋底鍋巴攪拌一起吃更加美味。

data 交瓦倫西亞大教堂步行1分　住Tundidores 3　☎96-3922090　時13～15時、19時～23時30分　休12月24日晚上

↑色彩豐富的露天座位寬敞舒適

↓只採購可以確認飼養過程的伊比利豬

↓海鮮燉飯€33（2人份）。約需15～20分鐘製作

Trencat
MAP P74B1

瓦倫西亞中央市場附近的時尚咖啡廳

裝修古老建築而成的咖啡廳。店內可以免費使用Wi-Fi，相當方便。推薦的料理是Empanadilla，這是在薄麵皮中包進各種材料的半月形的派。

data 交瓦倫西亞大教堂步行4分　住C.Trench 21　☎96-3122389　時8時30分～20時（週日為10～14時）　休無

↑自然光透過玻璃灑下，店內非常明亮。從早上開始就擠滿了當地客

←用從中央市場採購而來的麵包所製作的雞肉三明治€7

↓手工製作的芒果蛋糕，1片€5

留有羅馬時代的榮華

世界遺產

塔拉哥納 *Tarragona* MAP 別冊P2B2

塔拉哥納位在巴塞隆納南方約90km處的海邊。在西元前3世紀由羅馬人所建立，曾作為伊比利半島的最大都市而繁華一時。現在也留有羅馬時代的珍貴遺跡。

↑整座城市都被登錄為世界遺產 ↓上部與下部為不同樣式的建築

Access 從巴塞隆納的SANTS站搭乘往塔拉哥納TARRAGONA的列車RENFE EXPRESS約1小時程。每30分～1小時發1班車。

觀光重點 通往大教堂的主大道為市區的中心。主要的觀光景點都集中在舊市區。

Information 🅸觀光服務處
🏠Carrer Major 37 📞977-250795
🕐10～20時（週日、國定假日為～14時），冬季為10～14時、15～17時（週六的下午、3月30～4月3日為～19時，週日、國定假日僅10～14時）休無 🅴

觀光
羅馬圓形競技場
Amfiteatre Romà

建造於2世紀的巨大競技場

約可容納1萬人的圓型競技場。也是迫害基督教的羅馬帝國針對主教、副主教進行處刑的地方。

data 🚉TARRAGONA站步行10分
🏠Parc de l'anfiteatre 📞977-242579 🕐9～21時（週日為～15時）。冬季為～19時（週日為～15時）休週一 💰€3.30 🅴

觀光
大教堂 Catedral

融合兩種建築樣式

從1171年起建造期間長達160年，因此混合了哥德式及羅馬式的兩種建築樣式。

data 🚉TARRAGONA站步行20分 🏠Pla de la Seu s/n 📞977-226935
🕐10～17時（週六為～19時、依季節而異）休週日 💰€5 🅴

奇才達利的誕生地

菲格雷斯 *Figueres* MAP 別冊P2B2

位於巴塞隆納北方約140km處的小城市，因為是代表西班牙的畫家——薩爾瓦多·達利的誕生地而聞名。達利在為了學習美術前往馬德里之前，以及晚年都在這裡度過。

➡簡單的外觀中所配置的雕刻值得注目

Access 從巴塞隆納的SANTS站搭乘往菲格雷斯FIGUERES VILAFANT的AVE，AVANT約55分車程。每30分～1小時發1班車。

觀光重點 觀光景點為達利美術館。連接車站及美術館的道路上有咖啡廳及商店。

Information 🅸觀光服務處
🏠Plaça del Sol s/n 📞972-503155 🕐7～9月為9～20時（週日為10～15時）※視季節及星期幾而異 休冬季的週日 🅴

↑屋頂上裝飾了雞蛋和麵包
➡由市民劇場改裝而成的美術館

觀光
達利美術館 Teatre Museo Dalí

收藏超過1萬件達利的作品

開館於1974年，收藏了達利到過世前所留下，1萬件以上的繪畫及雕塑品。可以看到達利從初期到晚年的作品。

data 🚉FIGUERES VILAFANT站步行20分
🏠Plaça Gala Salvador Dali 5
📞972-677500 🕐9時30分～18時（7～9月為～20時，11～2月為10時30分～18時）休週一（6～9月為無休）💰€12 🅴

Madrid

馬德里

歷代國王居住的王宮
(→P86)

（了解整個城市）

馬德里區域Navi

集合西班牙文化最高峰的首都——馬德里。
在過去被稱為「日不落帝國」，有著前所未有的繁榮。
徹底享受每個地區各有不同風情的馬德里吧。

基本資料	馬德里自治區的首都 人口…約317萬人（2014年） 面積…約605km²	旅行計畫提示	散步的起點是交通要衝太陽門。雖然是大都市，但觀光景點都集中在附近，可以搭乘地鐵及步行走完全部。從太陽門到主廣場、王宮可以步行前往。

1 王宮周邊
Palacio Real

↑法國與義大利建築樣式的王宮

MAP 別冊P17C3

以地鐵的ÓPERA站為起點，西側一帶就是以王宮為中心的地區。這個地區內綠意盎然，適合悠閒散步。設有費利佩四世騎馬像的東方廣場則有很多歷史悠久的咖啡廳，可以在這裡享用早餐或休息。

Check! ●王宮（→P86）
●皇家化身女修道院（→P104）

【最接近的車站】
Ⓜ2・5・R號線
ÓPERA站

3 主廣場周邊
Plaza Mayor

↑主廣場在週末時有整排的攤販，非常熱鬧

MAP 別冊P20B3

為市民生活中心的主廣場附近有很多狹窄的小巷，是古老街景極具風情的區域。餐廳及小餐館林立的道路上還有海明威曾到訪過的世界最古老餐廳，也是不錯的美食景點。

Check! ●主廣場（→P89）
●聖米蓋爾大道（→P95）

【最接近的車站】Ⓜ2・5・R號線ÓPERA站、1・2・3號線VODAFONE SOL站

Advice 起點主廣場的東西南北側都有出入口，依目的地選擇最近的出口。

2 太陽門周邊
Puerta del Sol

MAP 別冊P21D2

地鐵的車站在此交錯，也是通往地方都市的道路起點。有鐘塔的大樓為自治政府廳，以此為中心集中了商店及餐廳等，一整年都有熱鬧的旅客及當地居民。

Check! ●太陽門（→P88）
●皇家赤足女修道院（→P88）

【最接近的車站】Ⓜ1・2・3號線VODAFONE SOL站

Advice 此區有很多徒步區，散步起來非常方便、舒適，但也因為是鬧區而常發生扒手事件，散步時要特別注意。百貨公司El Corte Inglés西側的小巷要特別小心。

↑廣場的地標是馬德里自治政府廳的鐘塔

4 格蘭大道周邊
Gran Vía

MAP 別冊P17C2~D3

格蘭大道連接了西班牙廣場及阿爾卡拉大道。以靠近大道中段的卡列歐廣場為中心，有電影院、劇場、百貨公司、名牌店林立。

Check! ●西班牙廣場（→P105）

【最接近的車站】Ⓜ1・5號線GRAN VÍA站、3・5號線CALLAO站、3・10號線PLAZA DE ESPAÑA站

↑馬德里的繁華大街格蘭大道

QUEVEDO
SAN BERNARDO
地鐵2號線
地鐵4號線
起飛的3號線
ALONSO MARTÍNES
5 塞拉諾大道周邊
SERRANO VERÁZQUEZ
NOVICIADO
6 楚埃卡地區
科隆廣場
PLAZA DE ESPAÑA
4 格蘭大道周邊
CHUECA
SANTO DOMINGO
CALLAO
GRAN VIA
太陽門周邊
RETIRO
王宮周邊 1
ÓPERA
BANCO DE ESPAÑA
VODAFONE SOL
麗池公園
主廣場
主廣場周邊 3
7 普拉多美術館周邊
LA LATINA
ATOCHA站
ATOCHA RENFE
曼薩納雷斯河
PUERTA DE TOLEDO
ACACIAS

↓有不少前來購物的女孩

6 楚埃卡地區
Barrio de Chueca

MAP 別冊P18A4

聚集對流行敏感的人們的話題性區域。高品味的選貨店及休閒流行品牌、時尚的咖啡廳等，受年輕人歡迎的商店散布在其中。

Check! ●在楚埃卡檢視流行時尚!(→P92)

【最接近的車站】Ⓜ1・5號線GRAN VÍA站、5號線CHUECA站

Advice 從GRAN VIA站往北延伸的富恩卡拉爾大道是相當熱鬧的區域。洗練氣氛的商店林立，且幾乎都是徒步區，非常方便行走。CHUECA站周邊也是內行人才知的景點。

↓蘇菲亞王妃藝術中心

5 塞拉諾大道周邊 Calle de Serrano

MAP 別冊P18B2~4

馬德里最高級的購物街。從以西班牙高級品牌為首的世界一名牌店，到新銳設計師的作品都集中於此。2010年時道路經過整修後變得寬敞，方便步行。

Check! ●在塞拉諾大道購物(→P90)

【最接近的車站】Ⓜ4號線SERRANO站、2號線RETIRO站

Advice 因為是19世紀後半計畫性開發的區域，道路為棋盤狀，尋找目的地時非常方便。與塞拉諾大道平行和交錯的道路也可以逛逛。

←著名品牌的新作品也不能錯過

↓有很多散發著高級感的建築物，很適合整條道路的氣氛

➡道路變得寬敞且暢通，非常好走

7 普拉多美術館周邊
Museo Nacional del Prado

MAP 別冊P15D2

以普拉多美術館為首，聚集了美術館、博物館的地區。美麗的林蔭道路給人深刻印象的普拉多大道，及寬敞的麗池公園等，都是市民喜愛的休憩場所。

Check! ●普拉多美術館(→P80)
●蘇菲亞王妃藝術中心(→P84)

【最接近的車站】
Ⓜ2號線BANCO DE ESPAÑA站

治安情報

雖然比數年前有改善，但仍說不上是治安良好。太陽門、主廣場、格蘭大道等人潮較多的地方，要注意扒手、搶劫，小巷內則要留意強盜。

在普拉多美術館欣賞名畫

在普拉多美術館收藏了西班牙王室豪華收藏品。
還可以欣賞到維拉斯奎茲、哥雅、艾爾‧葛雷柯三大巨匠的作品。

王室的豪華收藏品

普拉多美術館是始於1819年，奉費爾南多七世之命，以王立美術館的名義公開西班牙王家所珍藏的繪畫。收藏作品數約有8000件，其中最聚焦的是維拉斯奎茲、哥雅、艾爾‧葛雷柯這三位巨匠所繪製的畫作。

普拉多美術館
Museo Nacional del Prado
別冊 MAP P15D2

data 🚇 M2號線BANCO DE ESPAÑA站步行10分
🏠 Paseo del Prado ☎ 91-3302800
🕐 10～20時(週日為～19時，1月6日、12月24日、12月31日為～14時) ❌ 1月1日、5月1日、12月25日
💰 €14(18時～與週日的17時～為免費)

👆從赫若尼莫門進場

👆美術館的正面。因為有維拉斯奎茲像而被稱為維拉斯奎茲門

攻略的要訣

所需概略時間 如果只想看有名的作品的話，大約2～3小時。如果想要全部仔細看完的話，需要2～3天。

推薦參觀時段 午休時段14～16時的人潮會比較稀少。較擁擠的時段是開館後及閉館的2～3小時前。因為18時開始可免費入館，會特別擁擠。

購買門票 當日券在北側的售票處購買。亦有自動售票機。官方網站🌐 www. museodelprado.es/en/(英文)可購買預售票(不可變更、退票)。

入口 普拉多美術館一共有4個入口。基本上是從赫若尼莫門進場。哥雅門為企畫展專用入口，牟里羅門與南愛奧尼亞畫廊為團體專用入口，要特別注意。在入口需接受安全檢查。

不可拍照 館內一律禁止拍照。因為相機無法放在寄物處，請放進包包內。

導覽手冊、語音導覽 雖提供免費的中文導覽手冊，但常會被索取一空。官方導覽書籍€19.50，與門票一起購買優惠價格為€23。語音導覽為€3.50～(有中文版)。

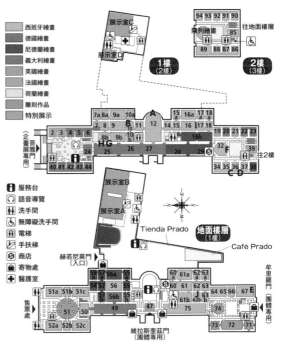

西班牙繪畫
德國繪畫
尼德蘭繪畫
義大利繪畫
英國繪畫
法國繪畫
荷蘭繪畫
雕刻作品
特別展示

展示室C
展示室D
1樓(2樓)

陳列繪畫
2樓(3樓)
往地面樓層

企畫展哥雅展廳專用
往2樓

展示室B
展示室A

🛈 服務台
🎧 語音導覽
🚻 洗手間
♿ 無障礙洗手間
🛗 電梯
🚶 手扶梯
🛍 商店
🧥 寄物處
⚕ 醫護室

Tienda Prado
地面樓層(1樓)
Café Prado

赫若尼莫門(入口)
牟里羅門(團體專用)

售票處

維拉斯奎茲門(團體專用)

※展示作品的位置會經常變動 ※( )內的樓層為台灣式的標示

維拉斯奎茲
Diego Velázquez
1599～1660年

17世紀的西班牙繪畫代表性巨匠。誕生於塞維亞，在10多歲時成為畫家的徒弟。24歲時因為肖像畫受到費利佩四世的青睞，而成為宮廷畫家。到61歲過世為止都為王室服務。

Las Meninas（侍女圖）
Las Meninas,o La Familia de Felipe IV
約1656年 館內圖 ➡A

高3.18m、寬2.76m的大型作品，也是維拉斯奎茲最棒的傑作。變化豐富的人物配置、明暗對比，以及巧妙模糊色彩，讓畫中人物的氣氛都被封存在畫布裡，這個描繪能力就是他被稱為巨匠的原因。爾後畢卡索也臨摹這副畫，創作了58幅連續的作品，這些畫被收藏在巴塞隆納的畢卡索美術館（→P40）。

©Museo Nacional del Prado

鑑賞POINT

不是以畫家的視線，而是表達了身為肖像畫主角的費利佩四世及王妃的視線。值得注目的是複雜的構圖，與實際照射在公主身上的光線呈現。

維拉斯奎茲本人也在畫中！
在畫的左側舉著畫筆和調色盤的就是畫家本人。正在繪製國王和王妃的肖像畫。

在鏡中的人是誰??
在房間遠處的鏡子上映照著的是，正在當肖像畫主角的費利佩四世及王妃。

主角是公主瑪格麗塔
畫名雖然為「侍女們」，但真正的主角是疑視著雙親的公主瑪格麗塔。

巴克斯的勝利
Los Borrachos
約1628-1629年 館內圖 ➡B

描繪在神話中的酒神巴克斯，以及圍繞著巴克斯的市民們的作品。巴克斯半裸著身體，頭上戴著葡萄藤蔓作成的帽子，坐在葡萄酒桶上，可以說是混合了神話與現實的有趣作品。在作品中，巴克斯為跪在眼前的市民戴上頭冠，被認為是隱含了對當時繪畫及文學興盛的讚賞。

©Museo Nacional del Prado

鑑賞POINT

清楚地呈現出開心舉杯的市民們酒酣耳熱的模樣。完美地描繪出當時的風情及細緻的人物。

※普拉多美術館、蘇菲亞王妃藝術中心、提森‧博內米薩博物館有三館通用的套票Paseo Del Arte Card，價格為€25.60。可以在各美術館的售票處購買。每個美術館各可入館1次。

哥雅 Francisco de Goya
1746～1828年

出生於薩拉戈薩郊外，在43歲時晉昇成為卡洛斯四世的宮廷畫家，但在三年後因為大病而失去聽覺。之後則開始繪製有強烈社會意識、以及表達人的內心世界的作品。

©Museo Nacional del Prado

裸體的瑪哈
La Maja Desnuda
約1795-1800年
館內圖 ➡C

著衣的瑪哈
La Maja Vestida
約1800-07年
館內圖 ➡D

描繪相同姿勢的女性著衣及裸體的連續作品。標題的「瑪哈」並非特定人物的名字，而是「走在流行最前的女性」的通稱。而畫中的模特兒是誰，到現在仍是個謎。也有臉和身體取自不同模特兒的說法。

鑑賞POINT
在宰相歌多爾的要求下而繪製的畫。當時因為宗教上的理由禁止繪製裸體畫，據說是歌多爾為了隱藏裸婦人像，而請哥雅繪製「著衣的瑪哈」。

©Museo Nacional del Prado

©Museo Nacional del Prado

農神吞噬其子
Saturuno Devorando a un hijo
約1820-23年 館內圖 ➡E

被稱為「黑色繪畫」的14幅壁畫系列的代表作。被繪製在馬德里郊外哥雅的別墅「聾人之家」的餐廳及交誼廳牆壁上。用詭異風格描繪著神啃食自己的孩子這樣的驚悚主題。因為劣化狀況嚴重，被列為不得出借給其他美術館的作品。

鑑賞POINT
據說這幅作品是哥雅受到自己失去聽覺，以及對社會的不滿等因素的影響。

©Museo Nacional del Prado

卡洛斯四世一家人
La Familia de Carlos IV
1800年 館內圖 ➡F

徹底呈現現實主義的作品。為了真實描繪人物的模樣，在繪製前仔細地進行素描，這些素描就裝飾在這幅作品的附近。

鑑賞POINT
哥雅將自己也畫進了畫裡左側的後方。每個人物的配置也值得注目。

艾爾·葛雷柯
El Greco
1541～1614年

出生於希臘的克里特島。在威尼斯學習繪畫，於35歲移居至托雷多。本名為多米尼克·提托克波洛斯，艾爾·葛雷柯為「希臘人」的意思。他的特色是特意將人體變形拉長的畫風。因為托雷多的教會的祭壇畫而一躍成名。

©Museo Nacional del Prado

一個以手抪胸的紳士
El Caballero de la Mano en el Pecho
約1580年
館內圖 ➡G

雖然不確定畫中人物的名字，但畫的是費利佩二世時代的騎士。胸前的手是宣誓忠實實踐誓言時的動作。注視著正面的視線也很有特色。

鑑賞POINT
關於畫中人物，最有力的說法是托雷多的高級公證人。在作品中光線的表現方式是照射在臉及手上。

©Museo Nacional del Prado

三位一體
La Trinidad 1577-79年 館內圖 ➡H

為了裝飾托雷多教會的主祭壇而繪製的畫。為西班牙時代初期的作品，細長的人物及鮮豔的色彩給人深刻印象。據說這幅畫也是葛雷柯畫家工作增加的契機。

鑑賞POINT
飛翔於上空的白色鴿子表現的是三位一體中的聖靈。最美的是中央父子沉靜的表情，讓人心情為之一暖。

小憩&購物

Café Prado
1樓(2樓)

走累了就來這
位於美術館1樓的咖啡廳。為自助式的類型，一整天都可以享用飲料及輕食。

data 時10～20時 休準同設施

←人氣菜色的馬鈴薯蛋餅€1、50

➡招牌的鹹派有培根及鮭魚口味，各€6

Tienda Prado
1樓(2樓)

購買館藏的週邊商品
陳列有書籍、文具、雜貨類等與作品相關的原創商品。展示作品的導覽書籍及T恤也可以在這裡購得。

data 時10～20時 休準同設施

⬇明亮寬敞的店內

人氣伴手禮明信片€1、10～。10張1組為€9

其他還有 許多不容錯過的作品

活躍於17世紀的西班牙畫家牟利羅的「善良的牧羊人」，以及19世紀西班牙代表性肖象畫家Federico de Madrazo的作品也一定要欣賞一下。另外由伊莎貝爾女王所熱衷收藏的尼德蘭繪畫的作品作──魯本斯的「三美神」也不容錯過。

善良的牧羊人 El Buen Pastor
牟利羅繪
1660年
館內圖 ➡I

因為幼童的頭後方有光芒，可知他就是耶穌。背景的古代廢墟，象徵基督教戰勝了異教。

©Museo Nacional del Prado

比爾切斯伯爵夫人
Amalia de Llano y Dotres, condesa de Vilches
Federico de Madrazo繪
1853年
館內圖 ➡J

優雅的構圖與自然的姿勢是浪漫主義的風格。光線的焦點照射在模特兒身上，清楚表現出洋裝布料的質感。

©Museo Nacional del Prado

西班牙的摩登藝術齊聚一堂！

蘇菲亞王妃藝術中心

收藏了20世紀代表西班牙美術的畫家
畢卡索、達利、米羅等人作品的國立美術館。

↑改裝自18世紀曾是醫院的建築物。玻璃外牆的電梯很顯眼

西班牙現代藝術的殿堂

這棟18世紀曾是醫院的建築物在大幅改裝後於1992年開幕，為收藏近現代作品的美術館。在1982年依照達利的遺言受贈56件作品，並在1985年時開始收藏了米羅的作品。最大的焦點是1995年從普拉多美術館移展至此的畢卡索作品「格爾尼卡」。

蘇菲亞王妃
藝術中心

Museo Nacional Centro
de Arte Reina Sofía

 普拉多美術館周邊
MAP 別冊 P15D3

data 因M1號線ATOCHA站步行3分 但C.de Santa Isabel 52 ☎91-7741000 時10～21時（週日為～19時） 休週二、國定假日不定期休館、12月24日 金€8（週一・三～六的19時～21時與週日的13時30分～19時為免費）

著名作品都集中在2樓

201 近代（進步與頹廢派的流行）
202 **205** 超現實主義
203 新文化
206 格爾尼卡與1930年代
207 新形態

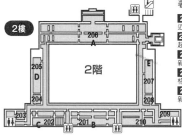

2樓　2階

攻略要訣

所需概略時間 只參觀常設展示的話需要1～2小時。連企畫展也想參觀的話則最好保留3小時。

推薦參觀時段 午休時段的14～16時。在開館後的時段也會較不擁擠。而免費時段及附近美術館休館的週一會較容易擁擠。

安全檢查 在入口處需接受金屬探測器及隨身物品的X光機檢查。背包等大型行李不得帶進館內。

導覽手冊、語音導覽 無中文的語音導覽，僅提供英文的語音導覽，1台€4.50。導覽手冊也僅提供英文。在併設的書店內可購得解說書（導覽）€19.50，亦無中文版版。

照相 除了格爾尼卡等部分作品之外可進行拍照，但嚴禁使用閃光燈及腳架。

配置變更 因為館內並不是依照畫家，而是依照主題來區分配置，所以尋找作品不太容易。且因為配置會經常變更，可能會不易找到想看的作品。

小憩&購物

Reina Sofia 1樓

欣賞藝術空檔的輕鬆午餐
可以享用到加泰隆尼亞菜的咖啡廳＆餐廳。使用新鮮海鮮的定食有1種€14。咖啡為€2，亦可只點飲料。

→享用來自巴塞隆納主廚製作的餐點

data 時10～20時（週日為～18時30分）、午餐為13～16時（週日亦可點餐） 休週二

La Central 1樓

集結了畢卡索及達利的商品
在館內商店可以購得以展示品為主題的雜貨及文具等。繪有作品的馬克杯€13.20～等，種類豐富，也推薦當成伴手禮。

→以作品為主題的商品和官方商標商品很受歡迎。

data 時10時～20時45分（週日為～19時） 休週二

畢卡索 Pablo Ruiz Picasso
1881~1973年
畢卡索的介紹➡P40

格爾尼卡 Guernica
約1937年 館內圖 ➡A

為高約3.5m×寬約7.8m的巨大繪畫。格爾尼卡為巴斯克地區的城市名，在1937年時受到德國空軍的空襲，70%遭到燒毀。是深刻表現戰爭悲慘與不合理的代表作。

鑑賞POINT
在上方的燈象徵的是炸彈，下方的馬象徵的則是犧牲者。

穿藍衣的女人 Mujer en Azul
1901年 館內圖 ➡B

©2016-Succession Pablo Picasso-SPDA(JAPAN)

畢卡索約在20多歲居住在馬德里時所繪製的作品。人物並無特定的模特兒，而是畫出他記憶中的巴黎女性。是「藍色時期」的代表作。

馬德里

蘇菲亞王妃藝術中心

©2016-Succession Pablo Picasso-SPDA(JAPAN)

米羅 Joan Miró
1893~1983年
米羅的介紹➡P41

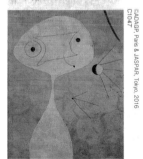

©ADAGP, Paris & JASPAR, Tokyo, 2016
C1047

叼煙斗的人 Pintura(Hombre con pipa)
約1925年 館內圖 ➡C

米羅的人氣作品。在1988年被收藏進蘇菲亞王妃藝術中心。雖看起來很簡潔，但線條等都可看出米羅的特色。

達利 Salvador Dalí
1904~89年
達利的介紹➡P42

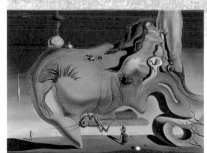

©Salvador Dali, Fundació Gala-Salvador Dali, JASPAR Tokyo, 2016
C1047

手淫成癖者 Visage du Grand Masturbateur
1929年 館內圖 ➡D

表現作者本身妄想的作品。在右上方有女性的上半身及男性的下半身。仔細看畫的中央的話，會發現達利作品中很常出現的蚱蜢及螞蟻。

©Salvador Dali, Fundació Gala-Salvador Dali, JASPAR Tokyo, 2016
C1047

窗邊的少女 Figura en una finestra
約1925年 館內圖 ➡E

背影的模特兒是達利的妹妹安娜馬莉亞。是達利在約20歲時的作品，和後來超現實主義作品有很大的不同。柔和光線的色彩及頭髮的質感等，都可看出達利的才華。

王宮的時光之旅

繼哈布斯堡王朝後的波旁王朝的歷代國王都居住於此。
來窺見一下以最高等級的物品點綴、極致奢華的王宮內部吧！

↑位在王宮北側的薩巴蒂尼庭園

面對王宮位於左側的迴廊→融合法國與義大利建築風格的建築物

體驗西班牙王室的榮華

從在1700年即位的波旁王朝首任國王菲利浦五世開始，到1931年在位的阿方索13世為止，代代國王所居住的宮殿。一開始為被稱為Alcázar的阿拉伯式建築，在1734年因為火災燒毀。現在的宮殿是在1738～55年之間重建的。多達3000間以上的房間有一部分開放參觀，可以一覽豪華的內部裝潢。現在雖然國王未居住於此，但官方的活動等仍會在這裡進行。

✿攻略要訣

可以入內參觀的房間隨時會有變動，費用也會跟著變動。€11可參觀宴會廳、寶座廳、王室禮拜堂等。也包括特別展的費用。其他導覽為€4、語音導覽為€4（皆無中文）。
※館內嚴禁攝影

王宮
Palacio Real

別冊P20A2

data ⏰M2·5·R號線ÓPERA站步行5分
住C.Bailén s/n ☎91-4548700
開10～20時（10～3月為～18時） 休無 費€11（可參觀的房間依費用而異。詳細請參照左方的「攻略要訣」）

這裡也要CHECK！

來看衛兵交接吧!!

每個月第1個週三會舉行衛兵交接的嚴肅儀式。衛兵們身穿與阿方索12、13世時代相同的服裝，配合樂隊演奏踏步前進，進行交接的儀式。
data 住兵器廣場 時12時～ ※有特別的官方活動或天候不佳時會中止

↓騎馬隊的凜然姿態與莊嚴的儀式相襯

↓動作整齊劃一，相當壯觀

↓依號令行進的兵馬和衛兵

豪華絢爛 王宮內部的必看SPOT

因為首代國王出身自法國波旁王朝，據說王宮是參考凡爾賽宮所建造的。
從超過3000間的房間，選出必訪景點如下。

王宮
Palacio Real
絢爛豪華的宮殿。無數的精緻裝飾，表現出當時西班牙王室的繁榮。是僅次於巴黎凡爾賽宮和維也納熊布倫宮的歐洲現存第三大王宮。

卡略斯三世的房間
Salón de Gasparini
以植物為圖像進行華麗裝飾的「加斯帕里尼廳」為3個連續房間的其中之一。採用18世紀的洛可可風格。

@Patrimonio Nacional

大柱廳
Salón de Columnas
官方活動如1985年時西班牙簽約加盟EC等，現在依然會使用的大房間。在1879年之前是作為宴會廳使用，排柱及牆上的美麗繡帷讓人留下深刻印象。

寶座廳
Salón de Trono
以紅色天鵝絨及銀線裝飾得金碧輝煌的房間。天花板上有提埃坡羅所繪製的天頂畫，加上水晶吊燈，絢爛不已。

王室禮拜堂
La Real Capilla
華麗的圓形天花板相連的美麗小聖堂。圓形天花板中間和主樓梯一樣有由賈昆托所繪製的溼壁畫。

磁器廳
La Saleta de Porcelana
房間內整面牆壁以磁器裝飾，為古典巴洛克式風格。是卡洛斯三世在18世紀後半仿造拿波里與西西里王國王室所建造的。

@Patrimonio Nacional

學習 小知識
西班牙王朝的簡史
被稱為「日不落帝國」，創造空前繁榮是在16世紀的時候。擴張領土、孕育文化、建立城鎮的華麗時代約持續了80年。

1516年 卡洛斯一世即位
> 卡洛斯一世（1500～1558年）菲利浦一世與卡斯提亞女王胡安娜之子。將領土擴張至美洲、非洲、鄂圖曼土耳其，開創「日不落帝國」。

1519年 卡洛斯一世即位成為神聖羅馬帝國皇帝查理五世
開啟哈布斯堡王朝西班牙

1556年 費利佩二世即位
> 費利佩二世（1527年～1598年）西班牙帝國最盛時期的國王。為兼任神聖羅馬皇帝的卡洛斯一世的兒子，繼承了廣大的領土。在1581年也成為葡萄牙的國王。

1561年 設馬德里為首都
勒班陀戰役中攻克鄂圖曼土耳其

1581年 費利佩二世兼任葡萄牙王位

1588年 西班牙無敵艦隊潰敗於英格蘭
西班牙帝國開始衰退

● 費利佩三世即位
● 費利佩四世即位

1665年 卡洛斯二世即位
> 西班牙哈布斯堡王朝隨著卡洛斯二世過世而絕嗣。隔年費利佩五世即位，波旁王朝開始。

> 費利佩五世（1683～1746年）現在仍持續中的波旁王朝最初的國王。為法國路易14世的孫子。經過約10年的西班牙繼承戰爭後成為費利佩五世。

● 西班牙繼承戰爭爆發（～1714年）

現在的國王是…
費利佩六世
為波旁家阿方索13世的曾孫，在2014年即位至今。在加泰隆尼亞自治州的獨立運動等動搖國家一體性的事件中，獲得來自國民的高支持率，深受期待。

在太陽門周邊散步

太陽門周邊是馬德里歷史最悠久的地區，歷史性建築物及狹窄巷道等，風情萬千。要散步的話推薦在傍晚開始熱鬧時出發。

太陽門
Puerta del Sol　MAP 別冊 P21D2

充滿活力的馬德里中心

位於馬德里中心區位置的廣場。Puerta del Sol為西班牙文「太陽門」的意思，由來是存在於此到16世紀為止的城門。這裡也是通往地方的國道起點，在地面上有0km地點的標示板。

data 图M1・2・3號線VODAFONE SOL站步行即到 图Puerta del Sol

1.馬德里市徽楊梅木與熊的銅像，是常被作為會面點的地標　2.埋在地面的0km標示板　3.馬德里自治政府廳。鐘台是標記　4.地下鐵的標識。遠處還有卡洛斯三世銅像

START! 13:00

步行7分

13:30

皇家赤足女修道院
Monasterio de las Descalzas Reales　MAP 別冊 P21C2

女性王公貴族生活的修道院

由卡洛斯五世的女兒奧地利的胡安娜於16世紀所創設的女子修道院。內部參觀只有45分的導覽行程，有溼壁畫的大樓梯、由魯本斯繪製底圖的大型繡帷等，非常值得一看。

data 图M1・2・3號線VODAFONE SOL站步行7分 图Plaza de las Descalzas s/n. ☎91-4548800 圈10～14時、16時～18時30分（週日、國定假日為10～15時）休 週一 金€6
※參觀為導覽制，達到規定人數（約20人）即開始進行導覽。依狀況人數、等待時間會有不同

1.內部盡是與王室有淵源的物品
2.繪有溼壁畫的大樓梯

15:00

Chocolatería San Ginés　MAP 別冊 P21C3

1894年傳承至今的甜點老店

西班牙名產的巧羅絲沾上熱巧克力一起食用，是連在當地人之間也很有人氣的老店。也有銷售在家也能享用的熱巧克力粉1盒200g€4.50

data 图M1・2・3號線VODAFONE SOL站步行5分 图Pasadizo de San Ginés 5 ☎91-3656546 圈24小時 休無 link →P21

可點巧羅絲與熱巧克力的套餐€3.90

濃郁的熱巧克力€2.60

將巧羅絲加粗的波拉斯

步行5分

總是客滿的店內

主廣場
Plaza Mayor
MAP 別冊 P20B3

馬德里市民休憩的廣場

被建造於17世紀的集合住宅所包圍的石板廣場。在過去為國王進行宣誓，及鬥牛、絞刑等活動的地方。現在則是因為街頭藝人及小酒館、伴手禮店而熱鬧不已。米蓋爾市場(→P94)也在附近。

data 交M1·2·3號線VODAFONE SOL站步行8分 住Pl. Mayor

16:30

要來玩哦！

廣場上有許多街頭藝人

1.週末時會特別熱鬧 2.廣場中心有費利佩三世的騎馬像 3.位於南角的刀具門

步行3分

步行5分

地鐵5號線

M ÓPERA
Plaza de San Martin
皇家赤足女修道院

Capiladel Santo Nifio del Remedio

Meson del Boquerón P95
Maty P110
聖費爾南多畫家藝術學院 P104
C. de Alcalá

El Meson de la Tortilla P95
C. del Arenal
地鐵2號線
太陽門
M VODAFONE SOL

de Herradores廣場
Chocolatería San Gines
警察廳
馬德里市政府
La Violeta P111

聖米蓋爾大道 P95
Capilla de la Bolsa P106
La Casa del Abuelo P106

聖米蓋爾市場 P94
主廣場
Plaza de Santa Cruz
Jose Ramirez P110
Seseña P110
Las 10 Tapas de Santa Ana

Meson la Mazmorra P106
Meson del Champinon P96
哈辛托貝尼文特廣場
Me Madrid H Reina Victoria P113
聖亞納廣場
del Angel廣場

Meson Rincon de la Cava P95
Plaza de la Provincia
步行約3分
Cafe Central P108

Botin P97
C. de Atocha
Casa Alberto P97

往LA LATINA站
聖伊西德羅教堂

0 100m
N

聖伊西德羅教堂
Colegiata de San Isidro
MAP 別冊 P20B4

18:00

擁有雙塔的教堂

這裡是西班牙第一座耶穌教堂，建造於17世紀初。在18世紀後半耶穌會遭放逐後，成為祭祀馬德里守護聖人聖伊西德羅的教堂。

data 交M5號線LA LATINA站步行5分 住C.Toledo 37 ☎91-3692037 時7時30分～13時、18～21時 ※彌撒時無法參觀 休無 金免費

進行彌撒時當地居民會聚集而來

步行10分

GOAL!

聖亞納廣場
Plaza de Santa Ana
MAP 別冊 P21D4

當地居民每天晚上熱鬧滾滾

小酒館老店、餐廳、葡萄酒吧等林立，當地人聚集的熱鬧飲酒區。西班牙詩人加西亞·洛爾卡像為標記。

data 交M1·2·3號線VODAFONE SOL站步行7分 住Plaza de Santa Ana 11

夜間打上燈光後景色優美

19:30

在小酒館來一杯！

來品嘗我們自豪的小菜哦！

Las 10 Tapas de Santa Ana
MAP 別冊 P21D4

便宜又好吃，內行人才知道的小酒館

舊店重新裝修開幕，提供店家嚴選的自豪菜色。推薦菜是凍湯€4.50。啤酒為€3～。

data 交M1·2·3號線VODAFONE SOL站步行7分 住Plaza de Santa Ana 11 ☎91-4296000 時11～24時 休無

在塞拉諾大道購物

在19世紀後半開發的這個地區，從老店到新銳設計師都有，都是具話題性的品牌。
其中一流品牌名店林立的主街道——塞拉諾大道一定要逛逛！

Centro Comercial ABC Serrano

MAP 別冊 P18B2

一次買到過癮

連接加泰隆尼亞大道與塞拉諾大道的購物中心。集中了流行又實穿的服飾品牌、雜貨店、餐廳。

data 交M5號線RUBÉN DARÍO站步行3分
住C. de Serrano 61　電91-5775031　時商店10～21時（週日為12～20時）、超市為9時～21時30分、餐廳為10～24時（視店鋪而異）　休無

有115年歷史、具厚重感的新穆德哈爾式建築物

Agatha Ruiz de la Prada

MAP 別冊 P18B3

色彩多樣、充滿玩心的品牌

出身自貴族的Agatha在1980年代所創立的品牌。花紋、星星、愛心等充滿玩心的設計，尤其受到年輕女性的歡迎。

data 交M4號線
SERRANO站步行3分
住C. de Serrano27
電91-3190501
時10時～20時30分
休週日、7·8月的14～17時、週六的下午
※12月的週日也營業

1.陳列著新商品的展示櫃　2.愛心形狀的香水€31（100ml）、€21（50ml）　3.以紅色及粉紅色為基調的店內，充滿風格活潑的單品

Adolfo Dominguez

MAP 別冊 P18B4

提供洗練風格的成熟時尚

在日本也受到矚目的西班牙世界級人氣品牌。從衣服到鞋子、包包、飾品全部種類都有，很令人雀躍。

data 交M2號線RETIRO站步行4分
住C. de Serrano 5　電91-4362600
時10~21時　　link →P68

1.種類豐富的洋裝€170～　2.手拿包等包包為€100～　3.鞋子€140～、靴子為€180～　4.1～4樓的店面，為全馬德里最寬敞的商店　5.2樓的女性服飾樓層

往RUBÉN DARÍO站

N
0　　100m

Mercadona P103

塞拉諾大道

Lladro P100

Santa P111

步行約3分

SERRANO M
地鐵4號線

C. de Claudio Coello

Mallorca

國立考古學博物館 P105

Camper P109

C. de Serrano

Hoss Intropia P110

往RETIRO站
阿爾卡拉門 P105

Manolo Blahnik
MAP 別冊 P18B2

名媛御用令人嚮往的品牌

出身自西班牙的設計師Manolo Blahnik的鞋子品牌。不愧為深受世界級名媛喜愛的精品品牌，兼顧了設計性與實用性。

data 地鐵M4號線SERRANO站步行5分
住C. de Serrano 58 Local 5 Dcha
電91-5759648 時10~14時、16~20時
休週日 信用卡 link →P25

1.招牌的SEDARABY系列 €660　2.進入店內要先按門鈴　3.很可愛的擺設

Tous
MAP 別冊 P18B3

招牌商標是可愛的熊

以熊圖案為主題，大家熟悉的珠寶品牌。以飾品為中心，也多方面地推出手錶、包包、小物等商品。

data 地鐵M4號線SERRANO站步行3分
住C. de Serrano 50　電91-4319242
時10時~20時30分　休週日 信用卡 link →P23

1.用鑽石表達出臉上五官的墜飾€85　2.在聖誕節時前來購買禮物的客人會大排長龍　3.鑲有18K金的熊形裝飾的珍珠手環€139　4.熊形鑽石戒指€575

Loewe
MAP 別冊 P18B4

西班牙的代表性品牌

創業於1846年的皮革品牌。傳統工匠的技術結合了時代摩登感，讓這個品牌的包包在全世界有著超高的人氣。

data 地鐵M4號線SERRANO站步行2分
住C. de Serrano 26　電91-5776056
時10時~20時30分（週日為11~20時）
休5月1日 信用卡 link →P22、60

1.店內陳列著新商品及全系列商品，就像美術館一樣
2.連店頭的陳列也很美　3.招牌包包AMAZONA€1700~
4.彷彿可以折疊起來的PUZZLE BAG€1800~

Bimba & Lola
MAP 別冊 P18B4

廣受注目的休閒服飾

由西班牙人氣設計師Adolfo Dominguez的姪女姊妹所創設的品牌。品牌名稱來自愛犬格雷伊獵犬的Bimba與Lola。

data 地鐵M4號線SERRANO站步行3分
住C. de Serrano 22　電91-5761103
時10時~20時30分（週日為12~20時）
休無 信用卡 link →P58

1.讓人想全部買下來的夏季涼鞋€110~　2.檢視最當紅的穿行！　3.包包及帽子等小物種類也很豐富

在這裡小憩

Mallorca
MAP 別冊 P18B3

在西點老店
享用簡單的午餐

位於El Jardín de Serrano（→P111）地下層的咖啡廳餐廳。輕食類當中有人氣的三明治€1.60。

data 地鐵M4號線SERRANO站步行即到
住C. de Goya 6-8
電91-4315555
時9時30分~21時30分
休週日 信用卡

美味的麵包也有一定的好評

馬德里

在塞拉諾大道購物

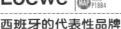

不愧是名牌街，路上有許多時尚的人

當地女孩的時尚發源地

在楚埃卡檢視流行時尚！

楚埃卡為年輕人集中的流行購物地區。以主道路的富恩卡拉爾大道
歐達列薩大道為中心，有很多時尚且獨特的商店。

發現時尚
女孩！

只要1件
單品就變
時尚了♪

店員Maria（左）
及店長Paola（右）

U line by Adolfo Dominguez

MAP 別冊 P18A4

ADOLFO DOMINGUEZ的姊妹店

在海外也受到注目的Adolfo Dominguez的休閒品
牌。容易搭配、甜美風格的服飾及包包，不分年齡
層都很有人氣。可以輕鬆進店的氣氛也很棒。

data 交M1・5號線GRAN VÍA站步行1分
住C. de Fuencarral 5　電91-5233938　時10時30分
～21時（週日為12～20時）　休無

1.皮革外套€160～
2.小肩包等包包為
€150～　3.4.短衫、
無袖上衣等上衣為
€70～ 5.「U」字商標
看板為標記 6.寬敞的
店內

個性商店與咖啡廳林立的楚埃
卡，聚集了對流行及生活潮流敏
感的人們

Glass

MAP 別冊 P18A4

種類齊全的休閒鞋款

銷售以西班牙製造的商品為主，及來自世
界各國鞋款的商店。有齊全的Camper、
Casa Munich等人氣品牌的商品。

data 交M1・10號線TRIBUNAL站步行5分
住C. de Fuencarral 51　電91-5221512
時11時～21時30分（週日為12時～20時30分）
休無

1.整面玻璃外牆的外觀　2.人氣的芭蕾舞鞋€49.50～　3.由左起是有多種顏色供選
擇的草編鞋€38～、平底鞋、涼鞋等原創商品各為€19.50～。甲板鞋€85～
4.陳列著鞋子大國西班牙製造的鞋子

Doble AA MAP 別冊P18A4

歐洲的摩登品牌都集中於此

以西班牙、法國、義大利、英國等歐洲國家為主，集結約20個品牌的選貨店。女裝、男裝都有，還有服飾、鞋子、包包等商品，種類豐富的商品很有魅力。

data 🚇M5號線CHUECA站步行3分 🏠C. del Barquillo 28 ☎91-5225528 🕐10時30分～21時 🗓週日

1.引導著流行尖端的商店　2.印花圖紋很有名的Mary Katrantzou與Adidas聯名的運動外套€220　3.重點在鉚釘的SCHUTZ短靴€250　4.幾何圖紋的成熟洋裝€80　5.DERMO的流蘇包包€375　6.明亮的2層樓店面

往TRIBUNAL站
聖伊爾德豐素市場 P17
Glass
C. Colon
Bodega de la Ardosa P107
C. Hernan Cortes
Doble AA
CHUECA M
C. Augusto Figueroa
步行約3分
El Ganso
C. de Hortaleza
聖安東市場
C. de Fuencarral
U lne by Adolfo Domínguez
M GRAN VÍA
N
0　100m

員工Marlo（左）與 Alfred（右）

男裝女裝都有！要來逛逛哦！

El Ganso MAP 別冊P18A4

西班牙所孕育的英國學院風格

在2005年誕生於馬德里的品牌，商標為鵝的圖案。大方且溫和的配色，和可混搭出沉穩風格的設計很有人氣。在想要成熟的休閒造型時非常寶寶。

data 🚇M1・5號線GRAN VÍA站步行3分 🏠C. de Fuencarral 20 ☎91-5224759 🕐10時30分～21時(週日為11時～) 🗓無

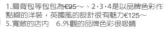

1.肩背包等包包為€95～、2・3・4是以品牌色彩作點綴的洋裝，英國風的設計很有魅力€125～　5.寬敞的店內　6.外觀的品牌色彩很吸睛

在這裡小憩

聖安東市場
Mercado de San Antón MAP 別冊P18A4

想吃什麼這裡都有

在這裡從西班牙式可樂餅到壽司、新鮮果汁、肉店都有，是商品種類豐富的市場。在3樓還有餐廳。

data 🚇M5號線CHUECA站步行1分 🏠C. de Augusto Figueroa 24 ☎91-3300730 🕐10～22時(週日為～15時) 🗓無

1.義大利美食的攤位　2.3層樓的建築物裡滿滿是商店

市場的對面就是人氣的鞋店街

在主廣場附近邊走邊吃！

主廣場西側鄰近的聖米蓋爾大道與聖米蓋格市場，是馬德里數一數二的美食區。
融入當地居民中，輕鬆地享受美食吧!

Salud!
(乾杯)

在中央有用餐的空間

還有銷售啤酒

還能品嘗到新鮮的牡蠣

聖米蓋爾市場
Mercado de San Miguel

這座市場在2009年重新整修後，成為馬德里最有的人氣美食景點。場內約有30個外帶的美食商店。在市場內購買的美食，也可以直接在中央座位區享用。

data 搭M2・5・R號線ÓPERA站步行5分
Plaza San Miguel s/n　91-5424936
10～24時（週四～六為～翌2時）　無

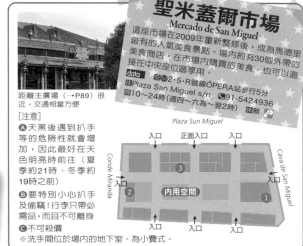

距離主廣場（→P89）很近，交通相當方便

[注意]
Ⓐ天黑後遇到扒手等的危險性就會增加，因此最好在天色明亮時前往（夏季約21時、冬季約19時之前）
Ⓑ要特別小心扒手及偷竊!行李只帶必需品，而且不可離身
Ⓒ不可殺價
※洗手間位於場內的地下室。為小費式。

Plaza Sun Miguel
入口　正面入口　入口
Conde Miranda
入口
③
② 　內用空間　①
Cava de San Miguel
入口
入口　入口　入口

1.2.搭配酪梨等食材，加了莫札瑞拉起司的小菜約有15種類，各為€3.50

來享受起司風味和美麗的擺盤吧

開朗又溫柔的店員

① El queso que sabe a beso
MAP 別冊P20B3

活用起司的獨創小菜

有許多食材與起司搭配的小菜。起司的擺盤非常可愛，都是看了就讓人想吃看看的料理。

② Que Bonito es Panama
MAP 別冊P20B3

輕鬆享用海鮮小菜

被立食吧台包圍的人氣酒吧。使用在地中海捕獲的海鮮類製作的小菜頗受好評，最有人氣的是葡萄酒蒸孔雀蛤。

1.吧台上方也陳列著酒精類飲料，可以和小菜一起用手指來點餐
2.葡萄酒蒸孔雀蛤€11.60。因為2人份的分量很多，建議與同伴分食

生火腿和沙丁魚的串物也很有人氣哦!

請來體驗雪莉酒的深度!

③ The Sherry Corner
MAP 別冊P20B3

橄欖類的下酒菜種類多樣

有很多以橄欖及堅果類製作的下酒菜，和赫雷斯特產雪莉酒非常對味。也推薦給第一次嘗試雪莉酒的人。

1.店裡也有很多乾貨　2.堅果為1包€3～
3.著侈的橄欖串Banderillas de olivos 1串€1～

聖米蓋爾大道
Cava de San Miguel

聖米蓋爾大道位於主廣場的西側。稱為Mesón的西班牙式居酒屋林立，為著名的酒館街，每天晚上都有西班牙人到處續攤，飲酒作樂。

聖米蓋爾市場●

❹
❼
❻
❺

Cava de San Miguel

主廣場

●刀貝門

晚上在聖米蓋爾大道上進行小酒館的巡禮非常有趣

西班牙的夜間興緻♥

什麼是Tapeo？

指的就是邊喝邊吃著小菜（Tapas）在數間小酒館之間續攤的意思。當地人一般會互請對方1杯飲料，享受續攤喝酒的樂趣。點1杯酒都會附上1盤小菜。

---

❹ Mesón del Boquerón
MAP 別冊 P20B3

被食客們喜愛著的傳承40年口味

招牌料理是由店長手工製作的涼拌Boquerón（鯷魚）。也有自製的桑格莉亞酒，1壺€8。

也請喝看看自製的桑格莉亞酒€1（杯）

data 交Ⓜ1・2・3號線VODAFONE SOL站步行8分 住Cava de San Miguel 13 ☎91-5482616 時13〜17時、19時〜翌1時 休週二

1.店主José
2.以紅磚建造有著內行人才知的隱密氣氛
3.以醋和鹽巧妙地調味，口味高雅的醋拌鯷魚 Boquerones en vinagre€9.50
4.Boquerones fritos€8.50。在炸得酥脆的鯷魚撒上鹽巴的菜色

---

❺ Mesón del Champiñón
MAP 別冊 P20B3

熱騰騰的極品鐵板燒

招牌菜色是蘑菇的鐵板燒，蘑菇厚實且多汁。立食的吧台座位和桌椅的座位為不同價格。

data 交Ⓜ1・2・3號線VODAFONE SOL站步行8分 住Cava de San Miguel 17 ☎91-5596790 時12〜16時、18時〜翌1時30分 休週一〜五的12〜16時

1.在蘑菇裡放上大蒜、辣香腸等材料的Champiñón a la Planoha€6.20(吧台座位) 2.自製桑格莉亞酒€1.60～(吧台座位)

---

❻ Mesón Rincón de la Cava
MAP 別冊 P20B3

新鮮蝦仁與卡瓦酒令人讚嘆

店家推薦菜色是以蒜頭橄欖油燉煮蝦仁的Gambas al Ajillo。飲料有啤酒€2～等。

data 交Ⓜ1・2・3號線VODAFONE SOL站步行8分 住Cava de SanMiguel17 ☎91-3665830 時13時〜翌1時30分(週五・六為〜翌2時) 休無

1.Q彈蝦仁與蒜頭風味非常促進食慾。Gambas al Ajillo 大€16～、小€8 2.店家就位於穿越主廣場拱門下後的前方

---

❼ El Mesón de la Tortilla
MAP 別冊 P20B3

說到馬鈴薯蛋餅就是這裡

最有名的餐點是西班牙式歐姆蛋的馬鈴薯蛋餅。在鬆軟的麵糊中加進馬鈴薯及火腿，是分量十足的一道菜色。可以依人數點菜，廚房會依人數製作出不同尺寸的蛋餅。

data 交Ⓜ1・2・3號線VODAFONE SOL站步行8分 住Cava de San Miguel 15 ☎91-5471008 時19時30分〜翌1時30分(週六・日為13〜16時、19時30分〜翌1時) 休無

1.由經驗老道的廚師現作的蛋餅 2.簡單又鬆軟，熱呼呼的馬鈴薯蛋餅Tortilla€8.20(2人份)

品嘗卡斯提亞菜

卡斯提亞菜有著種類豐富的燉煮菜色及豪爽肉類菜色，在馬德里有很多除了美味還可以感受到傳統氣氛的老餐廳，一定要好好地享用一下。

招牌菜

馬德里燉菜
Cocido

材料有馬鈴薯、豬肉、鷹嘴豆等的燉煮菜色。吃法是先品嘗湯汁再吃湯料。相當濃厚的口味。

€21

La Bola
王宮周邊
MAP 別冊 P20B1

馬德里自豪的傳統口味

創業於1870年的卡斯提亞菜老店。剛開店時是提供3種馬德里燉菜的餐館，至今一直沿續著傳統的口味。最有人氣的是將材料放進單人用燉壺中，細心燉煮的馬德里燉菜。吃法是先將燉壺中湯汁淋在短義利大利麵上食用，之後再品嘗燉壺中的料。

data 交M2・5・R線ÓPERA站步行5分
住C. de la Bola 5　電91-5476930
時13時30分〜15時30分、20時30分〜22時30分　休週六・日的晚上
不接受信用卡

同時推薦

究竟什麼是卡斯提亞菜？

因為在內陸部的畜牧業很興盛，有很多火烤或燉煮的肉類菜色。而因為氣候溫差很大且乾燥，主要都是口味偏鹹且重口味、溫暖的家庭菜色。

1.歷史味濃厚的店內
2.標記是紅色的招牌

← 燉壺裡的湯與短義大利麵一起食用。湯汁裡有濃郁的豬肉及蔬菜的美味

El Landó
王宮周邊
MAP 別冊 P17C4

西班牙國王也來過的名店

傳統西班牙菜與服務有著超高評價的私房餐廳。客層以重量級人士為中心，連西班牙國王和好萊塢名媛也曾去訪過。

data 交M5號線LA LATINA站
步行8分　住Plaza de Gabriel Miró 8
電91-3667681
時13〜16時、20時30分〜24時
休週日的晚上

1.沉穩的店內聚集了大人物　2.在牆上有許多西班牙國王及好萊塢名媛們的記念照！
3.炸馬鈴薯拌炒蛋Huevos Estrellados€9

招牌菜

Callos a la Madrileña

€14

牛胃與辣香腸等一起燉煮的菜色。口味濃郁，紅椒粉等香料味道很重

同時推薦

3

Botin

主廣場周邊 MAP 別冊 P20B4

世界最古老的餐廳

創業於1725年，連海明威也常來報到的名店。在金氏世界紀錄被登錄為世界最古老的餐廳。推薦的招牌菜色是烤全乳豬，再加上凍湯等湯品、甜點、飲料的套餐€44.45。

data 交M1·2·3號線VODAFONE SOL站步行10分 住C.de Cuc hilleros 17 電91-3664217 時13～16時、20～24時 休無

1.據說海明威也坐過的座位 2.廚師以熟練技術製作的菜色

1人份

Cochinillo Asado

€24.40～

招牌菜

將一整頭乳豬放進巨大烤爐中細心烤製而成，震撼力十足的一道餐點。外皮酥脆，肉質多汁。可品嘗到豬肉本身的美味。

※照片為1隻（6人份）

馬德里

品嘗卡斯提亞菜

Casa Alberto

人腸門周邊 MAP 別冊 P21D4

深受當地居民喜愛的實力老店

創業於1827年，位於據說是《唐吉訶德》的作者賽凡提斯曾經居住過的建築物內。推薦菜色是名為Callos（燉內臟）€16.25的鄉土菜色。

↑雖為老店卻不會讓人為之卻步

同時推薦

→ 醃鱈魚佐上蕃茄醬汁的Bacalo a la Madrileña€18

← 前方是小酒館空間，內部才是餐廳

招牌菜

Rabo de Buey Estofado

€18.25

燉牛尾料理。燉煮到入口即化的肉塊充份裹上濃郁的醬汁。

data 交M1·2·3號線VODAFONE SOL站步行10分 住C.de las Huertas 18 電91- 4299356 時12時～翌1時30分 休週一（冬季為週一、週日的晚上）

Posada de la Villa

主廣場周邊 MAP 別冊 P20B4

改裝自17世紀的旅人客棧

改裝自1642年建造的旅人客棧，可以在充滿風情的店內享用鄉土菜色。馬德里的招牌菜色都有提供，最自豪的是用大烤爐以柴火烤製而成的烤全羔羊Cordero Lechal。搭配招牌酒（瓶裝）€19.50～一起享用。

data 交M5號線LA LATINA站步行5分 住Cava Baja 9 電91-3661860 時13～16時、20～24時 休週日的晚上

→ 有著木頭溫和質感的店內

↓ 大方放了肉與蔬菜的馬德里燉菜Cocido Madrileno€22

同時推薦

Cordero Lechal

2人份

€44

以大型燒柴爐費時烤製而成，肉質相當柔軟。使用的是羔羊所以完全沒有羊羶味，非常好入口。

招牌菜

就是想吃一次看看!伊比利豬

西班牙最自豪的頂級食材伊比利豬。生火腿可以直接吃,還有如三明治、漢堡、火腿排等多種吃法。來尋找看看你喜歡的口味吧。

必吃
No.1 生火腿拼盤

伊比利火腿
Jamón Ibérico
將伊比利豬腿肉以鹽醃漬後乾燥而成。屬於高級食材

血腸
Morcilla
將伊比利豬的豬血混合洋蔥、香辛料後乾燥而成的肉腸。無腥味,風味濃郁

辣香腸
Chorizo
在伊比利豬絞肉加入油脂、鹽、紅椒粉等香料調味的肉腸

大香腸
Salchichón
伊比利豬紅肉部份加進奧勒岡及胡椒調味的莎樂美腸

肉乾
Lomo
伊比利豬的里肌肉。以鹽及紅椒粉調味,脂肪少

生火腿肉腸綜合拼盤
Ración de Jamón ibérico y los embutidos　● €24.07

Mesón Cinco Jotas (Restaurantes 5J)

太陽門周邊　MAP 別冊P21C2

想吃最高等級的生火腿就來這裡

由很有名的黑牛圖案招牌葡萄酒廠OSBORNE所經營的餐廳。在這裡可以品嘗到只使用100%純種伊比利豬製作的最高等級伊比利豬火腿「5J」。靠近車站交通方便,店前的露天座位特別有人氣。

data 交 M1・2・3號線VODAFONE SOL站步行即到　住C.del Arenal, 6
電91-5227848　營8時30分〜23時30分(週六・日為10時〜)　休無

伊比利豬排　　　　　　同時推薦

Presa de Cerdo Ibérico 5J
為伊比利豬背上控制嘴巴動作的肌肉「肩胛肉Presa」的豬排。肉質軟,只用鹽巴簡單調味。也可以只點半盤(Media Porción) €9.30。

€17

必吃 No.2 生火腿三明治

Viandas de Salamanca

塞拉諾大道周邊 MAP 別冊P19C3

伊比利豬的火腿、肉腸專賣店

除了生火腿、莎樂美腸等,還有西班牙式三明治生火腿Bocadillo也很好吃。

data 交M4號線VELÁZQUEZ站步行即到 住C.de Goya, 43 ☎91-5779912 時9時30分～21時30分(週日為11～21時) 休無 £

麵包裡夾來的生火腿,鹹味中帶了些許甘甜,像是會在舌頭上融化一樣

Bocadillo de Jamón Ibérico €3.60

1.Choricitos €3.95/100g與 Salchlhon citos€3.95/100g
2.店內陳列著大量的肉類

必吃 No.3 伊比利豬薄餅

€18(2個)

Tacos de Pastor Cerdo del Secreto Ibérico

Punto MX

塞拉諾大道周邊 MAP 別冊P19D3

話題沸騰的墨西哥菜

開店才一年就成為連日客滿的人氣店,在開店前就已大排長龍。使用伊比利豬肩肉製作的墨西哥薄餅最有人氣。店裡設併設了候位用的墨西哥式小酒館,也可以只在小酒館消費。

data 交M4號線LISTA站步行5分 住General Pardiñas, 40 b ☎91-4022226 時13時30分～15時30分、21時～23時30分 休週六的中午、週日

用時尚家具表現出活潑氣氛的店內

番外篇 **在超市購買伊比利豬食材!** →P102

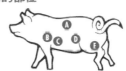

Paté Ibérico 伊比利豬肉醬,可以塗在麵包上食用 €0.97

Magro Ibérico 伊比利豬里肌肉的罐頭,可以直接食用 €1.90

馬德里 就是想吃一次看看!伊比利豬

記起來♪ 伊比利豬小小常識

伊比利豬依照飼養方法嚴格地進行等級的區分。而要冠上伊比利豬的招牌最重要的是血統純正度,生火腿的話必須在75%以上。

等級

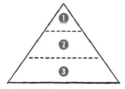

1 De Bellota
只使用橡樹子及自然產物來飼養,放牧在原生森林中60天以上的豬隻。是只占整體2%的最高級品質。

2 De Cebo de Campo
基本上使用以穀類及豆類為基礎的飼料,畜前60天在室外以自然的食物及飼料所飼養的豬隻。

3 De Cebo de Pienso
未進行放牧,僅以穀類及豆類為底的飼料飼養到達到規定體重的豬隻。

肉的部位

A Pluma
背部里肌肉的部份。含有些許脂肪的紅肉。大多以炭火烤或平底鍋煎的方式料理。

B Secreto
藏在肩膀及五花肉之間的部位。屬為稀少的高級部位,在西班牙語裡為「秘密」的意思。

C Panceta
五花肉。脂肪占了大半,烤過後非常多汁。

D Costilla
肋排。附在骨頭上的肉質非常美味,可以烤到熟透再食用。

E Jamón
後腿。幾乎都用於製作生火腿。

生火腿的種類

Jamón Bellota
指的是黑毛伊比利豬種的生火腿中的最高等級。最有名產地是薩拉曼卡等。

Jamón Ibérico
黑毛伊比利豬種的生火腿。熟成期間較長且生產量較少,因此價格比Serrano高。

Jamón Serrano
以改良品種的白豬後腿所製作的生火腿。特色是鮮豔的粉紅色及柔軟的口感。

可愛的必買伴手禮
溫暖人心的西班牙陶磁器

西班牙陶磁器的特色是滑順的曲線，和以植物、星星等作為主題、色彩豐富的設計。除了在海外也很有人氣的Lladró，還有很多極富個性且具歷史傳統的製造商。

花朵好可愛♥

招牌

↑頭上及頸部裝飾著花朵的白兔ATTENTIVE BUNNY €135（11×12cm）

↑有如在草原上奔馳般，充滿躍動感的 GALLOP l€350（17×24cm）

佛朗明哥的女舞者逼真到就像是真的舞動起來一樣。FLAMENCO FLAIR（RED）€3500（47×27cm）

↑少女手中捧著的花朵之細緻，包圍在花香之中。FRAGRANT BOUQUET €365（20×16cm）

細緻且可愛的外型很有魅力。LITTLE DANCER「JUANITA」€165（17×10cm）

←高雅的店內以白色為基調

LladrÓ

塞拉諾大道周邊
MAP 別冊 P19C2

商品齊全度國內第一的稀少直營精品店

以磁器藝術聞名西班牙的Lladró的直營精品店。高雅的色彩和細緻的花朵作工、逼真的美麗曲線都是Lladró作品的特色，全部作品都由手工製作而散發著溫暖的氣息。

帶回家時的注意事項

雖然店家會幫忙包裝，但比起放入行李箱中，手提上機還是比較放心，在購買時記得請店家幫忙包裝得牢固一些。

data 🚇 M4號線SERRANO站步行10分 C. de Serrano 68
📞91-4355112 🕙10～20時 🈺週日 **link** →P23

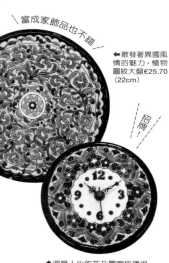

當成家飾品也不錯

←散發著異國風情的魅力，植物圖紋大盤€25.70（22cm）

招牌！

↑溫暖人心的花朵圖案掛鐘很受歡迎€29.85（17cm）

←描繪動物及狩獵式的盤子。瓦倫西亞樣式的盤子。重現了15世紀的磁磚各€9.50（10×10cm）

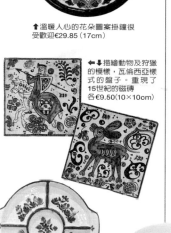

↑分格的盤子，可以裝調味料或作為餐盤€14.50（22cm）

迷你尺寸

↑磁器藝術品牌NAO推出的新商品，迪士尼系列中的「加油皮諾丘！」€125

招牌！

↑托雷多相鄰的陶器之村——埃爾蓬特德拉爾索維斯波的陶器€13.30

↑充滿存在感的SARGADEROS的大盤€59
➡SARGADEROS的茶杯 大€16.50、小€13.50、托盤 大€11、小€9

馬德里

溫暖人心的西班牙陶磁器

↑➡沙拉碗€14（上/14cm）與牛奶壺€11（右/11cm）

←鬥牛形狀的可愛醋瓶€11（10om）

細密的花朵圖紋超可愛！

➡8世紀盤子的複製品€28（24cm）

←用色豐富的美麗盤子€45（32cm）

Cerámica Cántaro

格蘭大道周邊 MAP 別冊 P17C2

價格合理的陶器種類豐富

日常生活也可以使用的陶器，在這裡可以用合理的價格購得。除了西班牙全國各地產的，也有銷售土耳其、摩洛哥等地的陶器。Cantaro為「水瓶」、「壺」的意思。

data 🚇 M3・10號線 PLAZA DE ESPAÑA站步行2分 住C.Flor Baja 8 ☎91-5479514 時10～14時、17～21時（週六為～20時）休週日

Arte Stilo

普拉多美術館周邊 MAP 別冊 P15D2

集結了西班牙各地的陶磁器

在店頭裝飾了加利西亞地區的磁器，SARGADEROS，店內也陳列了許多Lladro和NAO的擺飾品。在2樓有格拉納達陶器等，可以看到西班牙國內各地充滿個性的陶磁器。

data 🚇 M1號線 ANTÓN MARTÍN站步行8分 住Paseo del Prado 12 ☎91-7555830 時10時～20時30分 休週日

Casa Talavera

格蘭大道周邊 MAP 別冊 P17C2

銷售名品複製品的老店

從1904年一直位在同個位置，是營業超過100年的老店。銷售有從約8世紀開始的陶器名作複製品。有很多在其他商店看不到的稀有設計。

data 🚇 M2號線 SANTO DOMINGO站步行2分 住Isabel la Católica 2 ☎91-5473417 時10時～13時30分、17～20時30分休週六的晚上、週日

自用和分送用的伴手禮大集合！

去超市尋找伴手禮

在旅程當中和尋找伴手禮時都派得上用場的就是超市。
有很多只有西班牙才有且價格合理的食材和零食，把西班牙的美味帶回家吧！

SWEETS & SNACKS
零食

從必買的加倍佳棒棒糖到巧克力，可以大家一起分食的零食種類超豐富！

分送用！

洋芋片
Patatas Fritas
用橄欖油炸的洋芋片€1。只用鹽巴調味的簡樸口味 A

加倍佳棒棒糖
Chupa Chups
色彩鮮豔的包裝紙圖案是由達利所設計的。1袋（120g）€1.56 A

薄荷巧克力
Chocolatinas Rellenas de Menta
百貨公司El Corte Inglés的原創品牌巧克力€2.64 A

待客用！

杏仁巧克力
Chocolatissimo Puro
擁有130年歷史的巧克力廠商VALOR的16粒裝什錦盒€3.69 A

雪莉酒熬煮栗子
Marrón Confitado al Jerez
使用栗子名產地加利西亞的栗子，用安塔露西亞地區的雪莉酒熬煮的零食€13.70 A

伊比利豬火腿口味的品客
Pringles SABOR JAMÓN
西班牙名產的生火腿口味，是只有西班牙才有的。€2.05 A

DRINK
飲料

除了葡萄酒、桑格莉亞酒、巧克力粉等必買清單外，也推薦香草茶和湯品。

Señorío de los Llanos
拉曼查產地區產的葡萄酒€2.70，在西班牙國內也很受喜愛。口味有深度又是可以放心飲用的價格，真令人開心 A

西洋菩提樹茶
Té de Tila
西班牙常飲用的西洋菩提樹香草茶€0.96。口味清爽 A

西班牙才有！

西班牙凍湯
Gazpacho Tradicional
HACENDADO的凍湯，3罐1組€1.80。蕃茄果汁般的清爽口味 B

巧克力粉
Paladín Minuto
沾巧羅絲用的熱巧克力€2.95。加入2～3匙到熱牛奶中就完成了 B

Valor的巧克力粉
Valor Cao
著名品牌Valor的巧克力粉€2.30。是不會過甜的高雅口味 A

桑格莉亞酒
Sangría
特殊的鬥牛造型瓶€6.75 A

桑格莉亞酒
Sangría
裝飾很可愛的桑格莉亞酒€4.50。因為是手掌大小的尺寸，當成裝飾品也不錯 A

FOOD
食材

還有很多在自家也能享受到西班牙的美味。有多種可以久放的瓶裝、罐頭等真是太好了。

推薦♪

橄欖油漬鰹魚
Ortiz Bonito del Norte

西班牙高級食品廠Ortiz的瓶裝商品€6.99 Ⓐ

瓶裝鯷魚
Filetes de Anchoa en aceite de oliva

橄欖油漬鯷魚€2.10。可當下酒菜或夾麵包食用 Ⓑ

划算！

橄欖
Aceitunas Manzanilla Rellenas de Anchoa Extra

50g橄欖迷你罐。3罐1組€1.73。鯷魚口味 Ⓑ

馬德里燉菜罐頭
Cocido Madrileño

馬德里鄉土菜燉菜的罐頭€1.74。只要倒進鍋中加熱即可 Ⓐ

海鮮燉飯調味料
Paellero

只要將食料和米飯炒過後加進調味料就能完成，非常簡單。附有英文菜單。€3.06 Ⓐ

特級初榨橄欖油
Casa del Agua Aceite de Oiva Virgen Extra

西班牙著名品牌Oro Bailén的橄欖油€6.31 Ⓐ

和葡萄酒很對味！

乾香菇
Trompeta de la muerte

泡發後可用於燉煮料理或燉湯等。€2.85。另外也有牛肝菌 Ⓐ

海鮮燉麵用的義大利麵
Pasta Fideuá

義大利麵€0.50 (500g)。海鮮燉飯的麵條版。也可以加蔬菜湯作成義大利湯麵。Ⓑ

橄欖油漬章魚
Pulpo en Aceite de Oliva

將西班牙加利西亞地區著名菜色橄欖油漬切塊章魚腳製作成罐頭。€2.40 Ⓐ

可愛♥

星形義大利麵
Pasta Estrellas con Vegetales

星形的迷你義大利麵€1.09 (500g)。蔬菜口味。水煮後拌入沙拉中享用 Ⓑ

特級初榨橄欖油
Española de Aceite de Oliva Virgen Extra

包裝上畫了佛朗明哥美女的La Española的橄欖油20ml瓶裝5瓶1組€2.29 Ⓑ

香蒜美乃滋
Salsa Alioli

蒜頭美乃滋€1.66，是加泰隆尼亞地區菜不可缺少的調味料。可以增加味道的厚度 Ⓐ

雞湯調理包
La Sopa de Pollo

加了短義大利麵的雞湯€0.57。十足美味，是西班牙常見的家庭菜色 Ⓐ

Ⓐ El Corte Inglés
格蘭大道周邊 MAP 別冊 P21C1

什麼都有賣的連鎖百貨公司

西班牙國內最大規模的百貨公司，在馬德里共有42間分店。店內也設有超市，從當地居民的食材到日常用品，全部都能買到。

data ⓂM3號線CALLAO站步行1分 ⒶPlaza de Callao 2 ☎91-3798000 ⏰10～22時（週日、國定假日為11～21時） Ⓗ無

巴塞隆納店→別冊MAP/P12A1

Ⓑ Mercadona
塞拉諾大道周邊 MAP 別冊 P18B2

庶民的好伙伴！大型超市

當地居民也會來的超級市場。自家品牌HACENDADO的商品因為CP高而很有人氣。

data ⒻⓂ5號線RUBÉN DARÍO站步行3分 ⒶC.de Serrano 61 ☎91-7164862 ⏰10時～21時30分 Ⓗ週日

巴塞隆納店→別冊MAP/P11C1

HOW TO 超市

在收銀台結帳的方法

① 將購買的商品自行從購物籃中取出，放到收銀機前方的輸送帶
↓
② 放上隔板來區分屬於自己的商品
↓
③ 店員以收銀機全部掃過後結算。以現金或信用卡支付
↓
④ 刷過的商品仍放在輸送帶上，需自行裝進袋子。購物袋需付費（€0.05）

隔板放在收銀機附近

賞味期限的辨識法

標籤上「consumir antes de」之後的數字，日期意以「日/月/西元年」的順序標示，但大多是像01/15這樣的四位數。代表的是2015年1月。

入境時的限制

生火腿不得攜帶入境。包括在機場購買的生火腿，必須應取得西班牙方的檢疫證明書，在入境後再接受檢疫。購買葡萄酒則須確認免稅範圍（→P153）。（不得攜帶上機）

還有哦！觀光景點

以舊市區交通要塞太陽門為中心，
主要的觀光景點都位在其半徑約1km之內。
景點集中，是非常好走遍的區域。

特集也要 Check!
- 在普拉多美術館欣賞名畫…P80
- 蘇菲亞王妃藝術中心…P84
- 王宮的時光之旅…P86

Advice

●行程計畫的要訣

馬德里成為首都的歷史很長，因此有很多有王室相關的建築物及美術館等。只要事先預習一下西班牙的歷史，就可以更樂在其中。而充滿綠意的公園及庭園也不少，想度過悠閒時光時可以順路去走走。

觀光服務處

主廣場 MAP 別冊P20B3
住Plaza Mayor 27　☎91-5881636
時9時30分～20時30分　休無

王宮周邊 MAP 別冊P20A1

皇家化身女修道院
Real Monasterio de la Encarnación

淵源深厚歷史悠久的修道院

依費利佩三世王妃瑪格麗塔的命令於1611年建造。哈布斯堡家的女性都以修女身分居住在這裡。

DATA
交M2·5·R號線ÓPERA站步行5分
住Pl. de la Encarnación
☎91-4548800　時10～14時、16時～18時30分（週日為10～15時）
休週一　金€6（與皇家赤足女修道院等處的通票為€8）

王宮周邊 MAP 別冊P14A4

聖方濟各大教堂
Real Basílica de San Francisco el Grande

欣賞宮廷畫家哥雅的作品

這座教會是聖方濟各在朝聖途中所建造的聖堂。在禮拜堂中有哥雅所繪製的《西恩納的聖伯那汀》。

DATA
交M5號線LA LATINA站步行7分
住San Buenaventura 1
☎91-3653800　時10時30分～12時30分、16～18時（週六僅未進行彌撒時開放，7～8月為17～19時、週日亦會開放）　休週日·一　金€3

王宮周邊 MAP 別冊P16A1

哥雅神殿美術館
Museo Panteón de Goya

哥雅永眠的神聖美術館

正式名稱為Ermita de San Antonio de la Florida，因為內部有哥雅的陵墓，而被稱為「哥雅神殿」。建築物本身建設於1798年，在1919年哥雅的陵墓從法國波爾多遷移至此。堂內的溼壁畫，是已經喪失聽力的哥雅僅花了4個月繪製的《Milagro de San Antonio de Padua》。筆觸讓人連想起他晚年《黑色繪畫》系列，畫中可以看到18世紀時馬德里庶民的生活。

太陽門周邊 MAP 別冊P21D2

聖費爾南多畫家藝術學院
Real Academia de Bellas Artes de San Fernando

多位藝術家輩出的學校

於18世紀半以培育畫家為目而創設。達利、畢卡索等人也都在此學習過。展示內容以繪畫為中心，哥雅的多件作品也一定不能錯過。

DATA
交M1·2·3號線SOL站步行3分
住Alcalá 13　☎91-5240864
時10～15時
休週一、5月30日、8月、12月24日
金€6（週三為免費）

主廣場周邊 MAP 別冊P20B3

市政廣場
Plaza de la Villa

富有歷史氛圍的廣場

廣場被建於17世紀的舊市政廳等歷史性建築物所圍繞。在東側的盧哈內斯之家和塔，在15世紀時與主廣場相同設計者所建築的哥德·穆德哈爾式建築。南側則是在16世紀建設的西斯內羅斯之家。

DATA
交M2·5·R號線ÓPERA站步行7分

↑寂靜聳立著的外觀

DATA
交M6·10·R號線PRÍNCIPE PÍO站步行5分
住Glorieta de San Antonio de la Florida 5　☎91-5420722
時9時30分～20時（週六·日為10～14時）　休週一　金免費

 世界遺產　 需時約30分　需時約30～120分

格蘭大道周邊　MAP 別冊P17C2

西班牙廣場
Plaza de España

象徵馬德里的廣場

為記念《唐吉訶德》的作者賽凡提斯逝世300年而建造的廣場。在腹地內有賽凡提斯像，以及騎在羅西南德上的唐吉訶德像。現代主義建築傑作的Casa Gallardo也是景點之一。

DATA ‥‥‥‥‥‥‥‥‥
交Ⓜ3·10號線PLAZA DE ESPAÑA站步行即到

塞拉諾大道周邊　MAP 別冊P18B4

阿爾卡拉門
Puerta de Alcalá

內外施以不同創意的拱門

因為卡洛斯三世的命令，於1778年由建築家Francisco Sabatini所設計，是多達五重的厚重拱門。採用義大利的巴洛克樣式的線條，以和王宮相同的白色花崗石建造。從麗池公園穿越拱門即可通往塞拉諾大道。

DATA ‥‥‥‥‥‥‥‥‥
交Ⓜ2號線RETIRO站步行1分

塞拉諾大道周邊　MAP 別冊P18B4

國立考古學博物館
Museo Arqueológico Nacional

展示品多達10多萬件

在2014年4月重新開幕的博物館。館內主要展示歷史遺產，胸像《Dama de Elche》及阿爾塔米拉洞窟精細復原模型都值得注目。

DATA ‥‥‥‥‥‥‥‥‥
交Ⓜ4號線SERRANO站步行3分
住C. Serrano 13　☎91-5777912
時9時30分～20時（週日、國定假日為～15時）　休週一
金€3

普拉多美術館周邊　MAP 別冊P15D3

皇家植物園
Real Jardín Botánico

被3萬種以上的植物療癒心靈

奉費爾南多六世之命而建的植物園，1774年卡洛斯三世將其遷移至此。由Francisco Sabatini及Juan de Villanueva負責設計。

DATA ‥‥‥‥‥‥‥‥‥
交Ⓜ1號線ATOCHA RENFE站步行5分　住Plaza de Murillo 2
☎91-4203017　時10時～20時30分（閉園時間視季節而異）
休無　金€3

塞拉諾大道周邊　MAP 別冊P18B1

索羅亞美術館
Museo de Sorolla

有如都會綠洲的空間

展示瓦倫西亞出身、被稱為「光之畫家」的霍金·索羅亞的作品。是將索羅亞本人的畫室兼住所公開作為美術館。

DATA ‥‥‥‥‥‥‥‥‥
交Ⓜ5號線RUBÉN DARÍO站步行5分
住General Martínez Campos, 37　☎91-3101584　時9時30分～20時（週日、國定假日為10～15時）　休週一　金€3（週六14時～、週日為免費）

普拉多美術館周邊　MAP 別冊P14B4

皇家繡帷廠
Real Fábrica de Tapices

參觀繡帷的編織

建設於1721年費利佩時代、歷史悠久的工廠。據說王家及馬德里的劇場中所使用的傳統繡帷，幾乎都是在這裡製造的。

DATA ‥‥‥‥‥‥‥‥‥
交Ⓜ1號線MENÉNDEZ PELAYO站步行3分　住C.Fuenterrabía 2
☎91-4340550　時導覽行程10～14時、45分1次　休週六·日　金€4

普拉多美術館周邊　MAP 別冊P15D2

提森·博內米薩博物館
Museo de Thyssen-Bornemisza

追溯西洋美術的軌跡

展示提森·博內米薩兩代所蒐集的個人收藏品。在1933年時，由西班牙政府買下大部分的收藏作品，開始成為正式的美術館。義大利文藝復興前期、文藝復興時期、新古典主義時代、印象派、超現實主義、流行藝術等，從13世紀的中世紀藝術到現代藝術都有，共可欣賞到約1000件展示作品。像是追溯西洋美術發展一樣，依照年代分類來展示。

↑外觀為19世紀的新古典主義樣式
→由上層開始以年代遠到近作展示

DATA ‥‥‥‥‥‥‥‥‥
交Ⓜ2號線BANCO DE ESPAÑA站步行5分　住Paseo del Prado 8　☎902-760511　時10～19時（週一為12～16時、12月24·31日為～15時）　休國定假日不定期休館　金常設展€10～

馬德里郊外　MAP 別冊P14B3

拉斯班塔斯鬥牛場
Plaza de Toros de Las Ventas

人與牛的生死莊嚴儀式

西班牙的代表性鬥牛場。約可容納23700人，是世界上最大規模的鬥牛場。鬥牛賽季雖只有3月到10月，但平常也可入內參觀。

DATA ‥‥‥‥‥‥‥‥‥
交Ⓜ5號線VENTAS站步行即到
住Alcalá 237　☎913-562200　時內部參觀為10時～13時30分　休週一　金導覽行程€14～（無中文）
link →P27

以收藏件數相當龐大的普拉多美術館為首，在馬德里有豐富的美術館、博物館。尤其是王宮周邊及普拉多美術館周邊，很適合作藝術的巡禮。

還有哦!美食

在首都馬德里除了有當地鄉土菜卡斯提亞菜外，還有從各個地方的鄉土菜色，到走在時代最前端的摩登西班牙菜，種類豐富多樣，不用煩惱沒得選擇。

特集也要 Check!
市場&名產街美食…P94
品嘗卡斯提亞料理…P96
伊比利豬…P98

Advice

●想吃最新美食的話就到星級餐廳
在種類豐富的美食之中，想要品嘗現在廣受世界注目的摩登西班牙菜的話，建議就到米其林星級的餐廳。此類餐廳大多都附屬在飯店內，可以在舒適的空間中享受一流的口味及服務。

●想品嘗典型西班牙菜的話就到老市區
想去較庶民的小酒飯或餐廳的話，就到馬德里的老市區——太陽門周邊尋找。
●可以輕鬆享用的市場美食
有很多像美食街一樣的市場，如米蓋爾市場。因為相當方便，非常值得前往！

西班牙菜&小酒館

在太陽門及主廣場周邊有很多老店及名店，在塞拉諾大道一帶則是有不少風格洗練的餐廳。而在米蓋爾市場的附近還有條餐廳林立的名產街。決定好要去的店後就先預約吧！

太陽門周邊　**MAP** 別冊P14A3

Casa de Valencia
米飯餐點的話這裡什麼都有

除了海鮮燉飯之外，還有墨魚汁燉飯、海鮮鹹粥等，有種類豐富且價格合理的米飯餐點（1人份€19.80～）。

DATA
交M3·4·6號線ARGÜELLES站步行10分　住Po. Pintor Rosales 58
☎91-5441747　營13～16時、20時30分～23時45分
休週日晚上

太陽門周邊　**MAP** 別冊P21D3

La Casa del Abuelo
鮮蝦義大利麵專賣店

菜色有鮮蝦鐵板燒€9.80、蒜油煮鮮蝦€9.90、花蝦鐵板燒€15.50等。還有自釀葡萄酒El Abuelo（杯裝）€2.30，也一定要品嘗看看。

DATA
交M1·2·3號線VODAFONE SOL站步行5分　住C. Victoria 12
☎91-5212319　營12～24時（週五·六為～翌1時）　休無

太陽門周邊　**MAP** 別冊P21D3

Viña P
由喜愛鬥牛的老闆所經營的小酒館

這裡的老闆是狂熱的鬥牛迷。每道餐點都是分量十足，推薦料理是鮮蝦開胃小點€6、牛尾€11。吧台座位之外還有桌椅座位，外面也有露天座位。

DATA
交M1·2·3號線VODAFONE SOL站步行5分　住Plaza Sta. Ana 3
☎91-5318111　營13時～16時30分、20時～24時30分　休無

主廣場周邊　**MAP** 別冊P21C3

Capilla de la Bolsa
中世紀教堂的氣氛

改裝自15世紀的教堂，店內有種沉靜的氣氛。午餐、晚餐皆為€50～，瓶裝葡萄酒為€21.50～。晚餐最好事先訂位。

DATA
交M1·2·3號線VODAFONE SOL站步行6分　住C. la Bolsa 12
☎91-5218623　營13時30分～16時、20時30分～23時30分
休週一、週二的中午

主廣場周邊　**MAP** 別冊P20B3

Mesón la Mazmorra
招牌小菜就交給這間店

利用古老的地下室空間創設的居酒屋。伊比利豬火腿€12.50、炸青辣椒€6等小菜，及里奧哈產的葡萄酒1瓶€10～都很受喜愛。

DATA
交M1·2·3號線VODAFONE SOL站步行7分　住Cava de San Miguel 6
☎617-990229　營19時～翌1時30分（週五·六為～翌2時30分）休週日的19時之後、週一

Casa Ciriaco

主廣場周邊　別冊P20A3

在老店享用鄉土菜色

創業於1906年的餐廳，推薦菜色是杏仁蛋黃醬汁燉母雞€14。用了加了杏仁粉等的醬汁慢慢燉煮切塊的雞肉而成的鄉土菜色。

DATA..................
🚇M2・5・R號線ÓPERA站步行8分　🏠C. Mayor 84
📞91-5480620　🕐13〜16時、20〜24時　休週三

Las Cuevas del Duque

格蘭大道周邊　別冊P17C1

在秘密基地般的餐廳中享用傳統菜色

提供當地卡斯提亞傳統菜色的餐廳。店內為200年前具有歷史的洞窟風格建築物，在這裡可以品嘗到卡斯提亞風味湯品Sopa Castellana€8等餐點。

DATA..................
🚇M3號線VENTURA RODRÍGUEZ站步行3分　🏠C. de la Princesa 16　📞91-5595037　🕐13〜16時、20時〜22時30分（週五・六〜23時30分）休週日晚上

Museo del Jamón

格蘭大道周邊　別冊P17C2

有多種生火腿的名店

從天花板到牆壁全排滿了生火腿。1樓只有立食的吧台區。火腿塞拉諾可頌三明治€1.50、加了荷包蛋的套餐€3.10〜等，有很多小酒館的輕食菜色。

DATA..................
🚇M3・10號線PLAZA DE ESPAÑA站步行3分　🏠C. Gran Vía 72
📞91-5412023　🕐8時〜24時30分、餐廳為13〜24時　休無

Restaurante Kabuki Wellington

塞拉諾大道周邊　別冊P19C4

米其林一星級 備受世界矚目的名店

創設於2000年，在9年後為西班牙第1間取得米其林星級的日本餐廳，因為獲獎無數而大受矚目。主廚是參加日本電視節目的壽司對決而為人熟知的Ricardo Sanz。經常使用橄欖油或麵包粉，有像是以烏賊製作成烏賊圈三明治、或把鮪魚肚與蕃茄泥製作成蕃茄醬麵包等，將日本料理的食材在舌尖化為西班牙菜。全餐為€93〜。單點約為€15上下。

↑讓人感受到和風的吧台席。→鮪魚肚丼。橫仿的是傳統菜色滑蛋馬鈴薯€15

DATA..................
🚇M2號線RETIRO站步行3分　🏠C. de Velázquez 8　📞91-5777877　🕐13時30分〜16時30分、20時30分〜23時30分　休週六的中午、週日

Santceloni

塞拉諾大道周邊　別冊P14B2

在星級餐廳享用 摩登西班牙菜

與「El Bulli」合稱為雙璧的名店「Racó de Can Fabes」，其主廚Santi Santamaria所擔任管理的餐廳。在創新中仍可感受到西班牙風味的菜色願受好評。菇類、海鮮、野味等，大量使用當季的食材。午餐及晚餐皆為€150與€180的2種全餐。

→位在飯店Hesperia Madrid內

↑全餐中的餐點。烤黑鯛與菇類

DATA..................
🚇M7・10號線GREGORIO MARAÑON站步行1分　🏠Paseo de la Castellana 57　📞91-2108840
🕐14〜16時、21〜23時（週六僅21〜23時）　休週六的中午、週日

Bodega de la Ardosa

楚埃卡地區周邊　別冊P18A4

復古的氣氛極有情趣

創業於1892年的老店，用菜單及裝飾品等滿滿地裝飾了店內的牆壁，在這樣的環境中可以享用到墨魚汁可樂餅€10.95（12個）等招牌小菜。

DATA..................
🚇M1・10號線TRIBUNAL站步行5分　🏠Calle Colón 13　📞91-5214979
🕐8〜24時（週五為〜翌2時、週六為11時〜翌2時30分、週日為11時〜翌2時）　休無

Taberna de Dolores

普拉多美術館周邊　別冊P15C2

在老字號啤酒屋乾杯

創業於1908年的古典風格居酒屋。最有名的生啤酒€1.50出自開店就一直使用至今的酒桶，搭配在麵包上放了火腿、鰻魚等材料的開胃菜€2.50〜，十分對味。

DATA..................
🚇M1號線ANTÓN MARTÍN站步行5分　🏠Pl. de Jesús 4
📞91-4292243　🕐11時〜翌1時（週五・六為〜翌2時）　休無

 想要享受傳統的菜色及氣氛的話就到主廣場周邊，想體驗獨創的摩登西班牙菜的話就到塞拉諾大道周邊，不同地區有著不同的享樂方式。

馬德里

還有哦！美食

咖啡廳& 其他

在散步及購物的途中順路一訪的咖啡廳，或是不想吃西班牙菜時，就可嘗嘗日本料理餐廳等，在馬德里有很多這樣的美食景點。夜間樂趣之一的佛朗明哥小酒館也不能錯過，可以欣賞到一流舞者充滿熱情的佛朗明哥舞蹈。

王宮周邊　MAP 別冊P20A2

Café de Oriente

超棒地點讓人感動

面對王宮前東方廣場的咖啡廳&餐廳。1樓及露天座位為咖啡廳，地下室則是餐廳。蛋糕在店內用€5、露天座位為€6～。

DATA
交M2・5・R號線ÓPERA站步行3分　住Pl. Oriente 2　☎91-5471564　時8時30分～翌2時、餐廳為13時30分～16時、20～24時　休無

王宮周邊　MAP 別冊P20A2

Los Austrias

自豪的自製蛋糕

不只有咖啡及甜點，還可以享用餐廳的咖啡廳&餐廳。自製甜點有提拉米蘇及乳酪蛋糕€4.60～等。也有馬鈴薯蛋餅（小）€5等小菜類。

DATA
交M2・5・R號線ÓPERA站步行5分　住Pl. de Ramales 1-2　☎91-5598436　時9～17時（週六・日、國定假日為10～24時）　休無

太陽門周邊　MAP 別冊P15C1

どん底
Donzoko

和風菜色種類豐富

壽司、炸物、丼物等菜色很豐富。最有人氣的是生魚片拼盤€18及散壽司€18。也有烤雞肉串2支€5、芝麻醬涼拌菠菜€7.5等。

DATA
交M1・2・3號線VODAFONE SOL站步行10分　住C. de Echegaray 3　☎91-4295720　時13時30分～15時30分、20時30分～23時30分　休週日

太陽門周邊　MAP 別冊P21D4

Café Central

享受現場演奏的爵士樂

有一流爵士樂手演出的Live House。座位費每回不同，通常是大約€10～15。現場表演時段為21～23時。

DATA
交M1・2・3號線VODAFONE SOL站步行7分　住Pl.del Angel 10　☎91-3694143　時12時30分～翌2時30分（週六為11時30分～翌3時30分、週日為11時30分～）　休無

塞拉諾大道周邊　MAP 別冊P18B4

Café Gijón

名人聚集的老字號咖啡廳

這間海明威等文人曾經聚集的名店咖啡廳創業於1888年，歷史非常悠久。桌椅等裝潢都能感受到它的格調。咖啡€4.10、蛋糕€5.90。

DATA
交M2號線BANCO DE ESPAÑA站步行5分　住Po. de Recoletos 21　☎91-5215425　時7時～翌2時　休無

在人氣佛朗明哥小酒館欣賞佛朗明哥舞！

格蘭大道周邊　MAP 別冊P21C1

Torres Bermejas

國內首屈一指的佛朗明哥舞蹈名店

提供高水準表演秀的著名佛朗明哥小酒館。附晚餐的套票為€75～、僅飲料為€41。平常都為2場制，訂位時請先行確認。

DATA
交M3・5號線CALLAO站步行3分　住Mesonero Romanos 11　☎91-5323322　時表演秀為21時～、22時30分～　休無　link→P27

王宮周邊　MAP 別冊P17C4

Corral de la Moreria

名人也會來訪的高級佛朗明哥小酒館

創業於1956年。每天都有一流舞者表演的名店。表演秀為20時30分～與22時20分～的2場。門票為€38.90(不含餐飲費)。

DATA
交M2・5・R號線ÓPERA站步行10分　住C. Moreria 17　☎91-3658446　時表演秀為20時30分～、22時20分～　休無　link→P27

 🔌需事先訂位　👔有著裝規定　📖有英文版菜單　🗣有諳英語的員工

❖ Shopping

還有哦!購物

從當地女孩也會留意的流行服飾，到適合作
為伴手禮的雜貨、工藝品、甜點等。
在各個地區散步的同時，
也來擁有西班牙才有的商品吧！

特集也要
Check!

在塞拉諾大道購物…P90
在楚埃卡檢視流行時尚！…P92

Advice

●首先前往塞拉諾大道
塞拉諾大道是馬德里最熱鬧的購物街。在大道
上、周邊都有世界一流品牌及發源於西班牙的休
閒品牌。想要享受購物的話就先往塞拉諾大道出
發吧。

●購買老店甜點作伴手禮！
在馬德里有很多歷史悠久的商店。其中最推薦的
是甜點店。充滿風情的店內櫥窗中，陳列著西班
牙特有的傳統糕點。因為都是可以外帶的商品，
最適合作為伴手禮。

流行

❖

從高級品牌到休閒服
飾，有很多在海外也
很有名氣的品牌。而
當地才有的商品絕對
不能錯過。另外還有
尚未進入海外市場的
人氣品牌，搶先一步
擁有吧！

王宮周邊　**MAP** 別冊P20A2

Lepanto

人氣品牌買到賺到

從著名品牌的包包到原創皮革
製品都有，也有很多適合東方
人的尺寸。免稅的商品會當場
折價。羊皮
外套€250
～。

DATA
🚇M2・5・R號線OPERA站步行3
分　🏠Pl. de Ramales 2　📞91-541
7427　🕐10時～13時30分、15時～
19時30分　🚫週日的下午

格蘭大道周邊　**MAP** 別冊P17D2

Blanco

色彩豐富的設計

這個源自西班牙的休閒品牌起
源於家族經營的小店，已急速
成長為國際品牌。以都會感、
沉靜感、夢
想為主題，
有不少充滿
女性氣息的
單品。

DATA
🚇M2號線SANTO DOMINGO站步
行3分　🏠C.Gran Via 49
📞91-5594103　🕐10時～21時30分
🚫無

塞拉諾大道周邊　**MAP** 別冊P18B4

Camper

充滿玩心的休閒鞋

在馬約卡島因卡這個城市中，
代代承襲製鞋技術的人氣品
牌。在海外也有高知名度，特
殊的設計和
穿起來的舒
適度，不分
男女愛好者
眾多。

DATA
🚇M4號線SERRANO站步行4分
🏠C.de Serrano 24　📞91-5782560
🕐9時30分～21時（週日為12～20
時）　🚫無　link→P25

塞拉諾大道周邊　**MAP** 別冊P19C3

Malababa

柔美風格的皮革製品

店內銷售的皮革商品及飾品，
是在附近的工坊內精心製作，
有著獨特質感的魅力。這是從
馬德里發跡
的品牌，現
在已經有來
自全世界的
愛好者。

DATA
🚇M4號線SERRANO站步行5分
🏠C. de Lagasca 68　📞91-2035990
🕐10時30分～20時30分（週五・六
為～21時）　🚫週日　link→P23

塞拉諾大道周邊　**MAP** 別冊P19C3

Joaquín Berao

以自然為主題的造形之美

有不少以大自然為主題的外
型，大量使用金、銀色，追求
永恆的獨特世界觀很有魅力。
設計中也有
非洲及莫迪
里安尼風格
的作品。

DATA
🚇M4號線VELÁZQUEZ站步行2分
🏠C.de Lagasca 44
📞91-5772828
🕐10時～20時30分
🚫週日

西班牙品牌的商品種類豐富，也比在海外購買時便宜不少。塞拉諾大道周邊及楚埃卡地區，
是讓人想特別空出時間慢慢逛的區域。

Hoss Intropia

成熟的休閒品牌

始自1994年的品牌，愛好者當中有很多重視個性的成年人，有基本的休閒服飾到正式服裝，集結了上班族女性必備的行頭。

DATA
🚇M4號線SERRANO站步行5分
🏠C. de Serrano 18 📞91-7810612
🕐10時30分～21時（週日為12～20時）休無

Pedro García

呈現美麗的腿部線條

優雅的設計與穿著舒適度都有一定評價的高級鞋子品牌。現在商品雖有銷售至全世界，但直營店只有在馬德里這一間。

DATA
🚇M4號線SERRANO站步行4分
🏠C. Jorge Juan 12 callejón, local C 📞91-5753441 🕐10時30分～20時30分 休週日

Mango

意識著潮流的單品

合理的價格和流行設計，特別受到年輕人支持的品牌。由活躍於世界的著名模特兒及女演員擔任形象代言人，也引起不少話題。

DATA
🚇M1・10號線TRIBUNAL站步行3分 🏠C. de Fuencarral 70
📞91-5230412 🕐10～21時（夏季為～22時）休無

雜貨&工藝品

從擁有高超技術的工匠，到發揮獨創靈感的年輕設計師所製造出來的商品，樣樣皆是逸品。也有很多獨一無二的商品，可以一邊與店員對話，一邊尋找喜愛的商品。格蘭大道等中心區有較多的工藝品商店。

Seseña

西班牙傳統大衣專賣店

銷售西班牙傳統毛料大衣的專賣店。有紅色內裏的黑色基本款，也有經些許變化穿起來更時尚的商品。毛料披風€205～。

DATA
🚇M1・2・3號線VODAFONE SOL站步行5分 🏠C. de la Cruz 23 📞91-5316840 🕐10～14時、17時30分～20時（週六為～14時30分）休週六的下午、週日

José Ramírez

老字號吉他工房

創業於1882年。是西班牙國內最古老，受到著名吉他手喜愛的吉他工坊。現在的Amalia Ramírez為第4代。初學者用吉他€185～、佛朗明哥吉他€410～。

DATA
🚇M1・2・3號線VODAFONE SOL站步行5分 🏠C. de la Paz 8 📞91-5314229 🕐10～14時（週六為10時30分～）、16時30分～20時 休週日

Maty

豐富的佛朗明哥舞蹈服飾

銷售舞蹈服裝及雜貨的專賣店。華麗的佛朗明哥舞衣為€300～。較有人氣的是藍色、紅色、黃色、花朵圖紋。練習用的裙子為€20～。

DATA
🚇M1・2・3號線VODAFONE SOL站步行2分 🏠C. Maestro Victoria 2 📞91-5313291 🕐10時～13時45分、17時～20時30分 休週日（每月第1個週日除外）

Casa de Diego

美麗折扇與傘的專賣店

於瓦倫西亞的自家工坊製作的西班牙獨特的折扇（Abanico）。一般為木製骨架與花朵圖紋的布料。雨傘則是在店內的工坊製作、銷售。折扇€12～、雨傘€12～。

DATA
🚇M3・5號線CALLAO站步行3分 🏠C. Mesonero Romanos 4 📞91-5310223 🕐9時30分～13時30分、16時45分～20時 休週日

Nere Denda

功能性的時尚包包

店內銷售由年輕設計師設計的原創包包。托特包€100～，及後背包€86～等，全部都是實用性高的款式。

DATA
🚇M4號線VELÁZQUEZ站步行5分 🏠C. de Castelló 38
📞91-4359723
🕐10時30分～14時、17～20時 休週六的下午、週日、8月

購物中心 &食品

想尋找伴手禮的話，最方便就是到購物中心或市場。有很多在當地才有的特殊商品，及低價划算的商品，種類多樣化。而受當地居民喜愛的西班牙甜點，也一定要買來吃看看。

太陽門周邊　MAP 別冊P15C1

Casa Mira

創業於1842年，至今仍有高評價的老字號

杜隆糖、脆餅乾、巧克力等，有多種西班牙人喜愛的糕點。店內是古典的氣氛。

DATA
交M1・2・3號線VODAFONE SOL站步行3分　住C. de San Jerónimo 30　☎91-4298895　營10～14時、17～21時（週日為10時30分～14時30分、17時30分～）※冬季的營業時間不同　休9月的週日
link→P21

太陽門周邊　MAP 別冊P21D3

La Violeta

用紫羅蘭製作的糖果

將紫羅蘭花凝固製作成糖果（Caramelos de Violeta），是在1915年此店創業時開始銷售的糖果，在當地也很有名。100g的小盒裝€2。

DATA
交M1・2・3號線VODAFONE SOL站步行3分　住Pl. de Canalejas 6　☎91-5225522　營10～14時、16時30分～20時30分　休週日、8月

主廣場周邊　MAP 別冊P20A3

Horno La Santiaguesa

從傳統糕點到馬卡龍都有的豐富種類

銷售傳統糕點的「Horno San Onofre」的分店之一。由40年經驗的糕點師傅Daniel所製作，口味相當受到當地居民的歡迎。在日本長崎也有分店。

DATA
交M2・5、R號線ÓPERA站步行7分　住C. Mayor 73　☎91-5596214　營8～21時（週日為9時～）
休無　link→P21

格蘭大道周邊　MAP 別冊P21C1

Mariano Madrueño

葡萄酒專家

以馬德里的葡萄酒為首，銷售西班牙內優質的葡萄酒。Madrileño €2.65、Tagonius€19.45等，價格範圍很廣。

DATA
交M3・5號線CALLAO站步行5分　住Post. de San Martin 3　☎91-5211955　營10～14時、17時30分～20時30分（週六為11時～14時15分，秋～冬季的下午也會營業）　休週日

塞拉諾大道周邊　MAP 別冊P19C3

拉巴斯市場
Mercado La Paz

滿足市民味蕾的市場

從薩拉曼卡地區主要道路塞拉諾大道上的一條馬路彎進來的市場。有蔬果店、零食店、肉品店、鞋店等，店舖數雖然不多，但有各式各樣種類的商店林立。走累了也有適合休息的餐廳及小酒館，可以悠閒地在這裡散步。在這裡也可以看到當地居民日常生活的樣子，相當有趣。

➡一整排的新鮮食材

↑氣氛沉靜的市場

DATA
交M4號線SERRANO站步行5分　住C. de Ayala 28　☎91-4350743　營9時～14時30分、17～20時（週六為～14時30分）　休週日

塞拉諾大道周邊　MAP 別冊P18B3

El Jardín de Serrano

高級品牌都集中在這裡

位在哥雅大道與塞拉諾大道交叉處的購物中心。約有20間高級品牌商店入駐，館內有著洗練的氣氛。地下樓層也有咖啡廳&餐廳（→P91）。

DATA
交M4號線SERRANO站步行即到　住C. de Goya 6-8　☎91-5770012　營9時30分～21時30分　休週日

塞拉諾大道周邊　MAP 別冊P18B2

Santa

手工製作巧克力

手工製作的巧克力有松露巧克力、堅果糖等多樣的口味和外型。全部都是100g€7.20以秤重銷售。250g以上還會幫你裝成盒。

DATA
交M4號線SERRANO站步行5分　住C. de Serrano 56　☎91-5768646　營10～20時（週一、夏季為10～14時、17～20時30分）　休週日

從王宮到太陽門、格蘭大道一帶的中央地區，是有很多百貨公司和大型店舖的地區。有不少價格合理的伴手禮店也是此區的魅力。

飯店 Hotel

在馬德里這個大都市裡，有著充足的住宿設施。高級飯店大多集中在公主大道及卡斯提亞大道上。中等級飯店及平價飯店則集中在方便觀光的太陽門及格蘭大道周邊的舊市區。

格蘭大道周邊 MAP 別冊P17C1

Meliá Madrid Princesa

位在受年輕人歡迎的地區

位在公主大道上的現代大型飯店。一進到入口就可看到豪華的大廳。以藍色為基調的室內也有著沉穩的氣氛，相當舒適。

DATA..........🅴 🏨 🏊 🏋
🚇Ⓜ3號線 VENTURA RODRÍGUEZ站步行1分 🏠C. de la Princesa 27 📞91-2764747 💰ⓈⓉ€147～ 274室 ★★★★★

塞拉諾大道周邊 MAP 別冊P18B1

馬德里洲際酒店
InterContinental Madrid

位於商務區中心的飯店

位在馬德里的高級商務區中的豪華飯店。備有多種類的大套房及會議室。在室外還有附夏季露台的餐廳，提供小菜等菜色。

DATA..........🅴 🏨 🏋
🚇Ⓜ7・10號線GREGORIO MARANON站步行5分 🏠Paseo de la Castellana 49 📞91-7007300 💰ⓈⓉ€210～ 302室 ★★★★★

塞拉諾大道周邊 MAP P18B2

Villa Magna

最高等級評價的飯店

獲得在5星級飯店當中最高級稱號「GL」的飯店。寬敞的客房中配置了木製傢俱，呈現出充滿格調的空間。位在塞拉諾大道附近，購物很方便。

DATA..........🅴 🏨 🏋
🚇Ⓜ4號線SERRANO站步行7分 🏠Paseo. de la Castellana 22 📞91-5871234 💰ⓈⓉ€330～ 150室 ★★★★★

楚埃卡地區 MAP 別冊P14B2

Hesperia Madrid

洗練的品味四射

由皇家劇院內部裝潢的建築設計師負責設計，是充滿個性、風格洗練的飯店。摩登又氣氛時尚的大廳與裝飾藝術的客房，是很時髦的組合。

DATA..........🅴 🏨 🏋
🚇Ⓜ7・10號線GREGORIO MARAÑÓN站步行1分 🏠Paseo de la Castellana 57 📞91-2108800 💰ⓈⓉ€175～ 171室 ★★★★★

楚埃卡地區 MAP 別冊P18B3

Gran Meliá Fénix

散發高級感的人氣飯店

格蘭大道、主要美術館等都在步行10分以內的地方，地點極佳。內部裝潢統一為沉靜風格，散發著高級感。有許多種不同種類的房型。

DATA..........🅴 🏨 🏋
🚇Ⓜ4號線COLÓN站步行3分 🏠Hermosilla 2 📞91-2764747 💰ⓈⓉ€228～ 203室 ★★★★★

普拉多美術館周邊 MAP 別冊P15C2

威斯汀皇宮酒店
The Westin Palace

馬德里首屈一指的高級飯店

國賓及各界名人會入住的飯店。會客室的圓頂天花板為彩繪玻璃，散發著莊嚴的氣氛。客房空間的品味也相當得好。

DATA..........🅴 🏨 🏋
🚇Ⓜ2號線BANCO DE ESPAÑA站步行10分 🏠Pl. de las Cortes 7 📞91-3608000 💰ⓈⓉ€300～ 477室 ★★★★★

普拉多美術館周邊 MAP P15D2

馬德里麗茲酒店
Ritz Madrid

王族、貴族御用的飯店

在1910年由西班牙國王阿方索13世所創設，為市內首屈一指的最高級飯店。落落大方的建築物，館內極盡奢華，每間各房都有不同的擺設。

DATA..........🅴 🏨 🏋
🚇Ⓜ2號線BANCO DE ESPAÑA站步行8分 🏠Pl. de la Lealtad 5 📞91-7016767 💰ⓈⓉ€286～ 168室 ★★★★★

王宮周邊 MAP 別冊P14A3

萬豪馬德里公主萬怡酒店
Courtyard by Marriott Princesa

環境、設備皆為一流

矗立在寧靜環境中的4星級飯店。與百貨公司El Corte Inglés相鄰，購物也相當方便。可以在花草露台中的咖啡廳餐廳中度過悠閒時光。

DATA..........🅴 🏨 🏊 🏋
🚇Ⓜ3・4・6號線ARGÜELLES站步行2分 🏠C.de la Princesa 40 📞91-5422100 💰ⓈⓉ€128～ 423室 ★★★★

🅴 有諳英語的員工 🏨 餐廳 🏊 游泳池 🏋 健身房

普拉多美術館周邊　MAP 別冊P14B4
拉斐爾阿托查酒店
Rafael Hoteles Atocha

ATOCHA站附近的摩登飯店

距離蘇菲亞王妃藝術中心步行只要10分鐘，是美術館巡禮時最方便的飯店。館內為摩登的裝潢，尤其是菜色豐富的自助式早餐有著很好的評價。

DATA.................... 🅴 🏨 ♿
🚇M1號線ATOCHA RENFE站步行10分　🏠C. de Mendez Alvaro 30-32　📞91-4688100
💰🅢🆃€95～　245室　★★★★

太陽門周邊　MAP 別冊P21D4
馬德里維多利亞女王梅酒店
Me Madrid Reina Victoria

嶄新的設計給人深刻印象

位在太陽門附近，觀光和購物都很方便。特色是嶄新且豪華的設計，從陽台可看到過人的馬德里街景。同時也因為是鬥牛士固定的住宿處而聞名。

DATA.................... 🅴 🏨 ♿
🚇M1・2・3號線VODAFONE SOL站步行5分　🏠Pl. Santa Ana 14
📞91-2764747　💰🅢🆃€165～　192室　★★★★

塞拉諾大道周邊　MAP 別冊P19C1
Melía Gargos

最適合購物行程的地點

靠近塞拉諾大道，是觀光和購物都非常方便的休閒飯店。距離普拉多美術館及蘇菲亞王妃藝術中心也很近，也適合合作美術館巡禮。

DATA.................... 🅴 🏨 ♿
🚇M7・10號線GREGORIO MARAÑON站步行8分　🏠C.de Claudio Coello 139　📞91-2764747
💰🅢🆃€83～　373室　★★★★

塞拉諾大道周邊　MAP 別冊P19C4 Wellington ★★★★★	位在麗池公園北側，外觀古典的飯店。客房以暖色系統一，有著沉穩的氣氛。🚇M2號線RETIRO站步行3分　🏠C. de Velázquez 8　📞91-5754400　💰🅢🆃€155～　251室	
楚埃卡地區　MAP 別冊P14B2 Occidental Miguel Ángel Urban & Spa ★★★★★	位在薩拉曼卡地區中心的5星飯店。備有游泳池及SPA等，客房也很寬敞。🚇M7・10號線GREGORIO MARANON站步行1分　🏠C.Miguel Angel 29　📞91-4420022　💰🅢🆃€110～267　267室	
普拉多美術館周邊　MAP 別冊P15C2 皇家別墅酒店 Villa Real ★★★★★	客房內使用的是英國古董家具及大理石等，營造出優雅的氣氛。🚇M2號線BANCO DE ESPAÑA站步行5分　🏠Pl. de las Cortes 10　📞91-4203767　💰🅢🆃€160～　115室	
王宮周邊　MAP 別冊P14B4 Agumar ★★★★	位在ATOCHA站附近，交通方便。客房內因為特別的裝潢而有明亮的氣氛。🚇M1號線ATOCHA RENFE站步行10分　🏠Po. de la Reina Cristina 7　📞91-5526900　💰🅢€70～🆃€73～　245室	
王宮周邊　MAP 別冊P14A4 NH Ribera del Manzanares ★★★★	稍微遠離市中心，位在曼薩納雷斯河畔。寬廣的庭園很有魅力。🚇M5號線PUERTA DE TOLEDO步行20分　🏠Paseo Virgen del Puerto 57　📞91-3643248　💰🅢🆃€50～　224室	
格蘭大道周邊　MAP 別冊P17C2 薩納托格蘭70溫泉酒店 Senator Gran Via 70 Spa Hotel ★★★★	靠近西班牙廣場的飯店，建為古代風格的SPA有著豐富多樣的種類。🚇M2・3・10號線PLAZA DE ESPAÑA站步行7分　🏠Av. Gran Via 70　📞91-5228265　💰🅢€59～179🆃€69～189　168室	
格蘭大道周邊　MAP 別冊P17D2 西貝雷崔普酒店 Tryp Cibeles ★★★★	位在距離主廣場步行幾分鐘的好地點。中世紀城堡般令人印象深刻的外觀是標記。🚇M1・5號線GRAN VIA站步行1分　🏠C. de Mesonero Romanos13　📞91-5321552　💰🅢🆃€98～　132室	
楚埃卡地區　MAP 別冊P14B2 Ilunion Suites Madrid ★★★★	位在國立音樂堂後側的飯店。以黑色為基礎色系的客房，簡單風格讓人心靈沉靜。🚇M4號線ALFONSOXⅢ站步行5分　🏠C.López de Hoyos 143　📞91-7445000　💰🅢🆃€60～152　152室	
楚埃卡地區　MAP 別冊P14B1 Ilunion Pío XII ★★★★	以黑色為基調，現代設計感的飯店。全館提供免費無線網路。🚇M9號線DUQUE DE PASTRANA站步行10分　🏠Avda. Pío XII, 77　📞91-3876200　💰🅢🆃€60～　215室	
普拉多美術館周邊　MAP 別冊P15D3 胡薩佩索藝術酒店 Paseo Del Arte ★★★★	寬敞的客房內統一為沉穩色系。酒吧和餐廳也是時尚且洗練的氣氛。🚇M1號線ATOCHA站步行5分　🏠C.de Atocha 123　📞91-2984800　💰🅢🆃€91～　259室	
普拉多美術館周邊　MAP 別冊P15C3 Tryp Madrid Atocha Hotel ★★★★	位在ATOCHA站附近，欲移動至近郊都市的話非常方便。提供完善的免費網路環境。🚇M1號線ANTON MARTIN站步行4分　🏠C.de Atocha 83　📞91-3300500　💰🅢🆃€94～　149室	
普拉多美術館周邊　MAP 別冊P15D4 萬豪阿托查交流酒店 AC Hotel Atocha by Marriott ★★★★	位在ATOCHA站附近，對想進行美術館巡禮的旅客來說是很方便的地點。早餐為自助式。🚇M1號線ATOCHA RENFE站步行10分　🏠C.Delicias.42　📞91-5062221　💰🅢🆃€86～　161室	

🎵 馬德里一整年都有大量的觀光客及商務客，因此住宿設施相當多。雖然不太會有客滿找不到地方住的狀況，但夏季假期、新年前後最好還是盡早訂房。

從太加斯河對岸山丘上眺望的街道景色

↑城市中心的索科多佛廣場
←從聖多默堂通往艾爾・葛雷柯博物館的途中

留有中世紀面貌的悠久古都

托雷多

Toledo 世界遺產

MAP 別冊P2A2

托雷多位在馬德里南方約70km處，是古代羅馬時代作為要塞都市而繁榮的城市。在迷宮般的小巷中漫步，來親近它獨特的文化吧。

Access 從馬德里的ATOCHA站搭乘高速列車AVANT到TOLEDO站，需時約35分車程。平日為1天15班，週六、日為1天10班。單程車資為€12.90

觀光重點 步行移動即可。另外環繞城市一圈的Zocotren（火車型小巴士）雖無法中途下車，但可以從車窗欣賞各個名勝景點，也相當受到歡迎。從索科多佛廣場發車，需時50分車程，約每30分1班。時11～19時 金€5.50

Information

🛈市政廳廣場觀光服務處
MAP P114A1 住Plaza del Consistorio 1 ☎925-254030
時10～18時 休無

→在西班牙瓦片波浪之間窺見教會高塔的美麗景色

托雷多地圖

Po. del Circo Romano
Pl. Alfonso VI
Cardenal 🛈 新比薩格拉門
Church of Santiago del Arrabal
阿拉伯城牆
Murallas Arabes
Cuesta de la Granja
太陽之門 C. Carretas
C. Gerardo Lobo
Po. de Recaredo
Mezquita del Cristo de la Luz
往托雷多站
Puerta de Cambron
Convento De Santo Domingo El Antiguo
Pl. San Vicente
Pl. de Zocodover
聖十字美術館 P115
Museo de Santa Cruz
Alcántara Bridge
索科多佛廣場
Iglesia de San Clemente
Damasquinado Ataujia P116
Iglesia de San Roman
阿爾費雷斯
Alférez Provisional
Monastery of San Juan de los Reyes
托雷多城堡 P115
Alcázar de Toledo
Santo Tomé P116
市政廳廣場
Pl. Ayuntamiento
托雷多大教堂
Catedral Primada de España
Po. del Cristo de la Vega
聖多默堂
Iglesia de Santo Tomé
Restaurante Locum P116
觀光服務處 🛈
Santa Maria la Blanca
La Orza P116
Synagogue of El Transito
Pintor El Greco
New Alcántara Bridge
Po. del Transito
San Cipriano
San Sebastian Church
San Lucas Church
C. de San Sebastian
艾爾・葛雷柯博物館 P115
El Museo de Greco
J. Serrano P116
太加斯河 Río Tajo
C. de Circunvalación
瞭望台
N
0 200m
C. de Circunvalación
托雷多
C. de Cabitas
Ⓗ Parador de Toledo P140
A B

托雷多大教堂 `觀光` `MAP` P114B1
Catedral Primada de España

西班牙的天主教會總教區

工程始於1226年，完成於1493年，是有西班牙樞機主教座的大教會。也因展示了艾爾·葛雷柯珍貴的繪畫及寶物而聞名。

`data` 🚶索科多佛廣場步行5分 🏠C.del Cardenal Cisneros 1 ☎925-222241 🕐10時~18時30分 聖器室、寶物館為14時~（截止入館為18時）※進行彌撒時無法參觀 🈚無 💶€11（售票處在入口對面的商店）

➡因為是雕刻至寶而聞名的主祭壇

市政廳廣場是拍照景點

聖十字美術館 `觀光` `MAP` P114B1
Museo de Santa Cruz

著名作家的作品齊聚一堂

在2樓的3個房間中除了展示有艾爾·葛雷柯的繪畫，還有從考古學到托雷多的重要美術品，以及陶器、編織工藝品都有。這裡是普拉多美術館的姊妹館，也會舉辦巡迴展或臨時展等。

`data` 🚶索科多佛廣場步行即到 🏠C. Miguel de Cervantes 3 ☎925-221036 🕐10~19時（週日為~14時30分）🈚無 💶€5

⬆在15世紀後半興建作為醫院使用
➡在館內悠閒地欣賞美麗的中庭和迴廊

艾爾·葛雷柯博物館 `觀光` `MAP` P114A1
El Museo de Greco

忠實重現他存在的時代

復原了艾爾·葛雷柯移住至托雷多到過世為止約40年之間所居住的宅邸。內部為美術館，可以欣賞葛雷柯的作品。

`data` 🚶索科多佛廣場步行15分 🏠Paseo de Transito s/n ☎925-990980 🕐9時30分~19時30分（11~2月為~18時、週日、國定假日全年為10~15時）🈚週一 💶€3（週六14時~、週日為免費）

⬆部份外觀曾重新整修過，入口為玻璃帷幕
⬅精巧重現了書房和畫室等

聖多默堂 `觀光` `MAP` P114A1
Iglesia de Santo Tomé

展示葛雷柯的名畫

受了阿拉伯建築影響，採用穆德哈爾式建築的教堂。在裡面展示了艾爾·葛雷柯的最高傑作之一《歐貴茲伯爵的葬禮》。

`data` 🚶索科多佛廣場步行10分 🏠Plaza del Conde 4 ☎925-256098 🕐10時~18時45分（10月中旬~2月為~17時45分）🈚無 💶€2.50

⬆入口部份留有西哥德王國的設計

托雷多城堡 `觀光` `MAP` P114B1
Alcázar de Toledo

牢固的軍事要塞

在11世紀時，阿方索六世為了攻打托雷多而興建的軍事要塞。在卡洛斯五世時作為王宮使用，現在則是併設了軍事博物館及圖書館。

`data` 🚶索科多佛廣場廣場步行2分 🏠C. Union s/n ☎925-238800 🕐10~17時（截止入場為16時30分）🈚週三 💶€5（週日為免費）

⬆將近1000年前的建築物，存在感過人

`預習` **深愛托雷多的畫家 艾爾·葛雷柯**

誕生於1541年希臘的克里特島。在威尼斯學習繪畫後，在35歲時來到托雷多求職。爾後開始以宗教畫家身分活躍，在發表《歐貴茲伯爵的葬禮》後在畫壇建立穩固的地位。

購物

杏仁糖糕
→新月形的「Delicia」每200g€7.45
→以松子包裹著內餡的招牌「Piñon」每200g€9.90

鑲嵌工藝
⬆作工精巧的胸章€22

塔拉馬拉陶器
⬇可愛花朵圖紋的附蓋小碗（小）€20

Santo Tomé 〔MAP P114A1〕

托雷多的傳統糕點

將杏仁粉與砂糖混合捏成各種形狀的烘烤糕點。杏仁芳香的風味是它的特色。每一種都只有小指大小，非常易入口，也適合作為伴手禮。另外也有銷售馬卡龍等西點。

data ❌索科多佛廣場步行10分(本店) 🏠C.Santo Tome 3 ☎92-5223763 🕐9～21時 休無

→盒裝的Delicia，1盒約200g為€7.45

Damasquinado Ataujia 〔MAP P114A1〕

傳自大馬士革的工藝品

將金銀的箔紙或線鑲嵌進氧化鐵中，描繪出阿拉伯風格幾何圖案的美麗工藝品。因為傳自大馬士革（Damascus），因此被稱為Damasquinado。

data ❌索科多佛廣場步行5分 🏠Alfonso X El Sabio 2 ☎925-220819 🕐11～14時、16時30分～20時（週六·日為12～15時）休無

→店內陳列著時尚的作品

J.Serrano 〔MAP P114A1〕

傳承自19世紀的老店

這間店主要銷售的是發祥自托雷多近郊塔拉馬拉村的塔拉馬拉陶器。在店內的地下室陳列了各種陶器，畫面非常有震撼度。商品也提供海外寄送服務。

data ❌索科多佛廣場步行15分 🏠San Juan de Dios 16 ☎925-227535 🕐10時30分～19時（週日為～14時30分）休無

店舖使用的是11世紀的家屋⬆

美食

←鴨肉泥的杜隆糖（前）€16、烤乳豬（後）€20
⬇2、3樓是很有味道的迴廊

⬆店內以茶色統一，氣氛溫暖
→奶味濃郁的奶油燉野鷓鴣€17，以及鮭魚沙拉€10

Restaurante Locum 〔MAP P114B1〕

拉曼查地區的創意傳統菜色

在17世紀阿拉伯風格的美麗店內，享用以拉曼查地區的傳統菜色為基礎所製作的摩登西班牙菜。餐後一定要品嘗看看淋上百香果醬的杏仁糖糕！

data ❌索科多佛廣場步行5分 🏠C.de Locum 6 ☎92-5223235 🕐13時30分～16時、20時～23時30分 休週一的午餐、週二

La Orza 〔MAP P114A1〕

可以品嘗到高雅菜色的餐廳

這間拉曼查菜餐廳，就位在聖多默堂及艾爾·葛雷柯之家附近。推薦種類豐富的午餐（€25）。夏天在露天座位享用餐後酒也不錯。

data ❌索科多佛廣場步行15分 🏠C.de Descalzos Nº 5 ☎92-5223011 🕐13時30分～16時、20時30分～23時 休週日的下午

國營高級飯店的 **午餐**

位於可以俯看整個舊市區的高台處的Parador de Toledo，有非住宿者也可以使用的餐廳、咖啡廳。在露天座位可以瞭望太加斯河及整個城市。DATA→P140

←露台座位的迷人風景

世界遺產的美麗古都

塞哥維亞

Segovia 世界遺產

MAP 別冊P2A2

塞哥維亞位在馬德里西北方約90km的位置。在卡斯提亞王國時代曾經是重要都市，觀光景點有古羅馬水道橋，及被稱為「教堂中的貴婦人」的塞哥維亞大教堂等。

Access 從馬德里的CHAMARTIN站搭乘AVE至SEGOVIA AV站約30分車程。1天有16班。

觀光重點 被城牆圍繞的舊市區的入口處為古羅馬水道橋。舊市區的起點為主廣場。移動方式基本上為步行。因為坡道及石板路很多，最好穿著好走的鞋子。

Information ℹ️觀光服務處
MAP P117C2
🏠Pl.Azoguejo 1 ☎921-466720
🕐10～19時(10～3月為～18時30分) 休無

觀光

古羅馬水道橋
MAP P117C1
Acueducto Romano

全長700m的世界遺產

連同舊市區一同被登錄為世界遺產的水道橋，是西元前1世紀由古羅馬人所建造，完全未使用任何黏著劑，只用石塊堆積而成。

data 🚶主廣場步行10分
link →P13

←到約半世紀前還實際使用的水道橋

觀光

塞哥維亞城堡
Alcázar
MAP P117A2

電影《白雪公主》中城堡的原型築城於11世紀，在15世紀改建為王宮。尖塔和穆德哈爾式的天花板裝飾給人深刻印象。

data 🚶主廣場步行5分
🏠Plaza de la Reina Vicotria Eugenia, s/n ☎921-460759 🕐10～19時(10～3月為～18時、僅10月的週五・六為～19時) 休國定假日前一天14時～ 💰€5(登塔另需€2)、語音導覽另需€3(有中文)

↓登上尖塔可欣賞市區的絕美風景

寬60m、長則有105m。城堡的輪廓相當美麗

觀光

塞哥維亞大教堂
Catedral
MAP P117B2

歷經200年以上才完工

西班牙最新的哥德式建築的大聖堂。從16世紀開工，花了200年以上才完成。

data 🚶主廣場步行即到 🏠Plaza Mayor, s/n ☎921-462205 🕐9時30分～18時30分(11～3月為～17時30分) 休無 💰€3(週日13時前為免費、登塔另需€5)、入場費+登塔為€7(10時30分、12時30分、16時30分起入場)

美食

Limón y Menta
MAP P117B2

走累了就來小憩一下

面對著主廣場的甜點店兼咖啡廳。在店內可以享用傳統糕點等甜點，以及咖啡€1.30。

data 🚶主廣場步行即到 🏠Isabel La Católica 2 ☎921-462141 🕐9時～20時30分(週六・日為～21時) 休無

→加了杏仁粉的西點Merlitones €2(前方左)、以蛋黃及砂糖製作的Yema de Segovia €0.05(前方右)

塞哥維亞

Parque de San Juan de la Cruz
Zuloaga Museum
埃雷斯馬河 Río Eresma
聖十字修道院
Paseo de Santo Domingo de Guzmán
San Sebastian Church
古羅馬水道橋 P13・117
Acueducto Romano
🅗Exe Casa de Los Linajes
● Limón y Menta P117
郵局
觀光服務處
Torreón de Lozoya
Hotel Sercotel
Pl. Mayor
🅗 Infanta Isabel
珍藏之門 Valarde
Calle del Marqués del Arco
塞哥維亞大教堂 P117
Catedral
Juan Bravo
Av. de Fernández Ladrecto
塞哥維亞城堡 P117
Alcázar
Pl. de la Merced
判事的宅邸
Po. de Ronda
舊猶太人區
Pl. de la Reina Victoria Eugenia
Pl. de los Hoyos
Río Clamores
往賽哥維亞站
Cuesta de los Hoyos
Church of Saint Millán

小專欄

小專欄 唐吉訶德的世界
拉曼查地區

La Mancha

MAP 別冊P2A2-B2

荒涼的大地襯托著
藍色天空，在當中屹立著
白色的風車。
這就是拉曼查地區
獨有最西班牙的景色。
與賽凡提斯小說
《唐吉訶德》的故事情節
一起漫步在這個充滿魅力
的地方吧。

➡風車現在幾乎都
沒有運行

CHECK這個城市!

坎波德克里普塔納
Campo de Criptana

做為小說《唐吉訶德》的舞台而聞名的城市。在
山丘上現在也留有幾座白色風車。有風車的城市
中，這裡是唯一可以搭乘火車到達的地方，從車
站到風車約需步行20分鐘。出車站後向左走，之
後跟著標誌就會到達。

觀光服務處
☎92-6563931
🕐10～14時、16時30
分～19時（夏季的下午
為17～19時）休週日的
下午

孔蘇埃格拉
Consuegra

位在山丘山麓的小城市。在
山丘的山脊上有數座風車和
古城美麗林立著。山丘的視
野很好，可以清楚看到相鄰
的城市。如果有時間的話，
下了山丘到葡萄田中的道路
散步放鬆心情也很有趣。

觀光服務處
☎92-5475731 🕐9～14時、
15時30分～18時（週六·日為10
時30分～、6～9月的下午為16
時30分～19時）休無

👆紅色大地、綠色葡萄
田、白色風車，讓人印象
深刻

小説
《唐吉訶德》
在說什麼？

幻想自己是勇敢騎士的初老男性唐吉訶德，騎著瘦馬羅
西南特，為了尋找仰慕的達辛妮亞公主旅行於拉曼查地
區的故事。是作者米格爾·德·賽凡提斯（1547～
1616）在1605年發表的小說，他嚴苛地描寫人類真實與
現實的手法，成為近代小說的出發點。

ACCESS 交通

在馬德里的ATOCHA站搭乘火車，約1小時30分即可到達觀
光的據點ALCAZAR DE SAN JUAN。建議以此為據點開車
前往各個村莊。有風車的城市以坎波德克里普塔納與孔蘇埃
格拉最為有名，到坎波德克里普塔納車程約10分，到孔蘇
埃格拉車程約25分。

唐吉訶德的銅像
➡在坎波德克里普塔納的草原還有

拉曼查

馬德里
Madrid

阿蘭胡埃斯
Aranjuez

托雷多
Toledo

康吉德惠喜楼
La Venta del Quijote

埃爾托沃索
El Toboso

莫塔德爾庫埃爾沃
Mota del Cuervo

孔蘇埃格拉
Consuegra

N

普埃布拉拉皮塞
Puebla de Lápice

坎波德克里普塔納
Campo de Criptana

阿爾加馬西利亞德阿爾巴
Argamasilla de Alba

雷阿爾城
Ciudad Real

阿爾卡薩爾德聖胡安
Alcazar de San Juan

阿爾馬格羅
Almagro

Andalucía

白色家居綿延的米哈斯
(→P136)

（了解整個城市）

安達魯西亞區域Navi

強烈的太陽光、褐色的大地、山間的白色村莊，西班牙南部的安達魯西亞給人這樣的印象。
雖位在歐洲，但曾經盛極一時的伊斯蘭文化也留下了強烈的影響。

| 基本資料 | （首府為塞維亞）
人口…約840萬人（2014年）
面積…約87268km² | 行程計畫的要訣 | 安達魯西亞觀光的起點為塞維亞。搭乘高速鐵路AVE，從馬德里出發只要2小時30分就會到達，飛機班次也很多。從塞維亞前往哥多華、格拉納達搭乘火車及巴士都很方便。 |

1 格拉納達
Granada
MAP 別冊P2A3 ➡P122

伊斯蘭帝國的滅亡地點就是在格拉納達。這裡有阿爾罕布拉宮、舊市區的阿爾拜辛地區，及購物街阿拉伯市集等，現在仍留有不少伊斯蘭時代的史跡。

Check!
●阿爾罕布拉宮（➡P124）
●阿爾拜辛地區（➡P123）
●格拉納達大教堂（➡P123）

➡阿爾罕布拉宮為安達魯西亞最大景點

2 哥多華
Córdoba
 ➡P128
MAP 別冊P2A3

因為是8世紀中期到11世紀初的首都而興盛的古都。融合了伊斯蘭教清真寺與天主教聖堂的哥多華清真寺，以及白色家屋林立的舊猶太區等，充滿了必訪的景點。

Check! ●哥多華清真寺（➡P129）
●王宮（➡P130）
●舊猶太區（➡P130）

←哥多華清真寺內馬蹄型拱門與支撐拱門的排狀圓柱

快速讀解安達魯西亞交通

塞維亞到哥多華之間、哥多華到馬拉加之間有快速鐵路AVE運行，因此移動很方便。除此之外搭火車的話還有AVANT及ALTARIA，或是以巴士為基本的移動方式。班次視季節而異，要事先作確認。

格拉納達➡哥多華	搭乘AVANT約2小時30分，搭乘巴士為2小時30分～4小時10分
格拉納達➡塞維亞	搭乘地方快車3小時10分～3小時20分，搭乘巴士3小時～4小時30分
格拉納達➡馬拉加	搭乘巴士1小時30分～2小時20分
哥多華➡塞維亞	搭乘AVE約45分，搭乘巴士約1小時45分～2小時
哥多華➡馬拉加	搭乘AVE約1小時，搭乘巴士2小時25分～3小時
塞維亞➡馬拉加	搭乘AVANT約2小時，搭乘巴士2小時45分～4小時

葡萄牙

哥多華 ②

安達魯西亞

賽維亞

哈恩

卡爾莫納

蒙特夫里奧

格拉納達

馬拉加

③

⑤ 馬拉加

內華達山脈

夫里希利亞納 ⑨

龍達 ⑥

阿爾梅里亞

米哈斯

托雷莫利諾斯

韋爾瓦

赫雷斯·德拉弗龍特拉

加的斯

卡薩雷斯

馬貝拉

內爾哈 ⑧

地 中 海

太陽海岸

大 西 洋

阿爾赫西拉斯

直布羅陀(英國領土)

直布羅陀海峽

丹吉爾

摩洛哥

↓世界三大大聖堂之一

③ **塞維亞**
Sevilla　➡P132

MAP 別冊P2A3

安達魯西亞的中心都市。在大航海時代蓬勃發展，於16～17世紀時優秀的藝術家輩出。除了歷史性的建築物外，因為鬥牛、佛朗明哥也很活絡而有很多景點。

Check!　●塞維亞大教堂(➡P133)　●王宮(➡P134)　●聖十字街(➡P135)

太陽海岸
Costa del Sol

長達300km的地中海沿岸度假勝地，充滿了熱鬧的度假遊客。

④ **米哈斯** Mijas　➡P136

MAP 別冊P2A3

位在米哈斯山麓的村莊。家家的白色牆壁綿延不絕。搭乘這種特有的驢子計程車觀光也很有人氣。

⑤ **馬拉加** Málaga　➡P137

MAP 別冊P2A3

太陽海岸入口處的度假勝地。在遊步道上有茂密的熱帶植物。

⑥ **龍達** Ronda　➡P138

MAP 別冊P2A3

位在山區的溪谷城市。斷崖峭壁及岩石等，壯觀的景觀讓人感動。

⑦ **卡爾莫納** Carmona　➡P139

MAP 別冊P2A3

位在塞維亞東方約40km的城市。在周圍平原盛開的向日葵花田為觀光景點。

⑧ **內爾哈** Nerja　➡P139

MAP 別冊P2A3

位在馬拉加東方60km處，是岩岸上的城市。長長的海岸線皆是美麗的岩岸。

⑨ **夫里希利亞納** Frigiliana　➡P139

MAP 別冊P2A3

延續自伊斯蘭時代的白色家屋，棟棟相連的美麗風景很有魅力。

接觸
伊斯蘭建築

伊斯蘭統治時期的建築物仍保存在安達魯西亞地區中。獨特的設計值得注目。

|裝飾伊斯蘭建築裝飾的特色，是使用幾何圖形、植物、阿拉伯文字的文字裝飾等。有很多是外觀簡單，但內部裝飾卻很豪華。

飾
稱
為
伊
鐘
斯
乳
蘭
形
建
飾
築
的
獨
裝
特
的

|拱門馬蹄型或多拱門型等，多變的拱門也是伊斯蘭建築的特色。尤其是在哥多華的哥多華清真寺可以看到各種形狀的拱門。

➡很有存在感的多拱門型雙層拱門

瞭解更多的
Key Word

清真寺
伊斯蘭教進行禮拜的設施。包括有祈禱用的空間和壁龕等設施。

壁龕
設置在牆壁上的凹洞，用來表示伊斯蘭教徒進行祈禱的麥加的方向。

宣禮塔
清真寺內的高塔，目的為通知人們祈禱的時間。以前是登到塔上以人工呼喊。

庭園
重現了伊斯蘭教徒的天國、雲上的樂園，特色是有水路、花朵、果實。

安達魯西亞

伊斯蘭帝國最後的首都

格拉納達 Granada

MAP 別冊P2A3

世界遺產

格拉納達是伊斯蘭時代最後的納扎里王朝的首都。
現在也有許多伊斯蘭文化的史跡散佈其中。

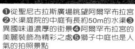

❶從聖尼古拉斯廣場眺望阿爾罕布拉宮❷水渠庭院的中庭有長約50m的水渠❸異國味道濃厚的街景❹阿爾罕布拉宮的美麗裝飾為精彩之處❺獅子中庭也是人氣的拍照景點

Point.1

阿爾拜辛地區的聖尼古拉斯廣場有著絕佳眺望景色，是可以一望阿爾罕布拉宮的地點。

←巴士班次很多，移動方便

觀光ADVICE

活用阿爾罕布拉巴士吧！

連接市中心與阿爾罕布拉宮、阿爾拜辛地區有「阿爾罕布拉巴士」。車資為€1.20。
商店、咖啡廳大多位在雷耶斯卡多麗斯大道的周邊。

←在市區中心往來的熱鬧人群

格拉納達

往格拉納達站

Cerámica Elvira P127
阿爾拜辛地區 P123 Albaicín

Iglesia de San José

Calderería Nueva 新阿拉伯大道

Kasbah P126

往聖尼古拉斯廣場

阿拉伯浴場遺跡

Carrera del Darro 達羅河

Río Darro

El Caramelo P127

P123格拉納達大教堂 Catedral de Granada

新廣場 Pl. Nueva

Pl. Santa Ana 廣場

觀光服務處

皇家禮拜堂 Capilla Real P123

Pl. de Bib-Rambla廣場

P126 阿拉伯市集

C. Reyes Católicos

Pl. Isabel la Católica廣場

Bar Provincias P126

P11、124 阿爾罕布拉宮 La Alhambra

Cuesta de Gomérez

石榴門

往Parador de Granada

Manuel Morillo Castillo P127

阿爾罕布拉 ALHAMBRA

雷耶斯卡多麗斯大道

市公所

Puerta Real小廣場

BBVA銀行 觀光服務處

郵局

Pavaneras Santa

Point.2

新廣場為觀光客的關鍵地點，是阿爾罕布拉宮等景點的中心據點。

Ángel Ganivet

San Matías

Navas

La Chicota P127

Los Diamantes II P127

Pl. Campillo 廣場

Pl. de Mariana Pineda廣場

Monte Carlo H

Santo Domingo Church

Casa Ysla P126

El Corte Inglés

P140

200m

N

C. de San Jerónimo

C. de Elvira

Gran Vía de Colón

Castillejos San Agustín

C. de Obispo

Pl. de la Trinidad 廣場

C. del Buen Suceso

C. La Paz

C. Alhandiga

Mesones

Pl. de la Romanilla 廣場

C. Recogidas

C. de San Antón

Acera del Darro

Cdo de San Antón

A B C

享樂格拉納達
Key word **5**

Access	Information

從馬德里的ATOCHA站搭乘ALTARIA約4小時30分～。從巴塞隆納則是搭乘Trenhotel約11小時(→P146)。從塞維亞搭乘地方快車約3小時10分～3小時20分,或搭乘巴士3小時～4小時30分(→P120)。

🏠 市公所附近 觀光服務處　MAP P122A2
🏠 Plaza del Carmen, s/n 📞958-248280
🕐 10～20時(週日為～14時) 🚫12月24日

🏠 新廣場附近 觀光服務處　MAP P122C2
🏠 Santa Ana 4 Bajo 📞958-575202
🕐 9時～19時30分(週六・日為9時30分～15時) 🚫無

1Day 經典行程

8:30 阿爾罕布拉宮 (→P124)
上午入場的門票可以滯留較久較划算。門票建議先預約。中午可以在腹地內的國營高級飯店用餐。
↓ 巴士15分

14:00 阿拉伯街&阿拉伯市集 (→P126)
在飄散著阿拉伯氣氛的街道上散步。過去在伊斯蘭統治時代曾是市場,現在則有銷售伊斯蘭風格商品的商店林立。
↓ 步行3分

16:00 格拉納達大教堂 (→P123)
歷經180年才建造完成。混合了哥德式建築與文藝復興建築。裝飾了豪華雕刻的中央禮拜堂一定要看看。
↓ 步行即到

17:00 皇家禮拜堂 (→P123)
入口不太好找,但就位在格拉納達大教堂的旁邊。費爾南多二世等人豪華的墓地與祭壇上所裝飾的浮雕,也值得注目。
↓ 步行20分

18:00 阿爾拜辛地區 (→P123)
傍晚的聖尼古拉斯廣場,以及附近的聖薩爾瓦多教堂是人氣的觀光景點。人潮較少的時段要特別小心。
↓ 巴士20分

20:00 在小酒館享用晚餐
商店大多集中在新廣場及C. Navas上。只要點飲料就會免費附上小菜,是格拉納達的作風。

①阿爾罕布拉宮
La Alhambra

述說伊斯蘭時代榮華過往的宮殿。「阿爾罕布拉」在阿拉伯語中為「紅色城堡」的意思。因為面積廣大,可以花點時間慢慢參觀。

②阿拉伯的街景

在街道上依舊殘留有阿拉伯的風貌。宛如阿拉伯市集的新鍋爐大道,以及阿拉伯市集都可以逛一逛。

③招牌菜色

使用大量橄欖油是格拉納達菜的特色。蠶豆等蔬菜也很美味。人氣餐廳的話建議最好事先訂位。

④伊斯蘭伴手禮

最有名的是在伊斯蘭帝國時代擴展開來的手工工藝品。幾何圖形的拼木工藝品,或繪上植物圖案等的格拉納達陶器最有人氣。

⑤格拉納達式小酒館

格拉納達的作風是只要點飲料,就會免費附上1盤小菜。即便是同間店,有時點第2杯飲料時會附上不一樣的小菜。

預習格拉納達的歷史
歷史巡禮散步

格拉納達是西班牙最後的伊斯蘭帝國。13世紀時收復失地運動(由基督教徒再次征服伊比利半島的運動總稱)活絡化。在塞維亞、哥多華等伊斯蘭政權的都市陸續被基督教徒所統治,唯獨格拉納達因為地理因素和巧妙的對外政策,成功地避免了被征服。一直到15世紀後半才被攻陷。

MAP P122C1
❀白牆街景給人深刻印象的世界遺產
阿爾拜辛地區 Albaicín
世界遺產

留有伊斯蘭統治時代的白牆街景的地區。因為歷史悠久,有很多石板的小路。
data 🚌新廣場搭乘巴士15分

MAP P122B2
❀天主教雙王長眠的聖祠
皇家禮拜堂 Capilla Real

後期哥德式建築。值得注目的是聖祠鮮豔的裝飾。
data 🚌新廣場步行5分 🏠Oficios s/n
📞958-227848 🕐10時15分～13時30分、16時～19時30分(週日為11時～13時30分、14時30分～18時30分,國定假日為11時～13時30分、16時～19時30分)※視季節而異 🚫無 💰€4

↑從聖尼古拉斯廣場眺望的極佳景色

↑過去曾是伊斯蘭教徒的住宅區

MAP P122B1
❀混合兩種建築樣式的聖堂
格拉納達大教堂 Catedral de Granada

興建始於1523年,歷時約180年才完成的大教堂。混合了哥德及文藝復興的兩種建築樣式。中央禮拜堂內有高度45m的圓形屋頂,相當美麗。
data 🚌新廣場步行5分 🏠Gran Vía de Colón 5
📞958-222959 🕐10時15分～18時45分(週日為16時～)※視季節而異 🚫無 💰€4

阿爾罕布拉宮

La Alhambra MAP P122C2

世界遺產

這座華麗宮殿從13世紀前半開始建造，花了約170年才完成。
納扎里王朝的歷代國王都居住在這裡。
精緻的雕刻及色彩鮮艷的磁磚等，極致奢華的工藝，
都可以看出伊斯蘭藝術的精華。

攻略ADVICE

門票購買方法

事先預約／到參觀日前一天為止可透過網路進行預約。需輸入信用卡資料，付款也需使用信用卡。購票後不可退票。門票的領取時間是到預定進入王宮的前1小時截止，於入口旁的領票處領取。領票時需要出示預約時使用的信用卡（正本）。 URLwww.ticketmaster.es（手續費為€1.40。預約時從信用卡直接扣款）

購買當日票／隊伍總共分成兩列，若要購買當日票請排在「VENTADIRECTA」的這個隊伍裡。因為每天的入場人數都有一定的限制，最好能在8點開始賣票的時候就到達現場。

巡禮方法

需要購買門票的景點為王宮、阿卡紮堡壘、赫內拉利費宮。王宮必需在購票時選擇的時間進場。例如門票上寫了10時，就必須在10時進入王宮。

阿爾罕布拉宮 La Alhambra

data ⊠科隆格蘭維亞大道搭乘30路巴士約15分 ⓐReal de la Alhambra s/n ☎958-027971 ⏰8時30分～20時（夜間開放為週二～六的22～23時）。冬季（10月15日～3月14日）為8時30分～18時（夜間開放為週五·六的20時～21時30分）※售票時間為8～20時（冬季為～18時）、21時～22時30分（冬季為19時～20時45分）⏱無 ⓔ€14（夜間宮殿為€8）

必看！王宮大解剖！

梅斯亞爾廳中庭 Ⓐ
Patio del Mexuar

牆面鋪滿色彩鮮艷的磁磚，以及以磁磚拼成精巧圖樣的中庭。在地板中央還有個圓形的大理石噴水池。仿造自塞維亞王宮的佩德羅一世宮殿立面。

香桃木院 Ⓑ
Patio de los Arrayanes

寬廣的中庭被柱廊環繞著。中央有長34.7m、寬7.15m的池塘，在兩側的花圃栽種了淡紅色的香桃木。

CHECK 科瑪萊斯塔的正面映照在池塘水面上 ⓐ，是人氣的拍照景點

阿爾罕布拉宮的構造是這樣！

王宮 Palacios

需時2小時

阿爾罕布拉宮最大的看點。內部除了國王的居住空間外，也有清真寺、市場、浴場等，宛如一座小型城市。

赫內拉利費宮 Generalife

需時1小時

建造於1319年，曾經是王族夏季的別墅。主要景點是有美麗拱門型噴水池的「水渠庭院」。

阿卡紮堡壘 Alcazaba

需時1小時

為了防範基督教徒軍的攻擊，建於13世紀中期的堡壘。是宮殿內最古老的建築物。

卡洛斯五世宮殿 Palacio de Carlos V

需時30分

位在王宮旁的文藝復興建築式宮殿。在收復失地運動結束後的卡洛斯五世（卡爾一世）的時代所建造。在建築物內部有美術館及博物館。

兩姐妹廳 D
Sala de Dos Hermanas
面對中庭的2層樓夏季住居。以伊斯蘭建築裝飾的天花板讓人嘆為觀止。名稱的由來是取自舖在地板上的2塊大理石。

> **CHECK** 天花板的裝飾被稱為「Muqarnas」，是伊斯蘭建築獨特的裝飾。雕刻成鐘乳石的形狀。

使節廳 Salón de los Embajadores C
宮殿中最大的空間，有約121㎡之大。過去諸位外國大使晉見國王時，或正式儀式時都在這裡進行。背側中央牆壁上的凹洞是國王的寶座。牆面上美麗的圖案值得注目。

科瑪萊斯塔
Torre de Comares
C
使節廳
理髮師塔
Peinador de la Reina
A
梅斯亞爾廳中庭
F
大浴場
D
兩姐妹廳
桃金孃木院
E
獅子庭院
a
b
G
阿本莎拉赫廳

獅子庭院 E
Patio de los Leones
在中庭裡重現的是樂園的景色。124根白色大理石柱並排而立，在中間有12頭白色大理石獅圍繞著噴水池。

> **CHECK** 在拍照點 **b** 可將獅子像和灰泥雕飾拍進同一張照片裡，但可能需要排隊等候

大浴場 F
Baño de Comares
伊斯蘭教徒在祈禱前必須淨身，因此是對伊斯蘭教徒來說很重要的空間，在過去是還有樂團現場演奏來迎接客人的豪華浴場。

阿本莎拉赫廳 G
Sala de los Abencerrajes
當時國王因為貴族阿本莎拉赫的陰謀而大怒，據說是在這個房間裡處決了阿本莎拉赫家族的男性。

> **CHECK** 據說水盆中殘留的紅色污漬是當時的血跡

還有哦！+α 的期待

1 夜間點燈！
王宮及卡洛斯五世宮殿夜間也開放參觀。也會進行點燈，可以看到和白天不一樣的夢幻般景象。

2 在國營高級飯店小憩
在腹地內有國營高級飯店（→P140），餐廳提供輕食及飲料。從露天座位也可以看到赫內拉利費宮。

3 購買周邊商品
除了售票處外，在腹地內也有多處可以購買到周邊商品的商店。在參觀的空檔中可以來逛逛。

2 阿拉伯的街道

在新鍋爐大道周邊及格拉納達大教堂附近的阿拉伯市集，是可以感受阿拉伯氣氛的地區。在小巷裡一間接著一間的阿拉伯風咖啡廳及伴手禮店，都散發著異國風味。

→阿拉伯茶具組€30

↑可愛的摩洛哥拖鞋€10

←一樣小巷裡就像市場

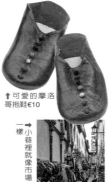

↑→異國風的雜貨商品充滿整條小巷

↑各種茶類€2.80～、阿拉伯點心1個€1.60

阿拉伯市集 MAP P122A2

來挖寶阿拉伯的商品！

過去在伊斯蘭時代曾為絹布市場，現在則是皮革製品及披肩等雜貨店林立。窄狹巷內商店緊緊相鄰，就好像是阿拉伯的市集一樣。

data 🚶新廣場步行7分 🕐10～21時左右 🈲視店舖而異

Kasbah MAP P122B1

在這裡放鬆地來段阿拉伯式的小憩

這間Teteria（茶館）就位在林立的阿拉伯商店當中的一角。昏暗的室內所散發出的空氣是阿拉伯的香氣。除茶類之外蛋糕及糕點種類也很豐富。

data 🚶新廣場步行4分 🏠C.Calderería Nueva 4 📞958-227936 🕐12時～翌2時 🈲無

---

3 著名菜色

大量使用橄欖油及蠶豆等蔬菜的菜色就是格拉納達名產。

Casa Ysla MAP P122A3

店主的原創蛋糕很有人氣

為記念羅馬教宗庇護九世即位，由店主所發明的小型蛋糕Pionono有著不錯的評價。是將捲狀的海綿蛋糕浸泡在糖漿中，與咖啡（€1.20）相當對味。

data 🚶新廣場步行15分 🏠C.Acera del Darro 62 📞958-523088 🕐8時～21時30分 🈲無

Pionono
€1.10（1個）
←甜甜的口味，口感溼潤。另有6個組€7，12個組€12

蘆筍炒蛋
Huevos Estrellados con Espárrago €7
→使用的是於4～6月在格拉納達附近採收的蘆筍。非產季時會變更為一般的炒蛋

Bar Provincias MAP P122A1

受當地居民喜愛的熱鬧小酒館

由前足球選手Jorge所經營的人氣小酒館。點飲料時附上的小菜，種類豐富且都是以新鮮食材製作。一整天都擠滿當地饕客，熱鬧不已。

data 🚶新廣場步行6分 🏠Provincias, 4 📞958-252057 🕐13～16時、20時30分～24時 🈲週日、12月24日

海鮮燉飯
Paella
←點飲料時附上免費的海鮮燉飯。其他的餐點內容則由店員決定

Key word 4

伊斯蘭伴手禮

幾何圖形的拼木工藝、繪有植物與鳥圖案的陶器等，留有濃厚的伊斯蘭統治時代色彩的工藝品正是格拉納達的名產。

↑全都是獨一無二的手工商品
←店長會仔細幫忙包裝

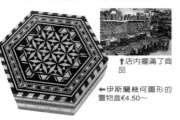

↑店內擺滿了商品

←伊斯蘭幾何圖形的置物盒€4.50～

推薦商品是當季水果和水果乾

/100g 開心果 €3.50

Manuel Morillo Castillo

MAP P122B2

由工匠手工製作的傳統工藝店

位在戈梅雷斯大道上的手工工藝品店兼工坊。因為全部都是由工匠手工製作，所以商品獨一無二。亦提供海外寄送服務。

data 從新廣場步行5分
Cuesta Goméréz 20 958-225715
10～21時(10～4月為～20時) 休無

El Caramelo

MAP P122A1

享受豐富食材與氣氛！

從1925年延續至今的老店，提供當地新鮮的蔬菜、水果，以及水果乾等。店員的食材知識相當豐富。

data 從新廣場步行10分 Plaza de la Romanilla 21 958-260140
7～14時 休週日

Cerámica Elvira

MAP P122B1

純樸的格拉納達陶器專賣店

在這裡可以購買到各種尺寸的格拉納達陶器。小缽€1.20～有多種圖案，最適合作為伴手禮。

data 從新廣場步行7分
C.Elvira 30 958-228849 10時30分～13時30分、17時30分～20時 休8月、週日、週六不定期店休

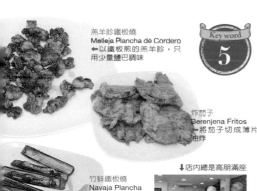

嵦羊胗鐵板燒
Melleja Plancha de Cordero
←以鐵板煎的嵦羊胗，只用少量鹽巴調味

炸茄子
Berenjena Fritos
←將茄子切成薄片油炸

竹蟶鐵板燒
Navaja Plancha
←散出海洋香氣的竹蟶鐵板燒

↓店內總是高朋滿座

Key word 5

格拉納達式小酒吧

只要點飲料就會免費附上小菜，這就是格拉納達式的小酒館。多吃幾盤就會就飽了。

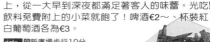
↓一整天都充滿活力的店面

西班牙式烤雞肉
Fajita de Pollo
→雞肉以薄餅包裹的爐烤餐點

蕃茄冷湯
Salmorejo
↓冷製蕃茄湯

La Chicotá

MAP P122A3

方便又時尚的小酒館

位在小酒館聚集的C.Navas上，從一大早到深夜都滿足著客人的味蕾。光吃點飲料免費附上的小菜就飽了！啤酒€2～、杯裝紅、白葡萄酒各為€3。

data 從新廣場步行10分
C.Navas 20 958-220349
6～24時 休無

Los Diamantes Ⅱ

MAP P122B3

新鮮食材的飽足感動！

當地居民不分男女老幼都會來訪的餐廳。賣點為新鮮的食材，尤其是海鮮餐點。飲料類有啤酒€2、杯裝紅葡萄酒€2.50～、白葡萄酒€2.50～。

data 從新廣場步行12分 Calle Rosario 12
619-787828 13～16時、20時30分～23時30分
休週日的晚上、週一、8月、12月24日

安達魯西亞 格拉納達

安達魯西亞

伊斯蘭文化興盛的烏麻耶王朝首都

哥多華 Córdoba

MAP 別冊P2A3　世界遺產

哥多華是安達魯西亞的第三大城市。從8世紀中到11世紀初，因為是後烏麻耶王朝的首都而繁榮的古都。世界遺產的哥多華清真寺及白色家屋林立的舊猶太區等，可以一瞥伊斯蘭時代的遺跡。

❶建造在清真寺中央的大教堂❷在王宮內的庭園❸哥多華清真寺的金色壁龕與強調圓頂狀壁龕的祈禱室❹像是迷宮一樣交錯的舊猶太區

哥多華

享樂哥多華
Key word 5

❶ 哥多華清真寺
Mezquita
花了約240年才完成的世界最大清真寺。也被登錄為世界遺產。

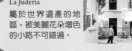

❷ 基督教君主城堡
Alcázar de las Reyes Cristianas
哥德式建築的城堡，現在作為博物館使用。寬敞又美麗的阿拉伯式庭園，值得一看。

❸ 舊猶太區
La Judería
屬於世界遺產的地區，被美麗花朵增色的小路不可錯過。

❹ 傳統菜色
以番茄為基底的冷湯Salmorejo及燉牛尾是著名菜色。

❺ 哥多華名產
名產為金銀、皮革工藝品。在舊猶太區裡有很多銀製工藝品店。

Point.2
從市中心的坦蒂里亞斯廣場到哥多華清真寺步行約10分。

Point.1
觀光景點都集中在哥多華清真寺周邊，可步行遊覽。

Access

從馬德里的ATOCHA站搭乘AVE約1小時50分。從巴塞隆納搭乘AVE（無需轉車）約4小時40分（→P146）

Information

勝利廣場附近 觀光服務所　MAP P128A2
Plaza del Triunfo
957-355179　時9時～19時30分（週六・日、國定假日為9時30分～15時）休無

哥多華清真寺

世界遺產

Mezquita MAP P128B2

融合西洋與東洋之美

建造始於785年，花費了約240年才完成的世界最大清真寺，總面積廣達24000㎡。在收復失地運動後改建成為基督教的聖堂，是混合了不同的宗教及建築樣式的建築物。

data 交觀光服務處步行即到 住Cardenal Herrero I ☎958-225226 時10～19時(週日、國定假日為8時30分～11時30分、15～19時)※視季節而異 休無 費€8

安達魯西亞

哥多華

圓柱之森 A

Arco de los Bosque

支撐著馬蹄形拱門的是約850根圓柱。在伊斯蘭時代為進行祈禱的空間，隨著人口的增加，歷經200年不斷地擴建，而成為現在的模樣。

CHECK
柱子混合有不同建築樣式，可看見從羅馬時代遺跡搬來的柱頭

壁龕 Mihrab B

壁龕是以牆上的凹處來表示麥加的方向。裝飾了阿拉伯式花紋及阿拉伯文字，並刻有一節可蘭經。

CHECK
馬蹄形拱門及拜占庭馬賽克等，濃縮了當時的技術，可說是哥多華建築的頂點

教區
Puerta del Sagrario
壁龕 B Mihrab
Maksula
中央禮拜堂 Capilla Mayor 塞米蓋爾門
大聖堂 聖歌隊席 Coro
Catedral D
聖斯德望門
圓柱之森 A Arco de los Bosque
出口
Puerta de Santa Catarina
Puerta de las Palmas
橘子中庭 C Patio de los Naranjos
Puerta de Deanes
Aljibe de Almanzor
Puerta De Leche
售票處
贖罪門
贖罪塔

橘子中庭 C

Patio de los Naranjos

伊斯蘭教徒在祈禱前進行淨身的空間。

中央禮拜堂 D

Capilla Mayor

位在哥多華清真寺的中央。是基督教皇在1766年所興建，在中央有哥德式建築的橢圓形圓頂。因為歷經漫長的歲月才完成，所以可以看到哥德式、巴洛克式等各種建築樣式。

CHECK
外牆也不能錯過！

興建於855年的第一個城門，另外還同時存在著其他時代的城門。阿拉伯式花紋及幾何圖形等，美麗的伊斯蘭裝飾城門也值得注目。

贖罪門位在哥多華清真寺北側的基督教建築。門上已經過改裝而有裝飾

↑西側的外壁並排著不同設計的城門

←拱門上壯麗裝飾讓人深刻印象的聖米蓋爾門。門上為交叉形、兩側為多門型的拱門

預習哥多華的歷史
歷史巡禮散步

這個城市最繁華的是烏瑪耶王朝時代的10世紀。在阿卜杜拉赫曼三世統治之下，成為當時的首都。當時人口有100萬人，伊斯蘭寺院多達300座，是歐洲最發達的成市。爾後在1236年的收復失地運動再度被基督教勢力所征服。伊斯蘭勢力被費爾南多三世所驅逐，哥多華清真寺才增建成為天主教的聖堂。

Key word 2 基督教君主城堡
Alcázar de los Reyes Cristianos

MAP P128A2

擁有美麗阿拉伯式庭園的城堡

14世紀前半，在阿方索11世的命令下，建造了這座哥德式建築的城堡。也是哥倫布為了募集資金，晉見女王的地方。現在作為博物館使用，展示了羅馬時代的石棺及馬賽克作品。

data 🚍哥多華清真寺步行10分 🏠Plaza campo santo de los mártires s/n 📞957-420151 🕐8時30分~20時45分(週六為~16時、週日、國定假日為~14時30分)※視季節而異 💰週一~五€4.50(週二~五的8時30分~9時30分為免費。國定假日除外)

←↑美麗的阿拉伯式庭園不可錯過

Key word 3 舊猶太區
La Judería MAP P128B1

世界遺產

散步於滿是鮮花的小路中

這裡在13世紀到15世紀為猶太人居住的地區，整個地區都被指定為世界遺產。保留有猶太會堂等歷史建築，像是迷宮一樣的街道兩旁，可以看到傳統樣式的宅邸。也有很多稱為Filigrana的銀製工藝品店。 data 🚍哥多華清真寺步行3分

←像是迷宮一樣的花朵小路

白色牆壁襯得紅花更加美麗↑→

Key word 4 傳統菜色

炸肉卷和燉牛尾、蕃茄冷湯等都是傳統的哥多華菜色。餐廳和小酒館大多位在舊猶太區及哥多華清真寺周邊。

Casa el Pisto
MAP P128B1

當地饕客熱鬧滿座

位在建於1880年的典型安達魯西亞家屋中，氣氛超讚的小酒館。可以被當地居民圍繞著，享用傳統的地區菜色。

↑很有魅力的露天座位

data 🚍哥多華清真寺步行10分 🏠Plaza de San Miguel 1 📞957-470166 🕐12~16時、20~24時 💰週日、8月後半的20天、12月24日的下午

燉伊比利豬頰肉
Carrillada Ibérica€10.50
←蕃茄醬底，少肥肉的清爽口味

西班牙式普羅旺斯雜燴附荷包蛋
Pisto Con Huevo Frito€12
↓加了櫛瓜及洋蔥等豐富蔬菜

El Caballo Rojo
MAP P128B2

1963年創業的老店

除了當地的家庭菜色外，還可以品嘗到融合了西歐與伊斯蘭的莫差拉比菜。野味菜色也很有人氣。

朝鮮菜薊拌小蠶豆
Alcauciles con Habitas€17
→加了葡萄乾和松子，口味濃郁

data 🚍哥多華清真寺步行即到 🏠C.Cardenal Herrero 28 📞957-475375 🕐12時~16時30分、20~24時 💰12月24日

炸肉捲
Flamenquín de Lomo y Jamón€11
↓哥多華的招牌菜

Bodegas Mezquita
MAP P128B2

休閒風格的小酒吧

位在哥多華清真寺附近，備有40種小菜及60種葡萄酒。在這裡可以享用到哥多華菜。

data 🚍哥多華清真寺步行即到 🏠C.Céspedes 12 📞957-490004 🕐12時30分~23時30分(週五・六為~24時30分) 💰12月24日

白綠蕃茄凍湯
salmorejo blanquiverde en honor al Córdoba C.F.€3.30
↓味道來自鱈魚、水煮鷹嘴豆、麵包、牛奶等

Key word 5

哥多華名產

伊斯蘭幾何圖形的皮革製品及金銀工藝飾品等，都是代表性的哥多華伴手禮。異國情調的設計最適合作為伴手禮。

↓玻璃瓶有品味的排列著

Spicy Choc　MAP P128B1

香辛料就來這裡選！

裝在時尚外包裝的香辛料及巧克力，最適合作為伴手禮或贈禮了。也推薦香辛料的套組。

data　國哥多華清真寺步行12分　MAP C.Jesús y María 14　957-474679　時10時30分～14時、17時30分～20時30分(7·8月為10時30分～14時、18～21時)　休週日、12月24日、8月不定休

→可愛的香辛料套組 €15.50

←醬汁用香辛料 每種約€3左右

Baraka　MAP P128A2

充滿獨特的作品

店內陳列了哥多華的4位藝術家作品。皮革工藝品、陶器、金銀工藝飾品、繪畫等，有很多獨一無二的商品。

data　國哥多華清真寺步行4分　MAP C.Manríquez s/n　957-488327　時10～20時(5～9月為～21時)、12月24日為～17時　休無

↑各式各樣充滿個性的銀工藝品

↓安達魯西亞 哥多華

←阿拉伯風格的銀與銅手環 €35.80

↑雅緻的銀與皮革手環€47.50

Asociación Cordobesa de Artesanos　MAP P128A2

當地工匠的傳統工藝品

在這裡銷售持續於當地活動的10位藝術家的作品。皮革、銀飾等傳統工藝品加入現代風格，嶄新的設計很有魅力。

data　國哥多華清真寺步行10分　MAP Judíos s/n　957-204033　時10～20時　休無

←時鐘的嶄新用色吸引人目光€53

→顏色鮮豔的小袋子€18.60（大）、€14.50（小）

Meryan　MAP P128B2

哥多華唯一的皮革壓印工藝店

在羊皮及山羊皮上以壓模壓上伊斯蘭幾何圖形的皮革工藝品。是哥多華特有的伴手禮，值得推薦。

data　國哥多華清真寺步行5分　MAP Calleja de Las Flores 2　957-475902　時9～20時(週六為～14時)　休國定假日不定期休

↓壓印了幾何圖形的盒子€54.90～300

→印了風景等圖案的杯墊，1個€3、6個組€17.40

還有哦！

推薦SPOT

◈又稱「庭院博物館」　MAP P128C1

維也納宮 Palacio de Viana

利用舊維也納侯爵的宅邸作為博物館，12個庭園是注目的焦點。在宅邸內也有展示16～18世紀的日常用品。

data　國哥多華清真寺步行20分　MAP Plaza de Don Gome 2　957-496741　時10～19時(7·8月為9～15時、週四為15時)　休週一　費€8只參觀庭園為€5)

←妥善照顧的庭院。讓人想在美麗的花季到訪

◈傳達歷史的要塞　MAP P128B3

卡拉奧拉塔 Torre de la Calahorra

佇立在羅馬橋頭的伊斯蘭時代的要塞。現在作為博物館使用，展示伊斯蘭時代的資料及復原的模型等。

data　國哥多華清真寺步行13分　MAP Puente Romano s/n　957-293929　時10～14時、16時30分～20時30分(10～4月為10～18時)　休無　費€4.50

←在塔頂上有瞭望台，可以一望整個舊市區

HOTEL in 哥多華

Hesperia Córdoba　MAP P128A3

位在瓜達幾維河邊的大型飯店。從屋頂上可以眺望哥多華清真寺的夜景。

data　國哥多華清真寺步行15分　MAP Av. Flay Albino 1　957-421042　費€50～　152室

安達魯西亞

大航海時代極度繁榮的華麗之都

塞維亞 *Sevilla* MAP 別冊P2A3

塞維亞是《卡門》《塞維亞的理髮師》的舞台，
也是安達魯西亞的首府。
16～17世紀時優秀的藝術家人才輩出。
也因為是鬥牛及佛朗明哥的發祥地而聞名。

①聳立在城市中心的吉拉達塔②塞維亞王宮的少女中庭
③幾乎全部的觀光景點都可以步行到達④城市中有不少
可欣賞佛朗明哥的小酒館⑤可愛的街景

Access

從馬德里的ATOCHA站搭乘往塞維亞的
AVE，車程約2小時30分。
從巴塞隆納則是搭乘往塞維亞的AVE（不
需轉車），車程約5小時30分（→P146）。

Information

ℹ 憲法大道 觀光服務處
MAP P128B2
🏠 Av. de la Constitutcion ☎954-
787578 🕒9時30分～20時30分（12月
24日、1月5日有時會提早閉館）休無 🅴

觀光ADVICE

搭乘馬車繞行吧

雖然塞維亞以徒步就可以走完，但搭
乘著名的馬車也是不錯的方式。市內
觀光景點遊覽為45分至1小時€45。
依季節車費會有變動。

優雅地搭
乘馬車遊
覽塞維亞

Point.1
以塞維亞大教堂
為散步起點就很清
楚。在聖十字街及
舊市區有許多景點。

往C. Aguilas站
C. Aguilas

佛朗明哥舞蹈博物館 P134
Museo del baile Flamenco

塞維亞大教堂(吉拉達塔) P13、133
Catedral de Sevilla(La Giralda)

El Colmo P135

聖十字街 P135
Barrio Santa Cruz

P134 Los Gallos

Sevillarte P135

塞維亞王宮 P134
Real Alcázar

Jardines del
Alcázar

阿方索十三世酒店 P135
Alfonso XIII

塞維亞大學
Universidad de Sevilla

Jardines del Prado
de San Sebasrián

西班牙廣場
Pl. de España

N 0 200m

C. de San Pablo
C. Arjona

新廣場
Pl. Nueva
Pl. San Francisco

瑪埃斯多蘭薩鬥牛場 P27
Plaza de Toros de la
Real Maestranza
C. Adriano

Oleo-le
P28、135

Meson
Serranito
P135

Paseo de Cristobal Colon

Canal de Alfonso XIII

C. de Betis

Hospital de la Caridad

Ig. de Santa Ana

黃金塔(海洋博物館) P135
Torre del Oro

Point.2
塞維亞是鬥牛的發
祥地，有1級鬥牛場
瑪埃斯多蘭薩鬥牛
場，也有不少狂熱
的鬥牛迷。

Pl. de Cuba
廣場

Palacio de
San Telmo

A B

塞維亞

享樂塞維亞 **Key word** ⑤

① 塞維亞大教堂
Catedral
耗費約100年才完成，是世界三大主教堂之一。

② 塞維亞王宮
Real Alcázar
在歷代國王反覆地改建下，混合了各種建築風格。

③ 佛朗明哥
塞維亞是佛朗明哥的發祥地。到佛朗明哥小酒館體驗熱度吧。

④ 著名菜色
來品嘗看看塞維亞式的三明治 Serranito 吧。分量很多。

⑤ 傳統伴手禮
推薦塞維亞陶器、佛朗明哥商品、安達魯西亞產橄欖油。

安達魯西亞

塞維亞

Key word ①

塞維亞大教堂（吉拉達塔）
Catedral de Sevilla (La Giralda)

世界遺產

↓到完成為止有多位建築師曾經參與

MAP P132B1

塞維亞的象徵地標

從1402年耗費約100年建造，是稀有的混合了哥德式及文藝復興式建築的大聖堂。在中央禮拜堂的主祭壇上，有耶穌誕生、受難等36個場面的浮雕。

data 图觀光服務處步行3分 图Avda. de la Constitución s/n ☎954-214971 圃11～17時（週一為～15時30分，週日為14時30分～18時）※視季節而異 圀進行特別彌撒時 圜€9

↓流轉於各地的哥倫布的靈柩

地圖

贖罪門
Puerta del Perdón

阿拉伯式噴水池

橘子中庭
Patio de los Naranjos

吉拉達塔 Ⓐ
La Giralda

聖安東尼奧禮拜堂
Capilla de San Antonio

帕洛斯門
Puerta de los Palos

聖佩德羅禮拜堂
Capilla de San Pedro

聖歌隊席
Coro

主祭壇 Ⓔ
Capilla Mayor

皇家禮拜堂
Capilla Real

哥倫布之墓 Ⓑ
Los Restos de Cristóbal Colón

牧師廳 Ⓕ
Sala Capitular

聖克里斯多福門
Puerta de San Cristóbal

Ⓒ Ⓓ

入口

聖物室 Ⓓ
Sacristía Mayor

聖器收藏室
Sacristía de los Cálices

吉拉達塔 Ⓐ
La Giralda
這座高94m的鐘樓，是由16世紀文藝復興建築改造而成。成為有伊斯蘭建築特色的城市地標。
→從塔上可以一覽整個市區

CHECK 塔上設置的風向儀為希臘神話中的雅典娜像。

哥倫布之墓 Ⓑ
Los Restos de Cristóbal Colón
據說哥倫布在發現新大陸後曾滯留在塞維亞。在1899年的美西戰爭結束後，靈柩才從古巴返還回這裡。

→在中央放置了聖體光座

聖物室 Ⓓ
Sacristía Mayor
神職者更衣用的房間。在中央祭壇上為Pedro Campaña的《基督降架》，在兩側牆壁有牟利羅的作品。

↑號稱世界最大主祭壇的裝飾牆面

主祭壇 Ⓔ
Capilla Mayor
由1000座以上的雕像及45座以上的浮雕重現了聖經中的情節，豪華的裝飾牆面相當震撼人心。

→正面放置了總主教座

↓由代表16世紀的建築師經手

聖器收藏室 Ⓒ
Sacristía de los Cálices
內部掛滿了塞維亞派畫家所繪製的宗教畫。尤其是不能錯過哥雅為了這座大教堂而繪製的《Santas Justa y Rufina》。也有聖杯及聖盆等收藏品。

CHECK 在地板上有米開朗基羅所設計的圖案。

牧師廳 Ⓕ
Sala Capitular
以浮雕等精采地裝飾的橢圓形房間。被稱為代表西班牙文藝復興時代的建築物。

Key word 2 塞維亞王宮 *Real Alcázar* MAP P132B2

世界遺產

將伊斯蘭建築精髓發揮到極致的豪華宮殿

經過歷代國王的增建與改建，在穆德哈爾式建築中混合了哥德式、文藝復興式等建築風格。最值得一看的景點是完成於14世紀的佩德羅一世宮殿。

data ⊗塞維亞大教堂步行3分 ⊞Patio de Banderas s/n ☎954-502324 ⊞9時30分～19時（10～3月為～17時）⊛無 ⊕€9.50（4～9月的18～19時、10～3月的16～17時為免費）※最多容納750人進場

娃娃中庭 Patio de las Muñecas

從天井窗戶灑下光線的中庭，是格拉納達工匠的作品。柱廊拱門上有灰泥的鏤空雕刻。

↓王族在冬天時作為住居使用

在19世紀王族們的私人空間。最頂層是

少女中庭 Patio de las Doncellas

環繞著中庭的建築物，1樓為14世紀的穆德哈爾式建築，2樓為文藝復興式建築。

佩德羅一世宮殿 A Palacio de Pedro I

建造期間為1364年～66年。為佩德羅一世的住居。在宮殿中央的有中庭（少女中庭），環繞著中庭有辦公室及住居室。

↑阿爾罕布拉宮的科瑪萊斯宮就是仿造這個立面

使節廳 Salón de Embajadores

此房間為宮殿中樞，佩德羅一世將它建造為宮殿內最豪華的房間。上部的圓屋頂的木工細緻工藝實為精采。

→細緻的圖案相當美麗

行婚禮

洛斯五世在1526年時在這裡舉卡

哥德宮殿 B Palacio Gótico

由卡斯提亞的阿方索10世所興建的宮殿。是奉基督教教皇之命興建的哥德式建築，排除了伊斯蘭的色彩。

↓有泉水的花園

由巴洛克建築改建而成的掛毯廳

庭園 Jardines C

在17世紀菲利浦三世的時代，由義大利建築師Belmondo Resta所造。特色是西洋式設計的7個大小庭園。

（地圖標示）
- 水池庭園
- 庭園 Jardines C
- 仕女庭園
- ショップ
- 出口
- 舞蹈庭園
- 哥德宮殿 B Palacio Gótico
- 特洛伊庭園
- 查爾斯五世天花板廳 Salón del techo de Carlos V
- 佩德羅一世宮殿 A Palacio de Pedro I
- 狩獵中庭 Patio de la Montería
- 娃娃中庭 Patio de las Muñecas
- 少女中庭 Patio de las Doncellas
- 加里拉庭園
- 商店 入口
- 王子寢室 Cuarto del Príncipe
- 獅子門 Puerta de León
- 花架庭園
- 使節廳 Salón de Embajadores
- 菲利浦二世天花板廳 Salón del techo de Felipe II

Key word 3 佛朗明哥

發祥自安達魯西亞的佛朗明哥，在塞維亞市內也有幾間可以欣賞佛朗明哥的小酒館，就來體驗一下吧。

佛朗明哥舞蹈博物館 Museo del baile Flamenco
MAP P132B1

近距離感受佛朗明哥

↓獨特的展示

用影像、聲音、立體展示、表演秀等，來介紹佛朗明哥的魅力。還有每天19時起的表演秀（1小時€20）及不定期的課程（付費）等。

data ⊗塞維亞大教堂步行6分 ⊞C.de Manuel Rojas Marcos 3 ☎954-340311 ⊞10～19時 ⊛無 ⊕€10（表演秀為€20，博物館+表演秀為€24）

Los Gallos MAP P132B1

優秀的舞者輩出

→充滿躍動感的舞台

位在聖十字地區內的老字號佛朗明哥小酒館。也因為年輕舞者較多，讓表演秀散發著無限的能量。庶民的氣氛也讓人感到自在。

data ⊗塞維亞大教堂步行10分 ⊞Pl. Santa Cruz. 11 ☎954-216981 ⊞表演秀為20時15分～22時、22時30分～24時15分 ⊛12月24日 ⊕附1杯飲料為€35～ link →P27

著名菜色

除了必吃的塞維亞著名菜色Serranito（塞維亞三明治）外，也可以在老字號的餐廳及當地高評價的小酒館享用安達魯西亞菜。

燉鬥牛尾
Cola de Toro€3.80
➡細心燉煮入味的牛尾

↓富時尚感的店內

安達魯西亞
塞維亞

Meson Serranito MAP P132A1

在這裡享用著名的塞維亞三明治！

純正鬥牛迷聚集的小酒館。在牆壁上一整面都是與鬥牛相關的裝飾品，在這樣的空間中以合理價格享受當地菜色。小菜為€2.50～（吧台席）。

data 塞維亞大教堂步行10分 C.Antonia Diaz 11 954-211243 9時30分～24時（週五・六為～24時30分）無

燉牛尾
Cola de Toro €10（桌椅席）
←充滿濃稠的膠質

↑店內擠滿了熱鬧的當地鬥牛迷

El Colmo MAP P132B1

輕鬆享受安達魯西亞菜

在小巧的店內，提供從招牌小菜到安達魯西亞菜的廣泛菜色。種類豐富的小菜也是€2.50～這樣合理的價格。夏天的話則推薦有舒服涼風的露天座位。

data 塞維亞大教堂步行3分 C.Conteros 11 954-213150 11時30分～24時30分 無

傳統伴手禮

色彩鮮豔的塞維亞陶器、高品質的安達魯西亞產橄欖油，都是塞維亞的人氣伴手禮。

←形狀很有個性的彩繪盤€32

↓有蓋置物盒€10

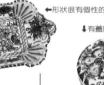

➡右／柑橘風味的EV橄欖油
Basilippo Aromas €9.80

左／口味均衡調和系列
O-Med Selección
€6（260㎖）

Sevillarte MAP P132B2

手繪圖紋陶器

著名塞維亞伴手禮塞維亞陶器的老店。使用淡色系、溫暖筆觸的圖案，全部都是藝術家親手繪製，是獨一無二的商品。

data 塞維亞大教堂步行3分 C.Vida 13 y 17 954-210391 10～18時（週六・日為～14時）國定假日為不定期休

Óleo-le MAP P132A1

種類豐富的橄欖油商品

除了橄欖油相關商品外，也銷售經過嚴選的西班牙食材，如葡萄酒、乳酪、巧克力等。店員們都擁有豐富的知識，非常可靠。

data 塞維亞大教堂步行5分 O.García de Vinuesa 39 954-210084 10時30分～14時、17時30分～21時（週六為11～14時、12月24日為～12時）週日 link →P28

還有哦！

推薦SPOT

❖錯綜複雜小路中的藝術 MAP P132B1

聖十字街 Barrio Santa Cruz

從費爾南多國王的收復失地運動到1492年猶太人放逐時期間，猶太人的居住區。氣氛很好的餐廳及商店，和百花綻放的陽台及中庭讓人印象深刻。

↑這裡也是當地居民的休憩處

聖十字街的小路

❖留存至今的海運歷史 MAP P132A2

黃金塔（海洋博物館）Torre del Oro

這棟12角形的塔，在過去是連接王宮與港口的軍事據點。位在瓜達幾維河畔，現在為海洋博物館。

data 塞維亞大教堂步行15分 Paseo de Colón s/n 954-222419 9時30分～18時45分（週六・日為10時30分～）無 €3（週一為免費）

在過去因為覆蓋著名的陶片，而有黃金塔的名稱

HOTEL in 塞維亞

阿方索十三世酒店

Alfonso XIII MAP P132B2

創業於1929年的老字號飯店，在附近是地標般的存在。大理石的中庭及馬塞克磚的牆壁等，飯店內讓人連想到阿拉伯宮殿的新穆德哈爾式建築也值得一看。

data 塞維亞大教堂步行5分 C.San Fernando 2 954-917000 €175～ €235～ 151室

沿著山坡開展的可愛白色山城

米哈斯 Mijas

MAP P2A3

位在可以一望地中海的米哈斯山麓中段的村莊。白牆的家屋一棟接著一棟，就好像是繪本裡的風景一樣，也因此一整年都吸引眾多觀光客前來。

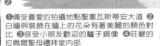

❶備受喜愛的拍攝地點聖塞瓦斯蒂安大道 ❷白牆與裝飾在牆上的花朵有著美麗的顏色對比 ❸很受小朋友歡迎的驢子銅像 ❹莊嚴的拉佩爾聖母禮拜堂內部

Access

從馬拉加搭乘巴士約1小時。1天有2~4班車。

Information

ⓘ 米哈斯 觀光服務處 MAP P136B1
🏠Plaza Virgen de la Peña 2 ☎952-589034 🕐9~19時(7~9月為~20時，六・日、國定假日為10~14時) 休12月24日

觀光重點

想拍攝可愛的風景的話，推薦主要道路的聖塞瓦斯蒂安大道及憲法廣場附近。稍微瞄一下旁邊的小路也很有趣。

↓每天都有眾多參拜者前來的禮拜堂

←從聖塞瓦斯蒂安教會延伸而上的道路

必看
BEST 3

MAP P136A1

👑 聖塞瓦斯蒂安大道
Calle San Sebastián

白牆家屋棟棟相連的細小道路，是風景名信片等常來取景的攝影景點。在白色牆壁上裝飾著顏色鮮豔的花朵，展現出美麗的色彩對比。

data 🚌巴士總站步行8分 🏠Calle San Sebastián

MAP P136B1

👑 拉佩爾聖母禮拜堂
Ermita de la Virgen de la Peña

據說是1656~82年之間，由加爾默羅會的修士雕刻岩石而成的洞窟禮拜堂。

data 🚌巴士總站步行4分 🏠Paseo El Compás ☎952-589034 🕐9~18時(夏季為~20時) 休無 💰免費

←觀眾席位在兩側，最上階的位子還可以看到城市的美景

MAP P136A1 👑 鬥牛場
Plaza de Toros

完成於1900年的鬥牛場。是世界上最小的鬥牛場，而接近四角形的形狀也很稀有。

data 🚌巴士總站步行10分 🏠Paseo de las murallas s/n ☎952-485248 🕐10~19時(夏季為~22時、週日為10時30分~18時) 休無 💰€4

C. Alegre
C. Málaga
↑往巴士總站
聖塞瓦斯蒂安大道
Calle San Sebastián
拉佩爾聖母廣場
Pl. Virgen de la Peña
🅿
WC
C. del Pilar
C. Carril
❶觀光服務處
郵局 P136
驢子計程車乘車處
Av. del Compás
C. Coín
C. Fuente del Algarrobo
憲法廣場
Pl. de la Constitución
Av. del Compás
P136 拉佩爾聖母禮拜堂
Ermita de la Virgen de la Peña
C. Cantera
C. Muro
❶鬥牛場 P136
Plaza de Toros
WC
C. Vistamar
N
0 100m
Camino de las Canteras
A B
米哈斯

👑 觀光ADVICE
米哈斯名產

驢子計程車

在石板路上緩慢前進的驢子計程車。1人乘坐時€10，附馬車(多人乘坐時)為€15，搭乘處就在觀光服務處前方。

→悠閒地感受城市的氣氛

安達魯西亞

太陽海岸的玄關
馬拉加 *Málaga* MAP 別冊P2A2

在伊斯蘭時代因為是地中海要衝而興盛，歷史悠久的城市。
現在是國際知名的度假盛地，有很多來自歐美的遊客。

❶靠近中段的海灘有很多外國觀光客 ❷馬拉加的街景。有種悠閒的氣氛 ❸在港口周邊可以散步或騎自行車

Access
從馬德里搭乘AVE，車程為2小時20分～50分。從塞維亞搭乘AVANT約2小時。或搭乘巴士，車程2小時30分～4小時15分。1天發9班車。

Information
🏠濱海廣場 觀光服務處 MAP P137B2
🏠Plaza de la Marina s/n 📞951-926020
🕐9～18時（夏季為～20時）🚫無 📱

觀光重點
以城市中心的濱海廣場為起點，從這裡到主要觀光景點約步行10～15分都可以到達。

↓在地下還有羅馬時代等的遺跡

←這個美麗的視野讓人不禁感動

↑入口處堅固的構造，可以看出當時的重要性

MAP P137C1

🏆1 希伯來法洛城
Castillo de Gibralfaro

在14世紀約瑟一世的時代，為了守衛阿卡紮堡壘而建造。從環繞的城牆上可以一望馬拉加的街景和地中海。

data 🚌濱海廣場搭乘計程車15分 🏠CMNO Gibralfaro 11 📞952-227230 🕐9～18時（夏季為～20時）🚫無 💰€2.20（週日的14時～為免費）📱

必看 BEST **3**

MAP P137B1

🏆2 畢卡索美術館
Museo Picasso Málaga

改裝自布埃納維斯塔宮的美術館。集結了200件以上繪畫、雕刻、陶器等各領域的作品。

data 🚌濱海廣場步行10分 🏠C. San Agustín 8 📞952-127600 🕐10～19時（7・8月為～20時、11～2月～18時、12月24・31日、1月5日～15時）🚫週一 💰€7（僅常設展）。附語音導覽，有中文）。週日的閉館時間前2小時為免費 📱

MAP P137B1

🏆3 畢卡索故居／美術館
Fundación Picasso/Museo Casa Natal

現在為畢卡索財團總部兼美術館。展示西班牙及與畢卡索相關的作品。

data 🚌濱海廣場步行15分 🏠Plaza de la Merced 15 📞951-926060 🕐9時30分～20時 🚫11月～3月的週二 💰€3（美術館＋企畫展＋語音導覽）、€2（美術館＋語音導覽）
※語音導覽為英文，無中文 ※週日、2月28日、馬拉加的白夜節（每年日期不同）5月18日、9月27日、10月25日為免費 📱

→畢卡索是在這棟公寓2樓長大的

地圖標示：
- 畢卡索故居／美術館 P137 Fundación Picasso/Museo Casa Natal
- P137 希伯來法洛城 Castillo de Gibralfaro
- P137 畢卡索美術館 Museo Picasso Málaga
- Río Guadalmedina
- Pl. de la Merced廣場
- Puente de Aurora
- Pl. de la Constitución
- 民俗博物館 Museo de Artes y Costumbres Populares
- Mercado Central de Atarazanas
- Pl. del Obispo
- Pl. del General Torrijos
- Pl. de la Aduana
- 馬拉格塔鬥牛場 Plaza de toros de Malagueta
- 羅馬劇場 Teatro Romano
- 阿卡紮堡壘 Alcazaba
- 馬拉加主教座堂 Catedral
- Av. de Cervantes
- Paseo de Parque
- 公園遊步道
- Paseo de España
- Los Curas遊步道 Paseo de los Curas
- 濱海廣場 Pl. de la Marina
- 觀光服務處
- Alameda Principal
- 往馬拉加站 Puente de Tetuán
- CENTRO-ALAMEDA站
- N 0 200m
- 馬拉加

安達魯西亞

被雄偉的自然擁抱的溪谷城市
龍達 *Ronda*

MAP 別冊P2A3

被受瓜達萊溫河侵蝕的深邃溪谷一分為二的城市。橫跨在斷崖絕壁、連接著新市區與舊市區的新橋，是這個城市的地標，從新橋上眺望的景色更是一絕。

①位在深邃溪谷上的龍達 ②在岩山上有一整片的城市 ③壯觀的景色讓人真切地感受到大自然的偉大。右邊遠處是鬥牛場後的瞭望台

Access	Information	觀光重點

Access

從馬拉加搭乘列車(不用轉車)約2小時。或搭乘巴士車程為2小時45分。從塞維亞搭乘巴士的話為2小時45分。

Information

🏛 **龍達 觀光服務處**
MAP P138A2
🏠Paseo Blas infante, s/n
📞952-187119 🕙10～18時(夏季為～19時、週六為～17時、週日、國定假日為～14時30分) 休無 🅴

觀光重點

首先前往中心的西班牙廣場。可以在逛完附近的伴手禮店及餐廳後，越過有著傲人景色的新橋，到舊市區悠閒地散步。

火車站
ESTACIÓN DE RENFE

N

0 200m

巴士總站
ESTACIÓN DE AUTOBUSES

Pl. de Concepción
García Redondo

Av. de Andalucía

Doctor Carrillo Guerrero

Av. Martínez Astein

C. Laurla

Pl. del Ahorro

Pl. del Infantes

C. Sevilla

C. Molina

Dr. Calle

C. Almendra Cristo

C. Espinel

C. Pozo

C. Soúvron

C. la Naranja

Pl. de los Descalsados

Capitan Cortes

塔壑綠蔭大道公園 P138
Alameda del Tajo

Virgen de la Paz

C. Pedro Romero

Pl. del Socorro

Pl. de C. Abela

Santa Cecília Virgen de la Paz

Pl. Teniente Arce

門牛場 P138
Plaza de Toros

觀光服務處

C. los Remedios

Cairel P138

西班牙廣場
Pl. de España

In. Nuestro Padres Jesús

新橋 P138
Puente Nuevo

Parador de Ronda

瓜達萊溫河
Río Guadalevín

Puente Viejo

Palacio del Marqués de Salvatierra

Tenorio

Armiñán

Marqués de Salvatierra

阿拉伯浴場遺跡
Baños Arabes

龍達

Ⓐ

必看
BEST
3

① 新橋 Puente Nuevo
MAP P138A2

18世紀時費時40年建造，是橫跨瓜達萊溫河的橋樑。高度足足有98m，從橋上可以瞭望到極致的美景。
data 🚶西班牙廣場步行即到
🏛Puente Nuevo

↑從遠處看也充滿魄力。更能感受到它的高度

↑從公園内也可以眺望美景

② 塔壑綠蔭大道公園
Alameda del Tajo
MAP P138A2

公園中有樹齡200年的樹木及多種植物生息其中，也是市民休憩的場所。
data 🚶西班牙廣場步行8分 🏛Alameda del Tajo 📞無 🕙7時30分～22時(夏季為～24時) 休無 💰無

📌 **附近還有伴手禮店！**

→葡萄酒栓
小 €2.10、大€2.60

MAP P138A2

Cairel

位在鬥牛場附近的伴手禮店。有很多色彩鮮豔的商品。
data 🚶巴士總站步行10分
🏛Virgen de la Paz 13
📞952-872187 🕙10～20時(週六・日、國定假日為11時～15時30分、12月24・31日為～15時) 休無 🅴

↓外面也有鬥牛的銅像

③ 鬥牛場
Plaza de Toros
MAP P138A2

建築於18世紀，為西班最古老的鬥牛場之一。相鄰的鬥牛博物館中，也展示了鬥牛士的服裝。
data 🚶西班牙廣場步行4分
🏛Virgen de la Paz 15 📞952-874132 🕙10～20時(3月與10月為～19時、11～2月為～18時、12月24・25日與12月31日為～15時)休9月的佩德羅・羅美洛節(鬥牛節)期間 💰€7

安達魯西亞

與盛開的向日葵相遇
卡爾莫納 MAP 別冊P2A3 *Carmona*

從塞維亞往東北方向約40km，位在小山丘上的古老城市。
從6月開始周圍平原上會盛開整片的向日葵。

↑向日葵從6月上旬開始開花
←廣布在城市周圍的向日葵花田

↓立於舊市區入口的 San Pedro教堂

前往向日葵花田的方法

1 計程車
從卡爾莫納包計程車。概略費用以單程10km、中途自由活動30分鐘為例，大約是€20~30。車資最好先確認好。

2 租車
在塞維亞市內、塞維亞機場、SANTA JUSTA站都有租車公司。24小時為€70~。駕駛必須持有國際駕照。

3 遊覽巴士
此為6月限定的巴士，從塞維亞發車的遊覽巴士「MYU BUS」。一星期約有3班車，詳細約在4月左右會公布。
www.myushop.net

向日葵花季
依照每年天候不同而會有所變動，但通常在5月下旬~6月上旬開始開花，在6月下旬~7月時為盛開狀態。賞花建議在上午時段。若從塞維亞市內來回的話，行程需時4~5小時。

綿延的美麗岩岸
內爾哈 *Nerja* MAP 別冊P2A3

位在馬拉加東方60km的度假勝地。
在城市中心的瞭望廣場「歐洲陽台」的附近，聚集有熱鬧的餐廳及商店。

→開展在岩石上的內爾哈城市

Access
從馬拉加搭乘巴士為50分~1小時30分車程，1天有26班車。從格拉納達搭乘巴士則為1小時50分~2小時35分。

Information
內爾哈 觀光服務處
C.Carmen 1 952-521531
10~14時、18時~21時45分（週六・日、國定假日僅10時~13時45分）※視季節而異 無

↑白色的薩爾瓦多教堂

延續自伊斯蘭時代的白色家屋
夫里希利亞納 *Frigiliana* MAP 別冊P2A3

覆蓋在阿爾塔米拉山麓，白色家屋棟棟相連的風景讓人留下深刻的印象。這個極具風情的美景也常被使用在明信片上。美味的水質也很有名。

→遍布在山坡上的白色村莊，白色家屋一棟接著一棟

↑白色家屋是整個村莊一同維持的

Access
從內爾哈搭乘巴士約20分車程，1天發9班車。週日、國定假日不發車。也可以搭乘計程車

Information
夫里希利亞納 觀光服務處
Cuesta del Apero,s/n 952-534261 10時~17時30分（7月~9月15日為10時~15時30分、17~21時。週六・日、國定假日為10~14時、16~20時）國定假日為不定休

Column

想住看看
西班牙國營飯店

住在宮殿或貴族宅邸的夢想，在西班牙是可以體驗得到的。享受在歷史建築物才有的優雅住宿時光吧。

俯瞰世界遺產舊市區美景

Parador de Toledo
MAP P114B2

歷史建築物

飯店位在馬德里郊外的中世紀首都托雷多。改裝自採用卡斯提亞地區傳統建築樣式的貴族宅邸。幾乎全部的客房都面對著登錄為世界遺產的舊市區。從馬德里前往也很方便，是國營高級飯店中最有人氣的飯店。

data 交托雷多站車程10分
住Cerro del Emperador s/n
☎925-221850
金❺❶€185 79室 E

1.從露天咖啡廳所看到的世界遺產托雷多的街景 2.獨特的宅邸造型外觀。晚上還會打上燈光 3.從建築物併設的游泳池也可以俯瞰托雷多街景 4.客房中統一是古典的卡斯提亞風格家具

什麼是國營高級飯店（Parador）？

將過去曾經是宮殿、城堡、修道院或領主宅邸等實際使用過的歷史建築物作為國營飯店，在國家的管理下保存並經營。利潤有部分用來保存這些歷史性的建築物。如今在西班牙國內有94間的國營高級飯店。

享受國營高級飯店的方法

國營高級飯店住宿非常搶手，一定要事先預約。不是房客也能在庭園裡散步或享受餐廳的鄉土菜色。即使只是瀏覽各間飯店的展示品和裝飾，感受一下飯店擁有的歷史仍然非常有趣。

預訂客房
請洽各飯店網站或各大訂房網站

修道院

體驗居住在世界遺產內

Parador de Granada
MAP P122C2

改裝自位於阿爾罕布拉宮腹地內的修道院。因為這個地區到15世紀末為止被阿拉伯民族所統治，因此融合了阿拉伯與基督教兩種文化，散發著夢幻般的氣氛。飯店內有房客才能使用的中庭，可以在這裡悠閒放鬆。

data 交新廣場搭乘計程車7分
住Real de la Alhambra s/n
☎958-221440 金❺❶€336 40室 E

1.被拱門迴廊環繞的中庭，有種寂靜的蕭穆氣氛 2.腹地內的餐廳非房客也可以使用 3.夜間庭園中的噴水池也會打上燈光 4.因為原本為修道院，所以客房是小巧且精簡的構造

位於小山丘上的舊伯爵宅邸

Parador de Lerma
MAP 別冊P2A2

改裝自萊爾馬伯爵的住居兼費利佩三世的別墅，原本是由建築師Francisco Mora於1617年將15世紀的城堡遺址改建而成。不但有豪華的裝飾及傢俱，也有會議室、三溫暖、健身房等現代的設施。

data
交馬德里搭乘往Avenida de América站直達巴士約2小時15分，在萊爾馬下車步行15分
住Plaza Mayor 1
☎947-177110
金⑤①€190
70室 Ｅ

1.餐廳內有著美麗的拱型天花板 2.被優美的圓柱環繞的中庭休憩區 3.配置有傳統古典家具的客房 4.聳立在鄉村風景的廣大腹地中

佇立於人氣觀光地中的古城

帕拉多卡莫納酒店
Parador de Carmona　**MAP** 別冊P2A3

位在被稱為白色山城的卡爾莫納，原來是14世紀為了佩德羅一世而建造的城堡，在進行重建、復原後而成的建築物。穆德哈爾式噴水池與內部裝潢洋溢著阿拉伯的氣氛。內部有完善的游泳池、中庭、餐廳，整年都一房難求。

data 交從塞維亞搭乘巴士30分、下車後步行20分
住Alcazar s/n ☎96-4141010　金⑤①€190　63室 Ｅ

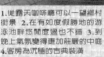

1.從露天咖啡廳可以一望鄉村街景 2.在有如度假勝地的游泳池畔悠閒度過也不錯 3.到晚上氣氛變得更加莊嚴的中庭 4.客房為沉穩的古典裝潢

舊市區的摩登國營高級飯店

Parador de Segovia
MAP 別冊P2A2

位在可以一望世界遺產塞維亞街景的山丘Mirador de la Lastrilla上。相對於歷史悠久的街景，內觀有如摩登的度假飯店一樣。還有國營高級飯店中很稀有的室內溫水游泳池。

data 交從塞哥維亞搭乘計程車10分
住Ctra.de Valladolid s/n
☎921-443737
金⑤①€170
113室
Ｅ

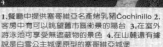

1.餐廳中有提供塞哥維亞名產烤乳豬Cochinillo 2.客房中有可以眺望舊市區街景的陽台 3.在室外游泳池可享受無遮蔽物的景色 4.在山麓還有據說是白雪公主城堡原型的塞哥維亞城堡

141

巴斯
Vasc

西班牙
SPAIN

塞哥維亞
Segovia P13、1

馬德里 ◎
Madrid P77
◎

托雷多
Toledo P12、114

葡萄牙
PORTUGAL

拉曼
La Manc

哥多華
Córdoba P128

卡爾莫納
Carmona P13、139

安達魯西亞
Andalucía

格拉
Grana

塞維亞
Sevilla P13、132

加的斯灣
Golfo de Cádiz

龍達
Ronda P138

馬拉加
Málaga P137

N

直布羅陀海峽
Estrecho de Gibraltar

米哈斯
Mijas P13、1

0   200km

摩洛哥
MOROCCO

法國
FRANCE

安道爾
ANDORRA

菲格雷斯
Figueres P76

蒙特塞拉特
Montserrat P12、73

加泰隆尼亞
Cataluña

巴塞隆納
Barcelona P31

塔拉哥納
Tarragona P76

納瓦拉
Navarra

里奧哈
La Rioja

斯提亞
astilla

瓦倫西亞灣
Golfo de Valéncia

馬約卡島
Isla de
Mallorca

瓦倫西亞
Valencia P74

庇倫西亞
Valéncia

地中海
Mar Méditerrané

內爾哈
Nerja P139

夫里希利亞納
Frigiliana P139

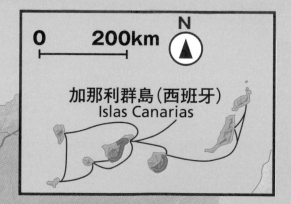

0   200km   N

加那利群島（西班牙）
Islas Canarias

西班牙出入境的流程

確定旅行的日期後，首先來確認基本資訊。
準備萬全後再出發！

入境西班牙

❶ 到達 Llegada

到達入境口後照著指標往入境審查櫃台前進。
從台灣往西班牙有沒有直航班機（2017年2月現在）。

❷ 入境審查 Migración

在表示非EU國籍的「No EU Nations」的櫃台排隊。輪到時向審查官出示護照及出入境卡，進行本人確認後會還回護照及出境卡。因為在出境時會需要，請妥善保管出境卡。如果經由（轉機）加盟申根公約的國家，則屬於該國家的入境審查，不需要提交出入境卡。

❸ 提領行李 Entrega de equipaje

在顯示搭乘班機號碼的轉盤提領行李。若行李有損壞、遺失等情況時，請向行李遺失櫃台「Informe del equipaje perdido」尋求協助。這時必須出示托運行李時拿到的行李票（claim tag）。通常行李票會黏在機票的背面。

❹ 海關 Aduana

如果持有物品在免稅範圍內，則往綠色閘門「Equipaje Etiqueta Verde」前進。若需提出申報，則到紅色閘門「Objetos a declarer」進行申報。

❺ 入境大廳 Vestíbulo de llegada

此處有觀光服務處及匯兌處等。因為人潮混雜，要小心偷竊。往市區內的交通請參照P.144。

出國時的注意事項

西班牙的入境條件

出發10天～1個月前進行確認

●護照
在預定離開申根國當日，護照須仍具有3個月以上的效期。

●簽證
以觀光為目的，在180天內最長可停留90天免簽證。

什麼是申根公約？

歐洲的部分國家之間所簽訂在越過國境時可免去出入境審查的公約。在公約成員國之間移動時，可以自由在國境間通行。從非成員國入境時，在最先到達的成員國的機場進行入境手續。之後出境時再在最後離境的成員國進行出境手續。
2017年2月現在的申根公約簽訂國（26國）
西班牙、冰島、義大利、愛沙尼亞、奧地利、荷蘭、希臘、瑞士、瑞典、斯洛伐克、斯洛維尼亞、捷克、丹麥、德國、挪威、匈牙利、芬蘭、法國、比利時、波蘭、葡萄牙、馬爾他、拉脫維亞、立陶宛、列支敦斯登、盧森堡。

關於轉機班機

從桃園機場經由倫敦、羅馬、阿姆斯特丹等歐洲國家轉機的班機，在轉機地約需等待2～3小時。為了縮短轉機時間，轉機班機最好選擇與出發班機相同的航空公司。依轉機地點不同，可能等待時間會較長，最好選擇靠近西班牙的國家轉機。

主要免稅範圍

・酒類…22度以上的酒1L，或未滿22度的酒2L，或非氣泡葡萄酒4L，或啤酒16L。（17歲以上）
・香菸…香菸200支、雪茄50支、菸絲250g以下。（17歲以上）
・禮品…相當於€430以下（以海路、空路入境時的情況。未滿15歲者為相當於€150以下）
・貨幣…持有€1萬以上的貨幣（含外幣、旅行支票等）者需申報

從家裡出發 機場時進行確認

●機場的出發航廈
桃園機場分為第一及第二航廈，航廈依搭乘的航空公司而異。例如搭乘阿聯酋航空（EK）為第一航廈，搭乘荷蘭航空（KL）時為第二航廈。

●攜帶液體物品登機的限制
搭乘飛機時針對化妝品、乳液、牙膏等液體類有攜帶上機的限制。容量須在100ml以下，須裝入1L以下的透明塑膠夾鍊袋內。詳細請見交通部民用航空局網站www.caa.gov.tw/big5/content/

 小小資訊 關於護照的申請請見（外交部）www.boca.gov.tw/np.asp?ctNode=673

入境時必要文件

從非申根公約（→P142）會員國的英國，及香港、中國、新加坡等亞洲國家轉機前往西班牙時，須有出入境卡。卡片的下半部在入境時會退還，請保管到出境為止。

●西班牙出入境卡填寫範例

❶…姓　❷…名　❸…出生年月日
❹…出生地　❺…國籍
❻…在西班牙住宿之飯店（第一間）
❼…停留都市名　❽…護照號碼
❾…搭機的都市　❿…抵達班機號碼
⓫…抵達西班牙的日期　⓬…回程班機號碼
⓭…離開西班牙的日期

出境西班牙

❶報到　Registrarme

最好在出發前2小時到達機場。依照指標前往回程班機的登機櫃台，出示機票或電子機票與護照，托運行李。

欲將免稅商品攜帶上機時，在托運行李後至海關櫃台辦理手續（→P153）

❷海關　Aduana

若在入境時已申報，出示申報書收據及護照後，須接受行李檢查。而有需申報的物品時，請出示免稅文件、護照、未使用之購買品、收據，請海關在免稅文件上蓋章。（原則上應攜帶上機）

❸手提行李檢查　Inspección del equipaje

事先脫下鞋子及外套，取下手錶及貴重金屬等後通過X光機。筆電亦須取出來放在托盤上。

❹出境審查　Migración

在出境審查櫃台出示護照、登機證、出境卡。確定是本人後，即會蓋上出境章。

若要將免稅商品手提上機，在通過出境審查後請前往海關或免稅櫃台（→P153）

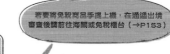 IVA退稅櫃台的標誌（Global Blue公司）

回國時的注意事項

主要免稅範圍

●**酒類**…1公升（年滿20歲）

●**香菸**…菸捲200支或雪茄25支或菸絲1磅（年滿20歲）

●**其他**…攜帶貨樣的完稅價格在新臺幣12,000元以下

●**貨幣**…新台幣10萬元以內；外幣等值於1萬美元以下；人民幣2萬元以下

※超過需向海關申報

主要禁止攜帶物品

●**禁止攜帶入境**…毒品、爆裂物、刀械、盜版商品等

●**限制攜帶入境**…野生動物之活體及保育類野生動植物及其產製品、植物、蔬果、肉類等，無許可不得攜帶入境。藥品等有數量限制

如需申報，請填寫「海關申報單」，並經「應申報櫃」（即紅線櫃）通關

機場～市內的交通

從巴塞隆納、馬德里的機場到市區內的交通方式有巴士、鐵路、計程車。可以依預算和目的作選擇。

在2009年增設的第1航廈，在機場內也設有觀光服務處

巴塞隆納

埃爾普拉特機場 Aeropuerto de Barcelona El Prat | MAP 別冊P2B2

位在巴塞隆納市中心的西南方向約13km處。由第1航廈和由A、B、C三棟大樓所組成的第2航廈，往來航廈之間有免費的接駁車，需時約10分鐘。主要的航空公司幾乎都是在第1航廈。往市區內的交通方式有直達加泰隆尼亞廣場、西班牙廣場的機場巴士，或搭乘計程車也很方便。

交通速查表

所需時間為概略。會因道路擁擠狀況而有差異。

交通機關		特色	運行時間/所需時間	費用（單程）
	鐵路	亦有國際列車行駛的西班牙國營鐵路通稱為「RENFE」。欲進市區的話從第2航廈的AREA B的機場（Aeroport）站搭車。在巴塞隆納的SANTS站或PASSEIG DE GRACIA站下車可以轉搭地鐵。	到巴塞隆納的SANTS站（5時42分～23時38分）車程約20分	€4.10
	機場巴士	從機場經由西班牙廣場等地，最後到達加泰隆尼亞廣場。車票可以在乘車處的自動售票機購買，或用現金向巴士司機購買。大型行李可以放置在車內指定的位置。	到加泰隆尼亞廣場（除了5時35分～翌日1時5分的深夜及清晨時段），每隔5分鐘發車），車程約30分	€5.90
	路線巴士	有多條路線，從第1、2航廈皆有發車的46路巴士可到達西班牙廣場。到市中心雖然需時較長，但停車點比機場巴士多，價格也較便宜。	到西班牙廣場（4時50分～23時50分，每隔20分發車）車程約40分	€2.15
	計程車	費用雖然較貴，但相對也很方便。計程車的車身為黑色與黃色，空車時會亮綠燈。若在機場搭乘的話在第1、2航廈的主航廈出口皆可搭乘。	到市中心約30分	到加泰隆尼亞廣場約€30。加收1件行李€1及機場使用費€3.10

機場平面圖

埃爾普拉特機場

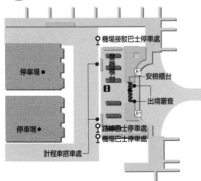

3樓 Planta 3（台灣的4樓）出境大廳

- 機場接駁巴士停車處
- 警廈候位
- 安檢櫃台
- 出境審查
- 停車場●
- 停車場●
- 路線巴士停車處
- 機場巴士停車處
- 計程車搭車處

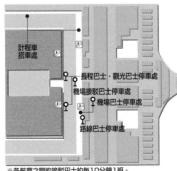

地上層 Planta 0（台灣的1樓）巴士、計程車乘車處

T1（第1航廈）

- 計程車搭車處
- 長程巴士、觀光巴士停車處
- 機場接駁巴士停車處
- 機場巴士停車處
- 路線巴士停車處

※各航廈之間的接駁巴士約每10分鐘1班。

地圖符號範例 ♀巴士停車處 ⚫服務台 ↗手扶梯

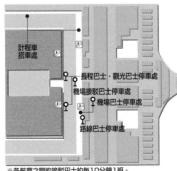

小小資訊 若在夜間抵達機場，從第1航廈到加泰隆尼亞廣場在21時55分～4時45分有機場夜間巴士「NitBus」，約每隔20分發1班車。單程車資為€2.15。

未來感十足的巴拉哈斯機場是由
英國建築師所設計

馬德里

巴拉哈斯機場 El Aeropuerto de Madrid Barajas 別冊P2A2

位在馬德里中心的東北方向約13km處，是西班牙最大的機場。共有四棟航廈，
其中1～3航廈互相連結，和第4航廈之間有24小時的免費接駁巴士。在第1、
2、4航廈的入境大廳有觀光服務處、匯兌處、飯店預約櫃台等，可以依目的多
加活用。而前往市區的方法，若是行李較多的遊客可以選搭計程車，既安全又
價格合理，非常實用。

交通速查表

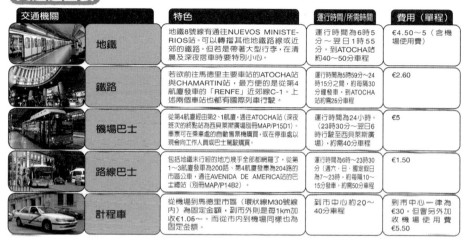

交通機關		特色	運行時間/所需時間	費用（單程）
	地鐵	地鐵8號線有通往NUEVOS MINISTE-RIOS站。可以轉搭其他地鐵路線或近郊的鐵路。但若是帶著大型行李，在清晨及深夜搭車時要特別小心。	運行時間為6時5分～翌日1時55分。到ATOCHA站約40～50分車程	€4.50～5（含機場使用費）
	鐵路	若欲前往馬德里主要車站的ATOCHA站與CHAMARTIN站，最方便的是從第4航廈發車的「RENFE」近郊線C-1。上述兩個車站也都有國際列車行駛。	運行時間為5時59分～24時15分之間，約每隔30分鐘發車。到ATOCHA站約需25分車程	€2.60
	機場巴士	從第4航廈經由第2、1航廈，通往ATOCHA站（深夜班次的終點站為西貝萊斯廣場別冊MAP/P15D1）。車票可在乘車處的自動售票機購買，或在停車處以現金向工作人員或巴士駕駛購買。	運行時間為24小時。（23時30分～翌日6時行駛至西貝萊斯廣場），約需40分車程	€5
	路線巴士	包括地鐵未行經的地方幾乎全部都網羅了。從第1～3航廈發車為200路、第4航廈發車為204路的市區公車，通往AVENIDA DE AMERICA站的巴士總站（別冊MAP/P14B2）。	運行時間為6時～23時30分（週六、日、國定假日為7時～23時），約每隔10～15分發車，約需50分車程	€1.50
	計程車	從機場到馬德里市區（環狀線M30號線內）為固定金額，到市外則是每1km加收€1.06～。而從市內到機場同樣也為固定金額。	到市中心約20～40分車程	到市中心一律為€30，但會另外加收機場使用費€5.50

巴拉哈斯機場

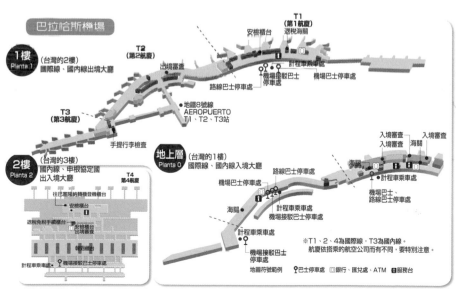

1樓 Planta 1（台灣的2樓）國際線、國內線出境大廳

2樓 Planta 2（台灣的3樓）國內線、申根協定國出入境大廳

T1（第1航廈）退稅海關
安檢櫃台
T2（第2航廈）出境審查
計程車乘車處
機場接駁巴士停車處
機場巴士停車處
路線巴士停車處
T3（第3航廈）
地鐵8號線 AEROPUERTO T1、T2、T3站
手提行李檢查台

T4 第4航廈
往巴塞隆納轉機登機櫃台
退稅免稅手續櫃台
安檢櫃台
安檢櫃台
出境審查
售票機
計程車乘車處
機場接駁巴士停車處

地上層 Planta 0（台灣的1樓）國際線、國內線入境大廳

入境審查 入境審查 海關
入境審查 入境審查 海關
海關
計程車乘車處
機場巴士、路線巴士停車處

路線巴士停車處
機場巴士停車處
計程車乘車處
機場接駁巴士停車處
海關
計程車乘車處
機場接駁巴士停車處

※T1、2、4為國際線，T3為國內線。
航廈依搭乘的航空公司而有不同，要特別注意。

地圖符號範例　🚌巴士停車處　🏦銀行、匯兌處、ATM　ℹ️服務台

西班牙國內交通

西班牙的地方色彩豐富，有時間的話建議到各地遊覽。飛機、鐵路、巴士等，依照自己的預算和目的，選擇適合的移動方式吧。

主要都市之間的交通　※運費依季節、時段、乘客數、購買日時而有頻繁的變動。下表僅為既略數據

出發地	目的地	鐵路			巴士		飛機	
		種類	所需時間	車資	所需時間	車資	所需時間	車資
馬德里	巴塞隆納	AVE	2小時30分～	€46.35～	8小時	€32.41～	1小時15分	€231～
	塞維亞	AVE	2小時30分	€60.40～	9小時	€32.61～	1小時10分	€144～
	格拉納達	ALTARIA	4小時30分	€54.70～	5小時	€18.75～	1小時10分	€198～
	哥多華	AVE	1小時50分～	€34.85～	4小時40分	€17.20～		
	瓦倫西亞	AVE	1小時40分	€50.70～	4小時15分	€22.77～ (來回)	1小時10分	€158～
	托雷多	AVANT	30分	€12.90～	1小時	€5.42～		
巴塞隆納	馬德里	AVE	2小時30分～	€100.70～	8小時	€32.41～	1小時20分	€342～
	塞維亞	AVE	5小時30分～	€93.30～	18小時30分	€113.97～	1小時35分	€150～
	格拉納達	Trenhotel	11小時10分	€47.50～	15小時	€78.05～	1小時25分	€150～
	哥多華	AVE	4小時40分～	€76.50～	12小時45分	€89.80～		
	瓦倫西亞	Euromed	3小時10分	€15～	4小時30分	€28.81～	1小時20分	€282～
	塔拉哥納	Euromed	40分	€16.65～	1小時45分	€8.82～		

鐵路 Ferrocarriles

最適合長程移動的是西班牙國營鐵路「Renfe」。鐵路網以馬德里為起點，長度約達14300km。而因為安全上的考量，盡量不要於車站內拍照。只是帶著相機也會被警衛制止，因此最好收進包包裡。

列車的種類

●AVE / AVANT
從馬德里連接塞維亞、瓦倫西亞等地的高速列車為AVE。從馬德里到托雷多、從哥多華到塞維亞等短距離的高速列車為AVANT。兩種列車都是劃位制，有1等車廂Preferente、2等車廂Turista Plus、3等車廂Turista等分級。

●Media Distancia / Regionales
Media Distancia 為連接大都市與各地方都市的列車，與長程的高速列車互相連接，停靠較多車站。地方都市之間的中距離列車則有Regionales及快速列車Catalunya Express等。

●Grandes Lineas
從馬德里到巴塞隆納、從馬德里到瓦倫西亞等地的長距離列車，亦有夜間列車。連接西班牙主要都市之間的還有Euromed、Altaria、夜間列車Estrella等。

●Cercanías
連接巴塞隆納、馬德里、塞維亞等大都市近郊的地方鐵路。

購買車票

購票窗口分成高速列車（AVE）、長程路線（Largo）、近郊線（Cercanías）等。購票需領取號碼牌，選擇當日票或其他票券後在號碼機領取號碼牌。當呼叫到號碼時，則到欲購買的車票窗口排隊購買。

車票的種類

劃位制的高速列車、長程列車以及部分除外的中程列車為套票，包括了車資、劃位費以及依車種不同的特快車費及車內服務費。另外也有適合短程或區間來回的車票，車資則依區域而異。

小小資訊　欲遊覽西班牙各地的旅客，購買西班牙鐵路通票的Eurail Spain Pass最為划算。有效期間為1個月，可自行選擇3、4、5、8天乘車。詳細請見RAIL EUROPE www.raileurope.com.tw/?lang=zh_tw

來搭列車吧♪

1 購買車票

快速列車AVE、近郊線Cercanias、地方線Trenes Regionales分不同售票窗口時，則選擇欲購買票種的窗口排隊。基本上中、長程的路線事先預訂車票會比較安心，但需購買當日票時，可以在無預訂車票Billetes sin Reservas的窗口購買。

自動售票機的購買方法…有時地方線及近郊線的車票也可以在自動售票機購買。先按目的地（車站名）的按鈕，再支付車資。

馬德里的ATOCHA站，要特別注意扒手！

2 確認指示後前往月台

購買車票後，請先在指示板上確認出發的時間和月台號碼。因為一般沒有剪票口，可以直接前往月台。

建議在前往月台前，先在車站內的商店購買飲料及輕食

3 搭車、下車

確認搭乘列車發車的月台（Via）、列車種類等之後再搭車。使用劃位車票時 請坐在票上記載的座位 大都市的路線通常人多擁擠，乘車及下車時不要過度慌張。

快速列車AVE在到站停車5分鐘前，在車內會有英文廣播

乘車&車內的注意事項

●長程列車須接受行李的X光機檢查

搭乘AVE等高速列車或長程列車時，在搭車前會進行行李檢查。在月台前方和機場一樣接受簡單的X光機檢查。考量到檢查的時間，提早到達車站較妥當。

●設備與服務

在車廂內的座位前方有放置行李的位置。若攜帶大型行李時，最好先放行李以確保位置。搭乘高速列車時在出發後會發放耳機，可以聽音樂或看電影（依車輛、等級而有不同）。而AVE等車輛依等級還會提供雜誌、報紙、餐飲等服務。

●車內為禁菸

西班牙國內的列車，包括AVE，皆是禁菸車廂。在車站內也是全面禁菸，要特別注意。部分車站有提供吸菸區。若違反禁菸規定，可能會被處以€30以上的罰金。

飛機 Avlon

國內線有西班牙國家航空、歐洲航空、伏林航空等LCC。從巴塞隆納到馬德里之間約為1小時，清晨到深夜都有航班。搭機時需要護照，記得攜帶。

●預約及購買機票

可以現場在各航空公司窗口或旅行社直接購買。夏季假期或週末的話最好事先訂票。從各航空公司的網頁等也可以訂票，費用則是以信用卡支付。

巴士 Autobus

路線幾乎遍布全國，車資也很合理。大都市之間的班次很多，但前往地方的路線巴士班次可能不多，搭車前最好事先仔細確認。車票在主要的巴士總站皆可購買。也可以從各巴士公司的網站等處事先預約。

●中程巴士

連接大都市與近郊都市，可以前往小都市或人口較少的地方鄉村。基本上為劃位制，向司機出示車票即可搭車。

●長程巴士

連接巴塞隆納到馬德里等大都市。標準車型為一排4個座位，也備有洗手間。每2～3小時也會停車休息，不用擔心上廁所的問題。

租車 cabaña alquilado

要前往郊外時租車比較方便。在機場及主要車站皆有租車公司，租車時需要出示護照、國際駕照、本國駕照、信用卡。依租車公司不同會有21～25歲以上、1年以上駕駛經驗等的條件。右側通行、左駕與台灣相同，交通規則也與台灣幾乎相同。

旅遊常識

為了旅行時不發生困擾，貨幣及氣候等都要事先確認好。
和台灣不一樣的習慣等也要特別注意。

貨幣

西班牙使用的是歐盟統一貨幣的歐元（€）。輔助單位為歐分（¢），1€=100¢。紙幣全部有7種，設計是歐盟國家（共19國）共通。紙幣上繪有虛構的歷史建築物，正面為門與窗，背面為橋。從2013年起慢慢轉換至新紙幣，全部的紙幣上都有希臘神話中出現的歐羅巴（Europa）。硬幣則共有8種，正面的設計是歐盟國家共通，背面則依國家而有不同。西班牙的話，€1、2是國王胡安‧卡洛斯1世，50、20、10¢則為著名小說家賽凡提斯。

€1≒約33.1元 (2017年2月時)

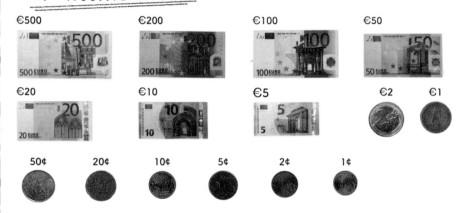

€500 €200 €100 €50

€20 €10 €5 €2 €1

50¢ 20¢ 10¢ 5¢ 2¢ 1¢

貨幣兌換

在機場及主要車站、市區的銀行等皆可兌換貨幣，但在台灣的匯率較好，因此建議在出國前先換足需要的金額。

機場	匯兌處	飯店	ATM	其他
只換需要的金額！	**確認匯兌的地點**	**隨時都可以匯兌**	**使用方便**	**銀行幾乎都為相同條件**
機場的匯兌處是由銀行開設的窗口，因此匯率和手續費與市區銀行一樣，不太划算。	匯率和手續費會依店而有不同，匯率好時有可能手續費較貴，反之也有可能，要特別注意。	四～五星級以上的飯店都提供匯兌服務。匯率雖然不好，但櫃台通常為24小時開放，在緊急時很方便。	在城市中到處都有。大多匯率及手續費會優於匯兌處。常可以看到嵌在牆壁中的ATM機器。	匯率和手續費幾乎每間銀行都一樣。在櫃台即可申請匯兌。

🎼 信用卡&ATM

除了飯店、百貨公司外，在很多餐廳等皆可使用信用卡。在支付飯店押金、租車時都會用到，所以最好帶上1張。如果附有預借現金功能，在ATM也可以提供需要的歐元（手續費依信用卡公司而異）。

小小資訊 在西班牙的銀行窗口營業時間為週一～五的9～14時，結束時間比台灣早。若需利用銀行時建議最好早一點前往。

旅遊季節

主要節日

- 1月1日 …元旦
- 1月6日 …主顯節
- 4月13日 …濯足節（加泰隆尼亞及瓦倫西亞州等除外）☆
- 4月14日 …耶穌受難日（聖週五）☆
- 5月2日 …勞動節補休
- 8月15日 …聖母升天節
- 10月12日 …西班牙國慶日
- 11月1日 …萬聖節
- 12月6日 …行憲記念日
- 12月8日 …聖母無原罪日
- 12月26日 …耶誕節補休

※以上為全國性的國定假日。其他還有自治州、市鎮村制定的地方假日

主要活動

- 3月15～19日 …火節（瓦倫西亞）☆
- 4月23日 …聖喬治節（巴塞隆納）
- 4月中旬左右 …春會（塞維亞）☆
- 5月上～中旬左右 …庭園節（哥多華）☆
- 7月7～14日 …奔牛節（潘普隆納）☆
- 8月30日 …蕃茄節（布尼奧爾）☆
- 9月24日 …聖梅爾賽節（巴塞隆納）☆
- 9月 …聖賽巴斯提安國際影展（聖賽巴斯提安）☆

☆的國定假日或活動的日期每年不同
（此處為2017年）

聖梅爾賽節

氣候與建議

春 3～5月　氣溫上昇，很舒適，是最適合旅行的季節。但是依地區可能會有日夜溫差太大的狀況，需要攜帶薄外套。

夏 6～8月　持續為高溫的晴天。尤其是安達魯西亞特別炎熱，要特別注意。不要忘了帽子和墨鏡等防紫外線的用品。

秋 9～11月　在10月後半氣溫開始下降，到11、12月時已需要厚外套。位於內陸部的馬德里會非常寒冷，要特別注意。

冬 12～2月　即使是東部及南部最低氣溫也會降至10℃以下，厚重外套之外，圍巾、手套等能確實防寒的用品也不能少。

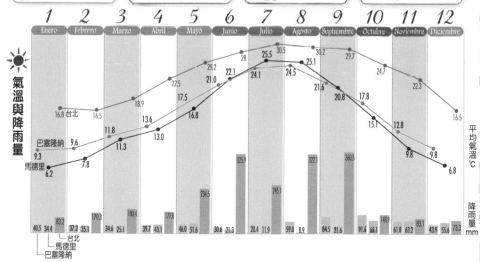

氣溫與降雨量

平均氣溫 ℃

降雨量 mm

台北
馬德里
巴塞隆納

小小資訊　西班牙在夏天時氣溫會接近40℃，因此有很多公司採用「密集工時(Jornada Intensiva)」的制度，意指在夏天時上班時間為8～15時。因此不少小酒館很早的時間就開始客滿，夏天前往時要特別注意。

151

撥打電話

●以自己的手機撥打電話時…費用依電信公司、機種、契約而有不同。最好在出發前先行確認。

●從飯店撥打電話時…按外線號碼、國際冠碼00、台灣國碼886，再撥打扣掉區碼第一個0的電話號碼。請注意電話費之外有時也會需要手續費。

●從公共電話撥打電話時…在路上各處都有硬幣專用的綠色公共電話，及可使用電話卡及信用卡的藍色公用電話。電話卡可以在販售亭等處購得。

●西班牙→台灣
00（西班牙的國際冠碼）－886（台灣的國碼）－對方的電話號碼（去掉區碼第一個0）

●台灣→西班牙
002（台灣的國際冠碼）－34（西班牙的國碼）－對方的電話號碼（去掉區碼第一個0）

●市內電話
西班牙沒有區分市外與市內的區碼，因此直接撥打9碼的電話號碼即可。

網路使用

●在城市中
在馬德里及巴塞隆納等大都市中的話，速食店、餐廳、小酒館、販售亭等處都提供Wi-Fi熱點。免費的Wi-Fi熱點也逐漸增加中，在車站、巴士總站、公園、廣場等公共區域皆可使用。而在路上使用智慧型手機或平板電腦時，可能會容易被扒手等盯上，要特別注意。

●在飯店中
在大廳及商務中心可以使用外，若備有Wi-Fi環境，在房間也可以使用。大部可以免費使用。但也有以小時為單位的付費制。在入住登記時最好確認一下。如果需要密碼時，詢問「What is the password for wi-fi?」即可。

郵件、小包裹寄送

●郵局

在郵局（Correos）或香菸攤（Estanco）可以購得郵票。投郵筒時基本上要投進黃色郵筒，紅色郵筒為快捷信件使用。黃色郵筒的投入口有兩個，寄往台灣的話則投進寫著海外（Extranjero）的投入口。可以的話收件人、地址皆以英文填寫，用紅筆等醒目地註明「Taiwan（西班牙文為Taiwán）」。接著也不要忘了註明航空郵件，寫上「Air Mail（西班牙文為Por Avión）」。因為西班牙的郵件效率不佳，可能會需要將近1個月的時間才會寄達。

●宅急便
從西班牙寄送貨物回台灣，最便宜的可使用西班牙郵局的Paquete Internacional Economico。

從西班牙寄送至台灣的概略資訊

內容	期間	費用
普通郵件	1〜2星期	20g以內€1 50g以內€1.83 100g以內€3.05
小包（EMS）	1〜2星期	250g以內€39.10 500g以內€53.56 1kg以內€67.60

國際快遞	電話
巴塞隆納DHL	902-123030
馬德里DHL	902-122424

其他基本資訊

●飲用水

在西班牙的自來水可以直接飲用。但若身體因此感到不適,則可購買市售的礦泉水(Aqua Mineral)。因為有分含氣泡(Con Gas)與不含氣泡(Sin Gas),要確認仔細。價格雖依店而異,但500ml大約€0.5即可購得。

●電壓與插頭

西班牙的電壓為220V(少部分為125V),頻率為50Hz。插頭為2接腳或3接腳的C型。欲使用台灣的電器時,記得攜帶變壓器及轉換插頭。

C型

●關於吸菸

西班牙在2011年施行新禁菸法,在機場、醫院、學校等公共設施、公共交通機關、餐飲店等,除了設置的吸菸區外,在室內、室外皆為全面禁煙。違反者會被處以高額的罰金,要特別注意。

●洗手間

公用洗手間數量不多,分為付費與免費。付費的洗手間在門口投入硬幣後即可進入使用。免費的洗手間但有管理員時,則須支付小費。在市區內的話也可以使用餐廳或小酒館的洗手間,禮貌上最好點杯飲料,但緊急時只購買礦泉水也可以。使用洗手間時先知會店員一下。

●營業時間

在西班牙的一般營業時間。依店舖會有不同。

餐廳	営13時30分~16時、20時30分~23時 休不定休
小酒館	営8時~深夜 休週日
商店	営10~14時、16~20時※週六10時~14時 休週日、國定假日
百貨公司	営10~21時/22時 休週日、國定假日
美術館、博物館	営9~19時※週日~14時 休週一
銀行	営8時30分~14時※週六~13時 休週日、國定假日

●尺寸、度量衡

女性
衣服

台灣	S	M	L	LL	XL
西班牙	36	38	40	42	44

鞋子

台灣	22.5	23	23.5	24	24.5
西班牙	35	36	37	38	39

男性
衣服

台灣	S	M	L	LL	XL
西班牙	34	36	38	40	42

鞋子

台灣	24.5	25	25.5	26	26.5
西班牙	39	40	41	42	43

※以上尺寸表為概略。不同廠商會有尺寸的落差

●西班牙的物價

礦泉水
(500ml)
€0.5~1

麥當勞的
漢堡
€3.65~

小酒館的咖啡
€1.20~1.50

啤酒
(玻璃杯1杯)
€1.60~2.50

計程車起跳
€2.10~2.40

小小資訊 西班牙的水龍頭會以拉丁語標示冷水及熱水,轉開「C」會流出熱水。注意不要和英文的「Cold」混淆。

各種情況的基本資訊

●觀光

●美術館、博物館的參觀要訣
在出國前在台灣撥打電話或在網站事先預約會比較方便。或是購買可以參觀巴塞隆納市內的米羅美術館、畢卡索美術館等6間主要美術館的通票「ARTICKET BARCELONA」（€30），就可以不用排隊直接進場。

●關於參觀教堂
教堂雖然也是觀光景點，但也不要忘記它原本是進行彌撒、婚喪喜慶的神聖場所。不得穿著坦克背心、短褲等曝露的服裝進入。而且有很多地方在星期日早上等進行彌撒時不能參觀，要先確認。

●關於拍照
美術館及博物館幾乎都是禁止拍照的。可以拍照的地方也會禁止使用腳架或閃光燈，要特別注意。而為了避免發生問題，在公共設施中未經許可最好不要拍照。

> **觀光服務處**
> ●加泰隆尼亞廣場觀光服務處（巴塞隆納）
> 囲Plaza de Catalunya, 17　☎93-2853834
> 囲8時30分～20時30分　囧無
> ●主廣場觀光服務處（馬德里）
> 囲Plaza Mayor, 27　☎91-5881636　囲9時30分～20時30分　囧無

●美食

●餐廳的種類
・餐廳（Restaurante）…指的是從高級餐廳到大眾餐館等全部餐飲店。欲前往高級餐廳最好事先預約，且注意著裝規定。
・小酒館（Bar）…從早上營業到深夜，兼具咖啡廳、酒吧、餐廳功能，非常方便。可以依時段區分使用。
・西班牙式居酒屋（Meson）…類似日本的居酒屋，幾乎都是從傍晚開始營業。特色是桌椅的座位較多。也有很多店家擁有著名菜色。
・咖啡廳（Cafeteria）…比小酒館的風格更洗練的咖啡廳。從休閒的氣氛，到有當地居民聚集的老店都有，可以享用到美味的咖啡。
・佛朗明哥小酒館（Tablao）…可以一邊用餐一邊欣賞佛朗明哥的店家。價位為表演秀附1杯飲料為€20～30。餐點大多是提供招牌西班牙菜。

●營業時間
一般來說餐廳（Restaurante）的午餐時段為13～15時30分，20時之後為晚餐時段。小酒館則是營業一整天。佛朗明哥小酒館的話則幾乎是21時開始才有表演秀。

●關於訂位
雖然很少有店家因為訂位就客滿，但高級餐廳及人氣店家還是先訂位會比較妥當。尤其是擁擠的週末時段建議先訂位。

●點餐的方法
在小酒館點餐時，是從擺在櫃台上的大盤餐點中分至小盤（taba）。當一盤的量太多時也可以只點半盤。對點菜感到不安的人，也可以說「烏納（這個）」並用手指來點餐。

●小費
帳單上如果有加上服務費時，就可以不用給小費。但如果覺得是段開心的用餐時間的話，則可以放總金額的5～10%的小費在桌上。

●著裝規定
基本上很少因此被拒絕入店，但去高級餐廳時最好還是稍微穿著正式服裝會比較好。男性的話為西裝外套，女性則是正式的洋裝等，不過度華麗的正式休閒風格即可。在餐桌上也要留意不要造成旁邊客人的不愉快。喝到酩酊大醉當然是不可以的。

西班牙在2006年施行禁菸法之後嚴格取締吸菸，餐飲店也開始全面禁菸。最好事先確認吸菸區的位置。

●購物

●營業時間

一般來說週一到週五為10～14時、16～20時，週六為10～14時。百貨公司沒有下午的休息時段，幾乎都是10～21時或22時的整天營業。但週日、國定假日有很多會店休，要特別注意。有些店家在夏季假期時還會長期休店。

●禮儀

進入專賣店時，不可以擅自觸摸商品。最好向店員出聲詢問。如果沒有特別尋找的商品時，也可以告知店員「Estoy mirando（只是看看）」。

●免稅手續

在西班牙的商品價格會被課以IVA（增值稅）。居住在歐盟之外，16歲以上的旅客，在1間指定商店中購買€90.16以上時，辦理規定的手續後最多可以退還13%的稅金。但條件是在出境時商品必須是未使用的狀態，蓋海關章的期限為購買的當月底起的3個月內。手續如下。

①**在商店**…在Tax Free Shopping的加盟店中購買€90.16以上時，出示護照並填寫姓名（英文名）、護照號碼、台灣的住址（英文）、退稅金額領取方法（現金、信用卡刷退、銀行支票擇一）後，由商店開出免稅資料（Global Refund Check）。這時要注意不得遺失收據。

②**在機場**…從歐盟最後一個國家出境時的手續。在Cash Refund Counter出示免稅資料、護照、機票（登機證）、收據、未使用的商品，請海關蓋上海關章。

③**領取退稅**…在機場內的Global Blue的櫃台出示免稅資料，即可當場取得現金貨幣的退稅。選擇信用卡刷退、銀行支票時，則將免稅資料裝進專用的信封中，投入郵筒。信用卡刷退在回國後2~3個月才會完成。

●飯店

●飯店的等級與種類

飯店（Hotel）…依設備及規模分為1～5星級。隨時派駐有可對應各種需求的禮賓員。

青年旅館（Hostal）、歐風民宿（Pension）…由個人經營的住宿設施。青年旅館（Hostel）分為1～3星級。價格較合理，很受年輕人的歡迎。

國營高級飯店（Parador）…由國家經營，改修自古城或貴族、領主的宅邸、修道院等的住宿設施。很受歡迎，必須事先訂房。

●小費

住宿在高級飯店的話，接受服務時最好支付小費。便宜的飯店可不用支付，但在接受特別的額外服務時，記得還是要支付小費。

・請服務人員幫忙搬運行李到房間／€1
・請禮賓員幫忙訂餐廳／€1～
・請房務員幫忙打掃房間／€1

●禮儀

和在台灣一樣，客房之外即是公共的空間。穿著拖鞋、睡衣直接外出，或大聲喧嘩等行為都要克制。有洗衣時要將衣服晾在浴室內，使用浴缸時要將浴簾拉進浴缸內側。

●入住／退房

入住一般為14時。如果太晚到達可能會被取消訂房，如果會較晚到達一定要通知飯店。退房平均為12時。

●住宿稅

在西班牙各地針對觀光客導入了住宿稅。以住宿天數為單位課稅，稅金依飯店等級及住宿天數而有不同。以巴塞隆納為例，5星級飯店會被徵收€2.47、4星級飯店為€1.21。

突發狀況對應方式

遇到突發狀況時先不要慌張,冷靜應對。事先仔細預習這個頁面以備不時之需,並避免突發狀況的發生。

生病時

不要忍耐,先前往醫院吧。可以請飯店的櫃台人員幫忙聯絡醫生。如果有加入海外旅行平安險,聯絡中文的急難救助服務即會幫忙介紹醫院。必要時也會派遣翻譯前來。如果有常備藥品,也最好從台灣帶去。

遭竊・遺失時

●護照
向最近的警察局備案取得竊盜(或遺失)證明,再至台灣駐西班牙代表處辦理遺失護照的失效手續,申請臨時護照或入國證明書。

●信用卡
為防止信用卡盜刷,首先盡速聯絡信用卡公司停卡。再向警察局備案取得竊盜(或遺失)證明。當地分行可能可發行臨時卡(使用期限約1個月),請依照信用卡公司的指示。

●隨身行李
向警察局備案取得竊盜(或遺失)證明。在飯店內遭竊、遺失時則請飯店提供證明文件。若有加入海外旅行平安險、行李遺失保險等,回國後聯絡保險公司申請理賠。申請時竊盜(或遺失)證明為必要資料,要特別注意。

●安全對策
・不要隨身攜帶高額現金
護照及大量現金保管在飯店的保險箱中,除需要時不要攜帶出門。在城市中行走時,行李也要盡量只帶需要的物品,貴重物品不要放在口袋中。而在機場、飯店、餐廳等處常會發生竊盜、扒手等事件。要記得隨時留意,行李不要離開自己的視線。
・在治安不佳的地方要特別小心
在車站附近、觀光勝地、廣場等有較多觀光客聚集的地方容易發生犯罪。包包要隨時帶在身上,且開口一定要關起來。在街上走路時,包包盡量不要拿在車道那一側。夜間外出時搭乘計程車會比較安全。而在餐廳等處被人推薦食物或很親切的攀談,都要留意不要接受邀約。

出發前CHECK!

在外交部領事事務局網頁確認西班牙的旅遊警示及治安狀況。
www.boca.gov.tw

旅遊便利貼

西班牙

●台灣駐西班牙代表處(馬德里)
Calle Rosario Pino 14-16,
Piso 18 Dcha. 28020 Madrid, España
91-571-8426
緊急聯絡 63-938-4883
9～17時
週六・日

●警察/消防/救護 112
●金融機關/信用卡公司
○Visa全球緊急服務中心
　900-94-8966(免通話費/24小時)
○萬事達卡全球服務中心
　900-97-1231(受話方付費電話/24小時)
○美國運通
　886-2-2100-1266(付費電話)
　00-800-2100-1266(免費電話)

台灣

●西班牙商務辦事處
台北市中山區民生東路三段49號10樓B1
02-2518-4901
●主要機場
○桃園國際機場
　03-2735081(第一航廈)
　03-2735086(第二航廈)
　03-2733728(語音查詢)
○臺北松山機場
　02-8770-3456(語音電話)
　02-8770-3430(專人接聽,國際線)
　02-8770-3460(專人接聽,國內線)
○高雄國際航空站
　07-8057630(國內線)
　07-8057631(國際線)

若想瀏覽更多西班牙旅遊資訊,可前往西班牙旅遊官方網站。www.spain.info/zh/

時尚・可愛・慢步樂活旅

ララチッタ

SPAIN

國家圖書館出版品預行編目（CIP）資料

西班牙 / JTB Publishing, Inc.作；
張嫚眞翻譯. —— 第一版. ——
新北市：人人，2017.03
面；公分. ——（叩叩世界系列；12）
ISBN 978-986-461-100-3（平裝）

1.旅遊 2.西班牙
746.19   106001790

JMJ

【 叩叩世界系列 12 】

西班牙

作者／JTB Publishing, Inc.
翻譯／張嫚眞
編輯／林德偉
校對／彭智敏
發行人／周元白
排版製作／長城製版印刷股份有限公司
出版者／人人出版股份有限公司
地址／23145 新北市新店區寶橋路235巷6弄6號7樓
電話／（02）2918-3366（代表號）
傳真／（02）2914-0000
網址／http://www.jjp.com.tw
郵政劃撥帳號／16402311 人人出版股份有限公司
製版印刷／長城製版印刷股份有限公司
電話／（02）2918-3366（代表號）
經銷商／聯合發行股份有限公司
電話／（02）2917-8022
第一版第一刷／2017年3月
第一版第二刷／2018年7月
定價／新台幣420元

日本版原書名／ララチッタ　スペイン
日本版發行人／秋田　守
Lala Citta Series
Title: SPAIN
© 2016 JTB Publishing, Inc.
All rights reserved
First published in Japan in 2016 by JTB Publishing, Inc., Tokyo
Chinese translation rights arranged with JTB Publishing, Inc.
through CREEK & RIVER Co., Ltd., Tokyo
Chinese translation copyrights © 2017 by Jen Jen Publishing Co., Ltd.

●版權所有・翻印必究●

Find us on
人人出版・人人的伴旅

人人出版好本事
提供旅遊小常識＆最新出版訊息
回答問卷還有送小贈品
部落格網址：http://www.jjp.com.tw/jenjenblog/

從這裡拆下來

西班牙

別冊 MAP

CONTENTS

MAP 記號索引

H 飯店	C.=Calle, Carrer,Carretera
ℹ 觀光服務處	Av.=Avenida
✈ 機場	Ag.=Avinguda
♁ 教堂	Pg.=Passeig
♗ 銀行	Po.=Paseo
● 郵局	Pl.=Plaza, Placa
⊞ 醫院	Ptge.=Passatge
⊗ 警察局	
Ⓜ 地鐵站	
♀ 巴士站	

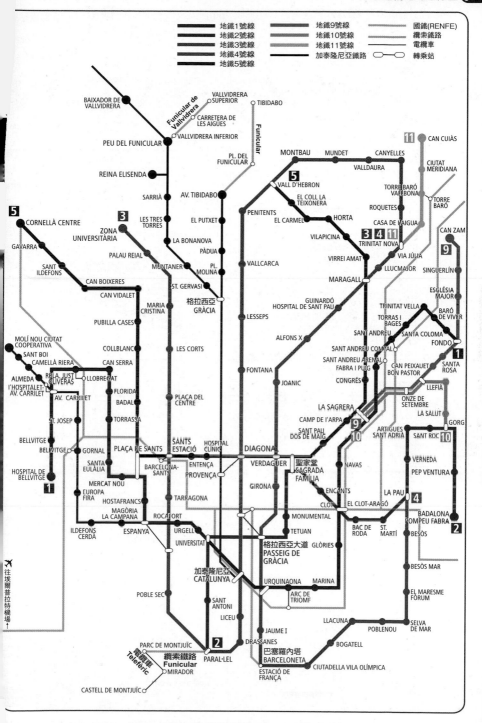

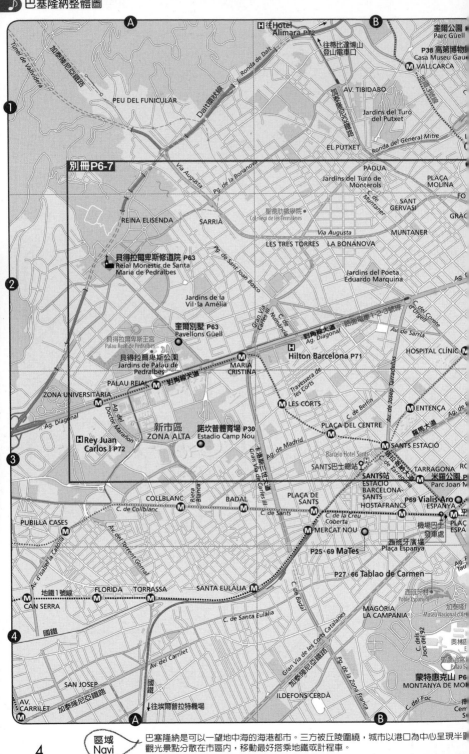

別冊P6-7

Tunel de Valividrera

加泰隆尼亞鐵路

PEU DEL FUNICULAR

Dalt 環狀線

往Hotel Alimara P72

往蒂比達博山登山電車口

加泰隆尼亞鐵路

Ronda de Dalt

AV. TIBIDABO

奎爾公園 Parc Güell

P38 高第博物館 Casa Museu Gaudí

VALLCARCA

Jardins del Turó del Putxet

EL PUTXET

Ronda del General Mitre

Via Augusta

Pg. de la Bonanova

PÀDUA

Jardins del Turó de Monterols

聖德肋撒學院 Col·legi de les Teresianes

PLAÇA MOLINA

SANT GERVASI

FO

REINA ELISENDA

SARRIÀ

LES TRES TORRES   LA BONANOVA

Via Augusta

MUNTANER

GRÀC

貝得拉爾卑斯修道院 P63 Reial Monestir de Santa Maria de Pedralbes

Pg. de Sant Joan Bosco

Jardins de la Vil·la Amèlia

Jardins del Poeta Eduardo Marquina

Ag. T

奎爾別墅 P63 Pavellons Güell

Gran Via Carles III

C. de Numància

對角線大道 Ag. Diagonal

路面電車 1·2·3號線

C. del Comte d'Urgell

Av. de Sarrià

HOSPITAL CLÍNIC

貝得拉爾卑斯王宮 Palau Reial de Pedralbes

貝得拉爾卑斯公園 Jardins de Palau de Pedralbes

PALAU REIAL

對角線大道

MARIA CRISTINA

H Hilton Barcelona P71

ZONA UNIVERSITÀRIA

Ag. del Doctor Marañón

Traversera de les Corts

Av. de Josep Tarradellas

ENTENÇA

Ag. Diagonal

新市區 ZONA ALTA

諾坎普體育場 P30 Estadio Camp Nou

LES CORTS

C. de Berlín

PLAÇA DEL CENTRE

羅馬大道

H Rey Juan Carlos I P72

Gran Via de Carles III

卡萊斯三世大道

Ag. de Madrid

Barceló Hotel Sants

SANTS ESTACIÓ

TARRAGONA   RO

米羅公園 P

Parc Joan M

COLLBLANC

Riera Blanca

BADAL

PLAÇA DE SANTS

SANTS巴士總站

SANTS站

ESTACIÓ BARCELONA-SANTS

HOSTAFRANCS

P69 Vialis·Aro

ESPANYA

PL ESPA

PUBILLA CASES

C. de Collblanc

C. de Sants

C. de la Creu Coberta

MERCAT NOU

機場巴士發車處

西班牙廣場 Plaça Espanya

Av. d'Isabel la Catòlica

Av. del Torrent Gornal

P25·69 MaTes

FLORIDA   TORRASSA

SANTA EULÀLIA

C. de Badal

P27·66 Tablao de Carmen

西班牙村 Poble Espanyol

MAGÒRIA LA CAMPANIA

Museu Nacional d'Art

地鐵1號線

CAN SERRA

國鐵

C. de Santa Eulàlia

蒙特惠克山 P6 MONTANYA DE MO

SAN JOSEP

Av. del Carrilet

國鐵

Gran Via de les Corts Catalanes

加泰隆尼亞鐵路

Pg. de la Zona Franca

奧林

C. de Jocs '92

國際公寓 Palau S

AV. CARRILET

加泰隆尼亞鐵路

往埃爾普拉特機場

ILDEFONS CERDÀ

C. del Foc

南 Cem C

PADUA

A   B

區域 Navi

巴塞隆納是可以一望地中海的海港都市。三方被丘陵圍繞，城市以港口為中心呈現半圓觀光景點分散在市區內，移動最好搭乘地鐵或計程車。

4

巴塞隆納整體圖

Ⓒ GUINARDÓ Ⓜ
CAMP DE L'ARPA Ⓜ
NAVAS Ⓜ
BAC DE RODA Ⓜ
Ⓓ

水上公園
Parc de les Aigües
聖保羅醫院 P63
Hospital de la
Santa Creu i Sant Pau
往P71 Hilton Diagonal
Mar Barcelona

ALFONS X Ⓜ
P72 Catalonia Atenas
CLOT
Four Points By Sheraton
Barcelona Diagonal P72

P72 Ilunion Bel Art Ⓗ
SANT PAU
DOS DE MAIG
EL CLOT ARAGÓ
Plac del Clot

JOANIC Ⓜ
ENCANTS
Catalonia Sagrada Família Ⓗ

維森斯之家 P39
Casa Vicens
SAGRADA
FAMÍLIA.
POBLENOU Ⓜ
別冊P8-9

P72 Ayre Hotel
Rosellon Ⓗ
聖家堂
Basílica de la Sagrada Família
P10、34
GLÒRIES Ⓜ

VERDAGUER Ⓜ
MONUMENTAL Ⓜ
LLACUNA Ⓜ
Ilunion Barcelona Ⓗ

擴展地區
L'EIXAMPLE
Parc del Poblenou
東墓地
Cementiri del l'Est

DIAGONAL Ⓜ
TETUAN Ⓜ
北巴士總站 ♀

GIRONA Ⓜ
MARINA Ⓜ

PROVENÇA Ⓜ
BOGATELL Ⓜ

PASSEIG DE
GRÀCIA Ⓜ
ARC DE
TRIOMF Ⓜ

Pl. doctor
Letamendi廣場
PASSEIG DE
GRÀCIA Ⓜ
Parc de la Ciutadella
奧林匹克港公園
Parc del Port Olímpic

別冊P10-11
URQUINAONA Ⓜ
別冊P12-13
奧林匹克港
Port Olímpic

CATALUNYA Ⓜ
CIUTADELLA
VILA OLÍMPICA Ⓜ

UNIVERSITAT Ⓜ Pl. de Catalunya
加泰隆尼亞廣場
CATALUNYA
舊市區
CIUTAT VELLA

URGELL Ⓜ
畢卡索美術館 P40
Museu Picasso

P48 巴塞隆納大教堂
Catedral de Barcelona
JAUME I Ⓜ
ESTACIÓ DE FRANÇA
巴塞羅內塔公園
Parc de la Barceloneta

SANT ANTONI Ⓜ
Lolita Tapería P52
哥德地區
BARRI GÒTIC
BARCELONETA
巴塞羅內塔
BARCELONETA

LICEU Ⓜ
聖莫尼卡藝術中心 P62
Centre d'Art Santa Mònica
哥倫布之塔
Monument a Colón

海上的蘭布拉大道 P33
Rambla de Mar

DRASSANES Ⓜ
舊港 Port Vell

Ag. del Paral·lel
PARAL·LEL Ⓜ
Maremagnum

OBLE
SEC Ⓜ
P66 Quimet & Quimet
JAUME I
TELEFÈRIC
SANT SEBASTIÀ

Crowne Plaza
Barcelona Fira
Center P72
FUNICULAR
電纜車
Eurostars Grand Marina Hotel P72

MIRAMAR
世界貿易中心
World Trade Center

米羅美術館 P41、43
Fundació Joan
Miró
Tryp Apolo

蒙特惠克地區
MONTJUÏC
TELEFÈRIC

P33 蒙特惠克城
Castell de Montjuïc

N
0   500m

Ⓒ   Ⓓ

● 觀光景點   ● 餐廳、咖啡廳   ● 商店   Ⓗ 飯店

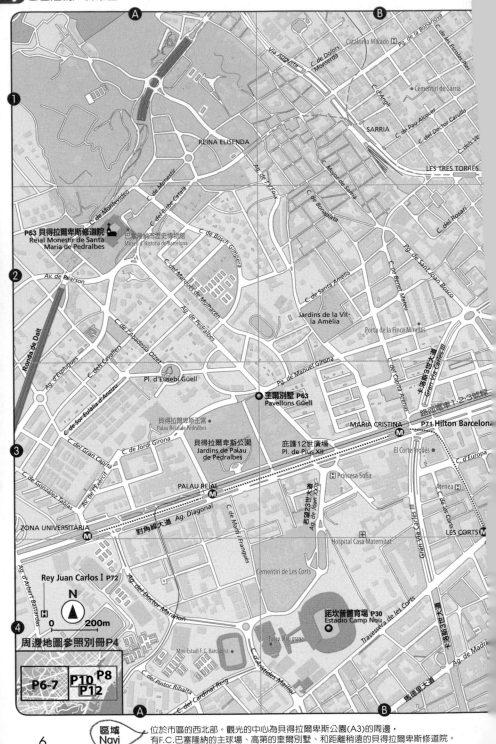

A   B

❶

Catalonia Mikado H   pg. de la Bonanova

C. de Dolors Monserdà

Via Augusta

C. d'Angli

Cementiri de Sarrià

C. de Pau Alcover

C. del Doctor Carulla

SARRIÀ

REINA ELISENDA

C. Major de Sarrià

C. de Sarrià

LES TRES TORRES

❷

C. de Montevideo

Av. de Pearson

Ag. de Mèlvol

C. del Bisbe Català

P63 貝得拉爾卑斯修道院
Reial Monestir de Santa
Maria de Pedralbes

巴塞隆納市歷史博物館
Museu d'Historia de Barcelona

C. de Bosch Gimpera

C. de Santa Amèlia

Jardins de la Vil-
la Amèlia

Porta de la Finca Miralles

Pg. de Sant Joan Bosco

C. de Bernat Mateu

C. de Monestir

Ronda de Dalt

Ag. d'Esplugues

C. de l'Abadessa Olzet

C. dels Cavallers

Ag. de Pedralbes

C. de Sor Eulàlia d'Anzizu

Pl. d'Eusebi Güell

Pg. de Manuel Girona

C. del Capità Arenas

Gran Via Carles III

香港都3世大道

❸

貝得拉爾卑斯王宮
Palau Reial de Pedralbes

C. de Jordi Girona

C. del Gran Capità

Av. de l'Exèrcit

Ag. de Gonzàlez Tablas

貝得拉爾卑斯公園
Jardins de Palau
de Pedralbes

奎爾別墅 P63
Pavellons Güell

庇護12世廣場
Pl. de Pius XII

MARIA CRISTINA

El Corte Inglés

Princesa Sofia

PALAU REIAL

ZONA UNIVERSITÀRIA

對角線大道 Ag. Diagonal

C. de Martí i Franqués

C. del Doctor Maranon

若望23世大道
Ag. de Joan XXIII

Hospital Casa Maternitat

路面電車1.2.3號線

P71 Hilton Barcelona

C. d'Europa

Atenea H

Gran Via Carles III

LES CORTS

❹

Pg. d'Albert Bastardas

Rey Juan Carlos I P72

N

0   200m

周邊地圖參照別冊P4

Cementiri de Les Corts

諾坎普體育場 P30
Estadio Camp Nou

Palau Blau grana

Travessera de les Corts

香港都3世大道

Mini Estadi F.C. Barcelona

C. d'Arístides Maillol

C. del Pintor Ribalta

C. del Cardenal Reig

Ag. de Madri

| P6-7 | P10 | P8 |
| | P12 | |

A   B

6

位於市區的西北部。觀光的中心為貝得拉爾卑斯公園(A3)的周邊，
有F.C.巴塞隆納的主球場、高第的奎爾別墅、和距離稍遠的貝得拉爾卑斯修道院。

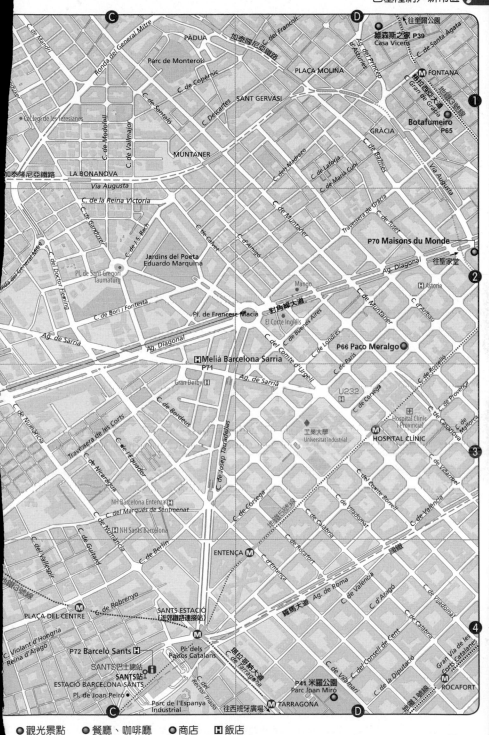

往奎爾公園

維森斯之家 P39
Casa Vicens
C. de Santa Àgata

PÀDUA

Parc de Monterols

加泰隆尼亞電鐵路
C. del Francolí

M FONTANA

PLAÇA MOLINA

SANT GERVASI

C. de Santaló
C. de Copèrnic
C. Descartes

Col·legi de les Teresianes

C. de Madrazo

Gran de Gràcia
地鐵3號線Ⅲ

Botafumeiro
P65

GRÀCIA

MUNTANER

C. de Vallmajor
C. de Modolell

C. de Laforja

Via Augusta

C. de Balmes

Travessera de Gràcia

加泰隆尼亞鐵路

LA BONANOVA

C. de Muntaner

C. de Maria Cubí

Via Augusta

C. de la Reina Victoria

P70 Maisons du Monde

C. de Galvet
C. d'Aribau

往聖家堂

C. de Tuset

Jardins del Poeta
Eduardo Marquina

Ag. Diagonal

H Astoria

Pl. de Sant Gregori
Taumaturg

Mango

C. de Muntaner

C. d'Arnau

C. de la Reina

Pl. de Francesc Macià

對角線大道

El Corte Inglés

C. de Buenos Aires

C. del Comte d'Urgell

P66 Paco Meralgo

Ag. de Sarrià

Ag. Diagonal

C. de Londres

C. de Paris

C. de Rosselló

C. de Provença

H Meliá Barcelona Sarria
P71

Ag. de Sarrià

Gran Derby H

C. de Bordeus

C. de Còrsega

U232

Hospital Clínic
i Provincial

C. de Casanova

C. de Mallorca

C. de Numància

Travessera de les Corts

C. del Doctor

工業大學
Universitat Industrial

M HOSPITAL CLÍNIC

C. de Josep Tarradelles

C. de Nicaragua

NH Barcelona Entença H

C. del Marquès de Sentmenat

C. de Còrsega

C. de Calàbria

C. de Viladomat

C. de València

C. del Comte Borrell

H NH Sants Barcelona

C. de Numància

C. de Berlín

C. de Guitard

C. de Vallespir

ENTENÇA M

C. d'Entença

C. de Rocafort

地鐵5號線

PLAÇA DEL CENTRE M

G. de Robrenyo

SANTS ESTACIÓ
(近郊鐵路連接站)

羅馬大道
Ag. de Roma

C. de València

C. d'Aragó

C. de Viladomat

C. de Rocafort

C. de Consell de Cent

C. de Vilamarí

Gran Via de les
Corts Catalanes

ROCAFORT

C. Violant d'Hongria
Reina d'Aragó

P72 Barceló Sants H

SANTS巴士總站

SANTS站

ESTACIÓ BARCELONA-SANTS

Pl. de Joan Peiró

Pl. dels
Països Catalans

Parc de l'Espanya
Industrial

往西班牙廣場

P41 米羅公園
Parc Joan Miró

TARRAGONA

C. de Tarragona

C. de la Diputació

地鐵1號線

● 觀光景點　　● 餐廳、咖啡廳　　● 商店　　H 飯店

7

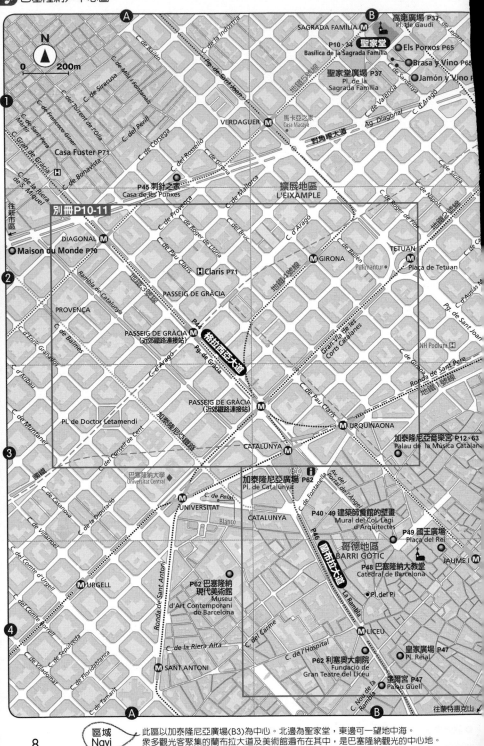

別冊P10-11

SAGRADA FAMILIA Ⓑ 高第廣場 P37
Pl. de Gaudi

P10、34 聖家堂
Basílica de la Sagrada Família
Els Porxos P65

Brasa y Vino P65
聖家堂廣場 P37
Pl. de la
Sagrada Família
Jamón y Vino P

VERDAGUER Ⓜ 馬卡亞之家
Casa Macaya

對角線大道 Av. Diagonal

擴展地區
L'EIXAMPLE

Casa Fuster P71

P45 刺針之家
Casa de les Punxes

DIAGONAL Ⓜ
Maison du Monde P70

Ⓗ Claris P71

TETUAN
Ⓜ GIRONA
Pullmantur
Plaça de Tetuan

PROVENÇA

PASSEIG DE GRÀCIA

PASSEIG DE GRÀCIA
(近郊鐵路連接站)

格拉西亞大道 Pg. de Gràcia

Gran Via de les Corts Catalanes

NH Podium Ⓗ

PASSEIG DE GRÀCIA
(近郊鐵路連接站)

Ⓜ URQUINAONA

Pl. de Doctor Letamendi

加泰隆尼亞音樂宮 P12、63
Palau de la Música Catalan

CATALUNYA Ⓜ

巴塞隆納大學
Universitat Central

加泰隆尼亞廣場 P62
Pl. de Catalunya

ℹ

Ⓜ UNIVERSITAT
C. de Pelai
Blanco

P40、49 建築師會館的壁畫
Mural del Col·legi
d'Arquitectes

P49 國王廣場
Plaça del Rei

哥德地區
BARRI GÒTIC

CATALUNYA

JAUME I

Ⓜ URGELL

P48 巴塞隆納大教堂
Catedral de Barcelona

P62 巴塞隆納
現代美術館
Museu
d'Art Contemporani
de Barcelona

Pl. del Pi

Ⓜ LICEU

皇家廣場 P47
Pl. Reial

Ⓜ SANT ANTONI

P62 利塞奧大劇院
Fundació de
Gran Teatre del Liceu

奎爾宮 P47
Palau Güell

往蒙特惠克山

區域
Navi
此區以加泰隆尼亞廣場(B3)為中心。北邊為聖家堂，東邊可一望地中海。
眾多觀光客聚集的蘭布拉大道及美術館遍布在其中，是巴塞隆納觀光的中心地。

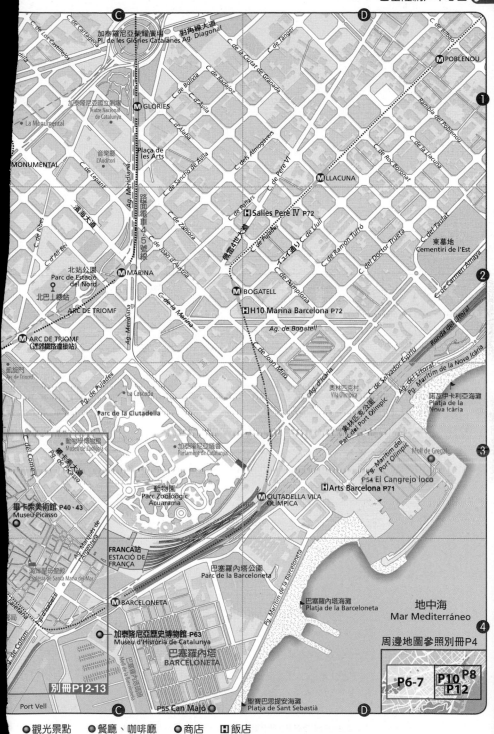

C
加泰羅尼亞榮耀廣場
Pl. de les Glòries Catalanes
C de Los Castillejos
C. de Cartagena
對角線大道 Ag. Diagonal

D
C. de Bilbao
C. de Tànger
C. de la Ciutat de Granada

M POBLENOU

加泰隆尼亞國立劇場
Teatre Nacional
de Catalunya
M GLÒRIES

Ag. Meridiana
路面電車4、5號線

La Monumental
MONUMENTAL

音樂廳
L'Auditori

Plaça de
les Arts

Rambla del Poblenou

C. de Badajoz
C. de Bolívia
C. d' Àvila
C. d' Àlaba
C. de Sancho de Ávila

C. dels Almogàvers

C. de Pere IV
M LLACUNA

C. de la Llacuna
C. de Roc Boronat

C. de Lepant
C. Ribot
滨海大道
C. d' Alí Bei

C. de Pallars
C. de Zamora
C. de Joan d' Àustria

H Salles Perè IV P72

南電車4、5號線
C. de Pujades
C. de Llull
C. de Ramon Turró
C. del Doctor Trueta
C. de Carmen Amaya

C. del Taulat
東墓地
Cementiri de l'Est

2

北站公園
Parc de Estació
del Nord
北巴士總站
M MARINA

C. de la Marina
M BOGATELL

C. de Ampúlona
Ag. de Bogatell

H10 Marina Barcelona P72

ARC DE TRIOMF
M ARC DE TRIOMF
(近郊鐵路連接站)

Ag. Meridiana

凱旋門
Arc de Triomf

Pg. de Pujades
La Cascada

C. de Joan d' Àustria
C. de Joan Miró

Ag. d' Icària

奧林匹克村
Vila Olímpica

Ronda del Litoral
Ag. del Litoral
C. de Salvador Espriu
Pg. Marítim de la Nova Icària

諾瓦伊卡利亞海灘
Platja de la
Nova Icària

3

Parc de la Ciutadella

動物博物館
Museu de Zoologia

加泰隆尼亞宮
Parlament de Catalunya

奧林匹克港公園
Parc del Port Olímpic

Pg. Marítim del
Port Olímpic
Moll de Gregal

P54 El Cangrejo loco

畢卡索美術館 P40、43
Museu Picasso

動物園
Parc Zoològic
Acuarama

M CIUTADELLA VILA
OLÍMPICA

H Arts Barcelona P71

FRANCA站
ESTACIÓ DE
FRANÇA

Ag. de Marquès de l'Argentera

海洋聖母教堂
Església de Santa Maria del Mar

巴塞羅內塔公園
Parc de la Barceloneta

Pg. Marítim de la Barceloneta

地中海
Mar Mediterráneo

M BARCELONETA

加泰羅尼亞歷史博物館 P63
Museu d'Història de Catalunya

巴塞羅內塔
BARCELONETA

Moll de la Barceloneta

巴塞羅內塔海灘
Platja de la Barceloneta

周邊地圖參照別冊P4

別冊P12-13

Port Vell

C
P55 Can Majó

聖賽巴思提安海灘
Platja de Sant Sebastià

D

P6-7 P10 P8
      P12

● 觀光景點   ● 餐廳、咖啡廳   ● 商店   H 飯店

9

往新市區

Ag. Diagonal

對角線大道

往聖家堂

Ⓐ

Ⓑ P66 De Tapa Madre

Farga P21、70

C. de Còrsega

P56 Roca Moo
Hotel Omm

Dos I Una P61

Ⓘ

Camper P25、68
Ferragamo

C. de Provença

Ⓜ DIAGONAL

Lladró

米拉之家 P39、45
Casa Milà (La Pedrera)
El Café de la Pedrera P45

C. de Mallorca

C. de Roger de Llúria

P72 Gallery Hotel

Camper

Dolce & Gabbana

Cristina Castañer P24、68

Ⓗ Claris P71

La Vinoteca Torres P64

C. de Pau Claris

P67
Mauri

C. de Provença

Louis Vuitton

Ptge. Camps Elisis

P57 Loidi

Gucci

PASSEIG DE GRÀCIA

P59 Nanos

P59 Lupo
Condes de Barcelona

Chanel

Majestic

格拉西亞大道

P64 Restaurante Cinco Jotas

Ptge. de Domingo

Mango P59

Pg. de Gràcia P44

PROVENÇA

Ptge. de Mercader

步行
約3分

PASSEIG DE GRÀCIA
(近郊鐵路連接站)

C. de Balmes

Regente

P58 Bimba & Lola

Ⓜ

P52 Cervecería Catalana

Sabon P70

P24、68 Pretty Ballerinas

P39、44 巴特略之家
Casa Batlló

P64 Citrus

Antonio Miró P68

P69 Nice Things

阿馬特耶之家 P44
Casa Amatller

L'appartement P60

P61 Zara Home

P45 獅子與桑樹之家
Casa Lleó Morera

C. de Mallorca

Ⓗ Balmes

P44 安東尼·塔皮埃斯美術館
Fundació Antoni Tàpies

P22、69 Loewe

C. d'Enric Grandos

Rambla de Catalunya

星巴克
Starbucks Coffe

C. de València

P65 Vinitus

五備西亞大道

Eurostars Cristal Palace Ⓗ

C. d'Aragó

Cacao Sampaka P21、70

加泰隆尼亞鐵路

P72 NH Calderón Ⓗ

Chicoa P64

加泰隆尼亞現代主義美術館 P62
El Museu de Modernisme Català

C. d'Aribau

Pl. del Doctor Letamendi

C. del Consell de Cent

C. de Diputació

Ⓐ

Ⓑ

周邊地圖參照別冊P4

P6-7
P10 P8
P12

國鐵

巴塞隆納大學
Universitat Central

區域
Navi
從加泰隆尼亞廣場往西北延伸的格拉西亞大道，是商店、餐廳、小酒館、高級飯店林立的大馬路。現代主義建築物幾乎都集中在這個區域。

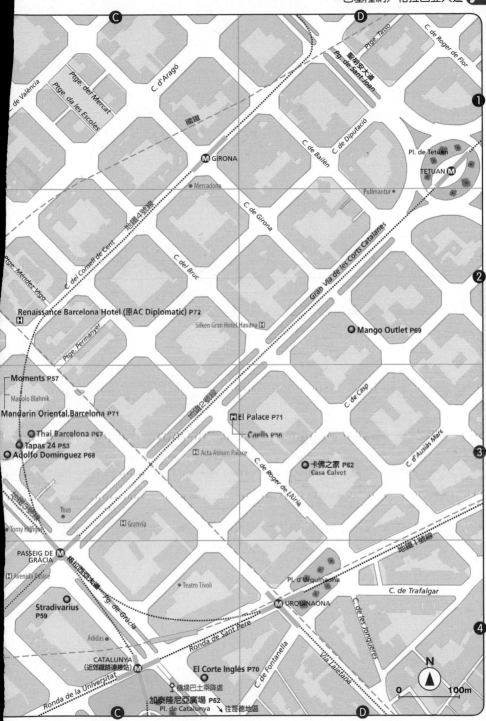

C. de València

Ptge. del Mercat

Ptge. de les Escoles

C. d'Aragó

Ptge. de Tasso

Ptge. de Sant Joan

聖湖安大道

C. de Roger de Flor

❶

國鐵

Ⓜ GIRONA

● Mercadona

C. de Bailén

C. de Diputació

Pl. de Tetuan

TETUAN Ⓜ

Pullmantur

C. de Girona

C. del Consell de Cent

地鐵4號線

Ptge. Mendez Vigo

C. del Bruc

Gran Via de les Corts Catalanes

❷

Renaissance Barcelona Hotel (原AC Diplomatic) P72 Ⓗ

Ptge. Permanyer

Silken Gran Hotel Havana Ⓗ

Ⓗ Mango Outlet P69

Moments P57

Manolo Blahnik

Mandarin Oriental,Barcelona P71

地鐵2號線

C. de Casp

Ⓗ El Palace P71

 ● Thai Barcelona P67

Caells P56

● Tapas 24 P53

● Adolfo Domínguez P68

Ⓗ Acta Atrium Palace

C. d'Ausiàs Marc

❸

卡佛之家 P62
Casa Calvet

地鐵3號線

● Tous

C. de Roger de Llúria

Ⓗ Granvia

● Tomy Hilfiger

地鐵1號線

PASSEIG DE GRÀCIA Ⓜ

格拉西亞大道 Pg. de Gràcia

Ⓗ Avenida Palace

Pl. d'Urquinaona

C. de Trafalgar

Stradivarius P59

● Teatro Tívoli

Ⓜ URQUINAONA

C. de les Jonqueres

❹

● Adidas

Ronda de Sant Pere

Via Laietana

CATALUNYA
(近郊鐵路連接站) Ⓜ

El Corte Inglés P70

C. de Fontanella

Ronda de la Universitat

機場巴士乘降處

加泰隆尼亞廣場 P62
Pl. de Catalunya ↘往哥德地區

N

0   100m

● 觀光景點   ● 餐廳、咖啡廳   ● 商店   Ⓗ 飯店

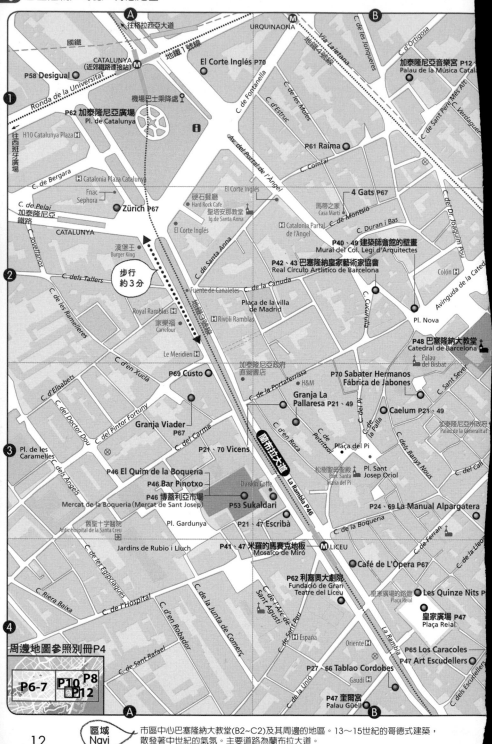

區域
Navi　市區中心巴塞隆納大教堂(B2~C2)及其周邊的地區。13～15世紀的哥德式建築，散發著中世紀的氣氛。主要道路為蘭布拉大道。

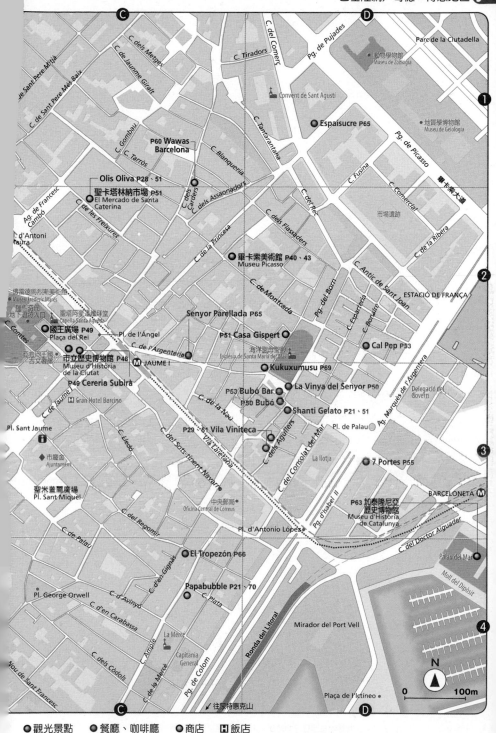

Parc de la Ciutadella

C. del Comerç

C. de Pujades

Pg. de Pujades

C. Tiradors

動物學博物館
Museu de Zoología

C. dels Metges

C. de Jaume Giralt

C. de Sant Pere Més Mitjà

C. de Sant Pere Més Baix

Convent de Sant Agustí

C. Tantarantana

地質學博物館
Museu de Geología

Espaísucre P65

Pg. de Picasso

P60 Wawas Barcelona

C. Blanqueria

C. Tarròs

J. Gombau

C. dels Carders

C. Fusina

Olis Oliva P28、51

聖卡塔林納市場 P51
El Mercado de Santa Caterina

Ag. de Francesc Cambó

C. de les Freixures

C. dels Assaonadors

C. del Rec

C. Comercial

市場遺跡

Pl. d'Antoni Maura

C. de la Princesa

C. dels Flassaders

C. de la Ribera

佛雷德馬裂斯美術館
Museu Frederic Marès

畢卡索美術館 P40、43
Museu Picasso

C. de Montcada

羅馬時代地下道博物的入口

聖塔阿美達禮拜堂
Capella Santa Agueda

Senyor Parellada P65

Pg. del Born

C. Antic de Sant Joan

ESTACIÓ DE FRANÇA

C. Cortès

國王廣場 P49
Plaça del Rei

Pl. de l'Ángel

P51 Casa Gispert

C. Esparteria

C. Bonaire

Cal Pep P53

C. de Jaume

市立歴史博物館 P48
Museu d'Història de la Ciutat

C. de l'Argenteria

JAUME I

Kukuxumusu P69

Ag. Marquès de l'Argentera

P49 Cereria Subirà

海洋聖母聖殿
Esglèsia de Santa Maria del Mar

La Vinya del Senyor P50

Delegació del Govern

Gran Hotel Barcino

C. de la Nou

P53 Bubó Bar

P50 Bubó

Pl. Sant Jaume

C. Lledó

Shanti Gelato P21、51

C. dels Agullers

P29、61 Vila Viniteca

Via Laietana

Pl. de Palau

市廳舍
Ajuntament

C. del Sots-tinent Navarro

La Llotja

7 Portes P55

聖米蓋爾廣場
Pl. Sant Miquel

中央郵局
Oficina Central de Correus

C. del Consolat del Mar

BARCELONETA M

C. de Palau

C. del Regomir

P63 加泰隆尼亞
歴史博物館
Museu d'Història de Catalunya

Pl. d'Antonio López

Pg. d'Isabel II

C. del Doctor Aiguadar

El Tropezón P66

Palau del Mar

Pl. George Orwell

C. d'en Gignàs

Moll del Dipòsit

Papabubble P21、70

C. d'Avinyó

C. Plata

C. d'en Carabassa

La Mercè

Mirador del Port Vell

N

C. dels Codols

Ample

Capitania General

Nou de Sant Francesc

Pg. de Colom

Ronda del Litoral

Plaça de l'Ictíneo

0   100m

↙往蒙特惠克山

C   D

● 觀光景點　● 餐廳、咖啡廳　○ 商店　H 飯店

13

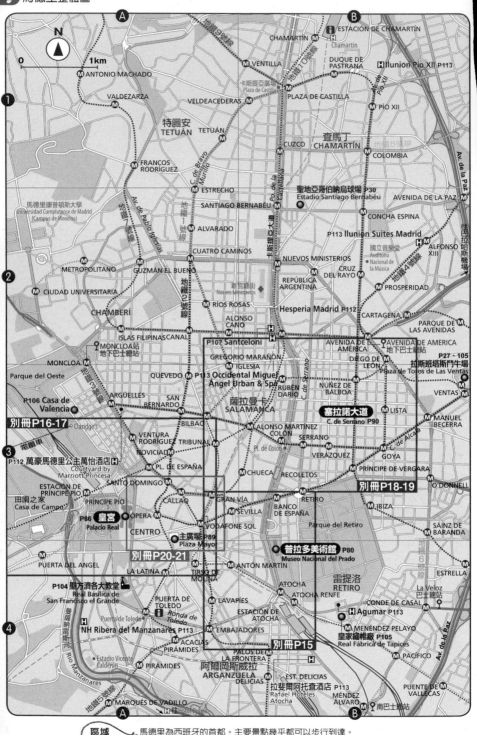

區域 Navi

馬德里為西班牙的首都。主要景點幾乎都可以步行到達。
而市區全區域都有地鐵網絡，移動相當方便。

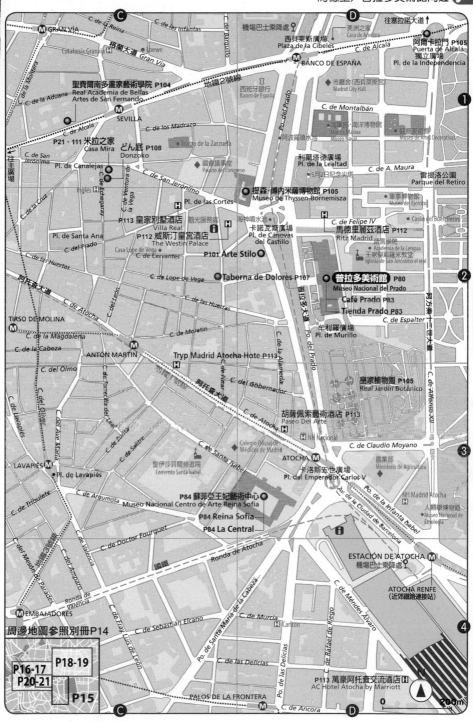

觀光景點　　餐廳、咖啡廳　　商店　　飯店

區域 Navi

地鐵OPERA站以西的區域。最大的觀光景點為王宮(C3)。
而在東方廣場及位在北邊的西班牙廣場、蒙大拿公園等，有很多充滿綠意的景點。

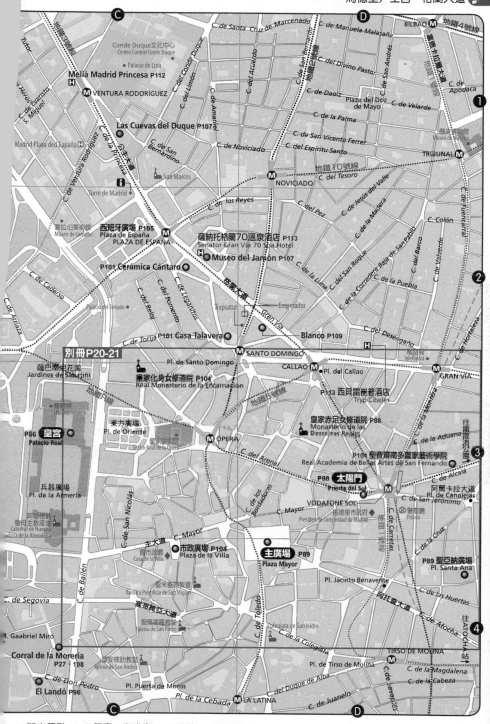

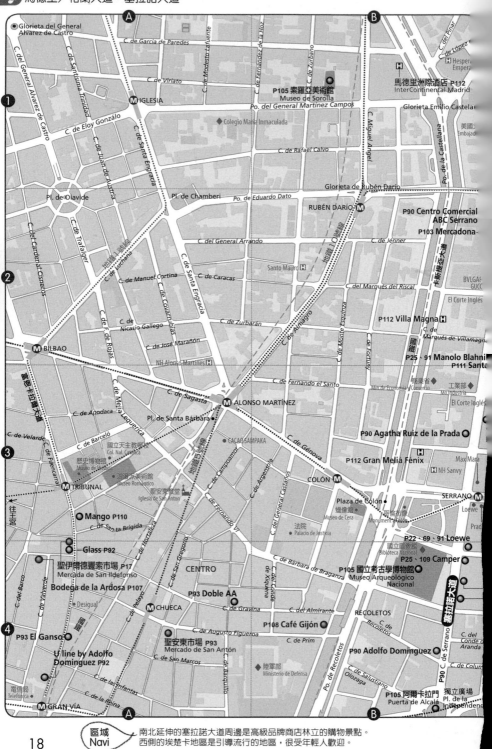

區域 Navi　南北延伸的塞拉諾大道周邊是高級品牌商店林立的購物景點。
西側的埃斯卡地區是引導流行的地區，很受年輕人歡迎。

加迪亞諾博物館
Museo Lázaro Galdiano

AVENIDA DE AMÉRICA Ⓜ

NH Príncipe de Vergara

C. del General Oráa

C. de Ardemans

C. de Costada

C. de Méjico

C. de Béjar

0   200m

N

C. de Lagasca

H Meliá Gargos P113

DIEGO DE LEÓN Ⓜ

C. de Alonso Heredia

C. de José Picón

C. de Claudio Coello

C. de Velázquez

C. de Núñez de Balboa

C. de Castelló

C. de Diego de León

公主醫院 H
Hospital de la Princesa

C. de Maldonado

C. de Erazo

C. de Azcona

NUÑES DE BALBOA Ⓜ

C. de Juan Bravo
地鐵5號線

DIEGO DE LEÓN Ⓜ

地鐵9號線

C. del Príncipe de Vergara

C. de Padilla

C. de Francisco Silvela

• Tod's

C. de José Ortega y Gasset

Pl. del Marqués
de Salamanca

LISTA Ⓜ

C. de José Ortega y Gasset

— Chanél

adró
3、100

— Ermès

— Tiffany & Co

Ⓜ NUÑES DE BALBOA

C. de Don Ramón de la Cruz

薩拉曼卡
SALAMANCA

Punto MX P00

Malababa P23、109

C. de Ayala

拉巴斯市場 P111
Mercado La Paz

C. del General Pardiñas

C. del General Díaz Porlier

C. de Conde de Peñalver

C. de Alcántara

C. de Montesa

Tous P23、91

Zara Home

P110 Nere Denda

Joaquín Berao P109

C. Hermosilla

C. de Lombía

Viandas de Salamanca P99

I Jardín de
errano P111

哥雅大道

VELÁZQUEZ

Vinci Soma H

— Mallorca P91

地鐵4號線

Ⓜ GOYA

C. de Goya

Pedro García P110

地鐵2號線

El Corte Inglés

• Pretty Ballerinas

Av. de Felipe II

Palacio de los Deportes

Bimba & Lola P58、91

C. de Alcalá

C. de Jorge Juan

Hoss Intropia P110

國立貨幣鑄造所
Fábrica Nacional de Moneda y Timbre

C. de Villanueva

阿爾卡拉大道

Ⓜ PRÍNCIPE DE VERGARA

C. del Duque de Sesto

H Wellington P113

Restaurante Kabuki
Wellington P107

NH Puerta
de Alcalá

Av. de Menéndez Pelayo

C. de O'Donnell

周邊地圖參照別冊P14

TIRO

Ⓜ

雷提洛公園
Parque del Retiro

C. de Lope
de Rueda

C. de Narváez

C. de Fernán
González

P16-17

P18-19

P20-21

P15

Ⓒ

Ⓓ

● 觀光景點   ● 餐廳、咖啡廳   ● 商店   H 飯店

19

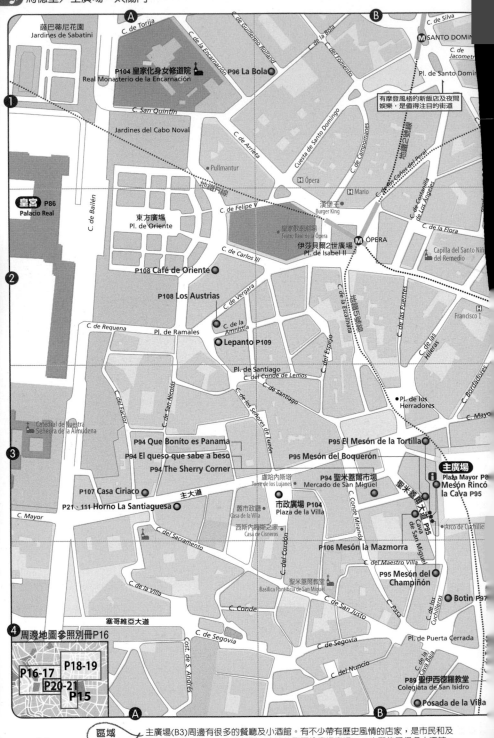

薩巴蒂尼花園
Jardines de Sabatini

C. de Torija

C. de Guillermo Rolland

C. de la Bola

C. de Silva

Ⓜ SANTO DOMINGO

C. de Jacometri

P104 皇家化身女修道院
Real Monasterio de la Encarnación

P96 La Bola

C. de la Encarnación

C. del Fomento

Pl. de Santo Domin

C. San Quintín

Jardines del Cabo Noval

C. de Arrieta

Cuesta de Santo Domingo

C. de Campomanes

地鐵2號線

C. de la Jacometri

有摩登風格的新飯店及夜間
娛樂，是值得注目的街道

皇宮 P86
Palacio Real

C. de Bailén

Pullmantur

Ⓜ Ópera

C. de Felipe V

漢堡王
Burger King

Ⓜ Mario

地鐵2號線

C. de los Carlos del Perel

C. de Costanilla de los Ángeles

C. de la Flora

東方廣場
Pl. de Oriente

皇家歌劇院
Teatro Real de la Ópera

伊莎貝爾2世廣場
Pl. de Isabel II

Ⓜ ÓPERA

Capilla del Santo Niño
del Remedio

P108 Café de Oriente

C. de Carlos III

P108 Los Austrias

C. de Vergara

C. de la Amnistía

C. de la Escalinata

地鐵5號線

C. de las Fuentes

Francisco I

C. de Requena

Pl. de Ramales

Lepanto P109

C. del Espejo

C. de las Hileras

C. del Factor

C. de San Nicolás

Pl. de Santiago
C. del Conde de Lemos

C. de Santiago

C. de los Señores de Luzón

Pl. de los
Herradores

C. Mayo

C. de Bordadores

Catedral de Nuestra
Señora de la Almudena

P94 Que Bonito es Panama

P94 El queso que sabe a beso

P94 The Sherry Corner

P95 El Mesón de la Tortilla

P95 Mesón del Boquerón

盧哈內斯塔
Torre de los Lujanes

聖米蓋爾市場
Mercado de San Miguel

P94 聖米蓋爾市場

Ⓘ 主廣場
Plaza Mayor P8

P107 Casa Ciriaco

P21、111 Horno La Santiaguesa

主大道

舊市政廳
Casa de la Villa

市政廣場 P104
Plaza de la Villa

C. Conde Miranda

聖米蓋爾大道

Cava de San Miguel

Mesón Rincó
la Cava P95

C. Mayor

西斯內羅斯之家
Casa de Cisneros

C. del Sacramento

C. del Cordón

P106 Mesón la Mazmorra

P95

Arco de Cuchille

C. de la Villa

塞哥維亞大道

C. Conde

聖米蓋爾教堂
Basílica Pontificia de San Miguel

C. del Maestro Villa

C. de San Justo

P95 Mesón del
Champiñón

Botín P9

C. de Segovia

C. del Nuncio

C. de la
Cava Baja

Pl. de Puerta Cerrada

C. de los Cuchilleros

C. Pasa

周邊地圖參照別冊P16

P16-17 | P18-19
P20-21
P15

C. Cost. de S. Andrés

C. de la Villa

Cost. de Segovia

P89 聖伊西德羅教堂
Colegiata de San Isidro

Posada de la Villa

區域
Navi

主廣場(B3)周邊有很多的餐廳及小酒館。有不少帶有歷史風情的店家，是市民和及
觀光客休憩的場所，非常熱鬧。東邊的聖亞納廣場廣場(D4)也聚集了很多小酒館。

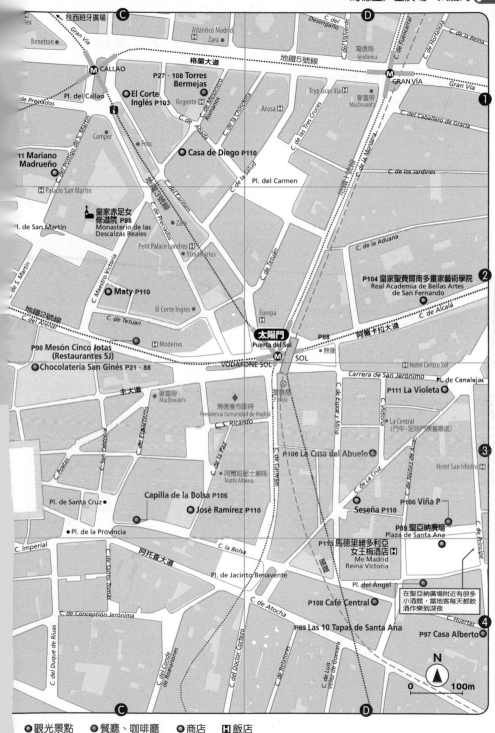

觀光景點 ● **餐廳、咖啡廳** ● **商店** ● **飯店** H

巴塞隆納 市內交通

遊覽城市的方法

巴塞隆納的城市架構

巴塞隆納的市區三方被丘陵地圍繞，以港口為中心呈半圓形展開。在中心是舊市區的加泰隆尼亞廣場，同時也是交通大要衝。廣場的南側為哥德地區，有細小複雜的小路。而廣場的北側以格拉西亞大道為中心，道路構成為棋盤狀，非常適於散步。

關於地址的標記方式

在巴塞隆納市內只要知道路名稱和門牌號碼，就可以輕鬆地到達目的地。道路名稱大多標記在十字路口路角上方。門牌號碼則是馬路一側為奇數，另一側為偶數依序排列。另外，「Avenida」為大道，「Carrer」為小路的意思。但商店的地址在標記時常會省略不寫。

計程車|Taxi

在巴塞隆納市內行走的計程車很多，費用也比較便宜，對旅客來說是很便利使用的交通方式。車身為黃色及黑色的雙色系。空車時車頂的綠燈會亮燈，擋風玻璃上會顯示「LLIURE」或「LIBRE」（空車）。

易於辨識的黃黑車身

●車資

平日的起跳金額為€2.10～2.30，每1km追加1.07～1.40（20時～翌日8時為€1.24）。週六‧日、國定假日的起跳金額相同，每1km追加€1.24～1.44。

●選擇計程車的重點

正規的計程車為黑色與黃色的車身，車頂的「TAXI」字樣為白色字體非常好辨識。其他的皆為無牌計程車。在機場入境大廳、SANTS站周邊有以旅客為目標的違法計程車，常有被要求法律規定外的費用等問題，要特別注意。

正規計程車的車頂有「TAXI」字樣。

●注意要點

出發時先確認計費表是否開始跳表。計費表基本上會安裝在中央的音響設備附近，或是後照鏡的上方。在乘車途中也不要忘記確認計費表是否有跳表。到達目的地後，基本上不需要支付司機小費，但如果有幫忙搬運行李等協助，也可以把找零的零頭當作小費。

●來搭計程車吧

❶ 招計程車

要在車流中招計程車的方法和台灣一樣，舉起手就會停下來了。車頂亮著綠燈的就代表是空車。

❷ 上車

自行開車門上車。如果司機無法以英文溝通，可在紙條上用西班牙文寫下目的地的地址並出示給司機。如果目的地的店家地址不好找，知道電話號碼的話司機可以用手機直接問店家怎麼去，因此最好也記下店家的電話號碼。

❸ 付款、下車

到達目的地時，支付計費表上顯示的金額。考量司機可能無法找零的狀況，盡量不要使用大鈔。下車時記得說聲「Gracias（謝謝）」。

地鐵 | Metro

地鐵網絡幾乎涵蓋了觀光景點及市內主要地區，對旅客來說是很方便的交通方式。主要的觀光景點可以搭乘地鐵加上步行，有效率的遊覽。全部一共有8條路線，以顏色區分表示。

●車資
車資一律為€2.15。會多次搭乘的話，建議購買可以搭乘10次的票卡「T-10」€9.95。另外也有一日通票的「T-Dia」€7.60等各種票種。

●運行時間
時間依路線而異，但基本上為5～24時。週五為～翌日2時，週六為24小時運行。

●主要路線的種類
M1 連接市區南北向的路線。途經交通要衝CATALUNYA站，還有欲步行前往蒙特惠克山時的起點ESPANYA站等。

M2 連接市區北東方，及運接纜索鐵路(Funicular)的PARAL-LEL站的路線。途經最接近聖家堂的SAGRADA FAMILIA站，和最接近格拉西亞大道的PASSEIG DE GRACIA站等。

M3 途經奎爾公園、格拉西亞大道、蘭布拉大道、蒙特惠克山、新市區等主要觀光景點。也有經過鐵路的SANTS ESTACIO站。

M4 前往哥德地區、奧林匹克村、沿海的巴塞隆內塔等相當方便。也有經過最接近格拉西亞大道的PASSEIG DE GRACIA站。

M5 連接市區南北向的路線。途經聖家堂、聖保羅醫院、SANTS站等。至格拉西亞大道則在DIAGONAL站下車。

●注意重點
◆早上及傍晚的通勤時段會很擁擠，要留意自己的行李。
◆清晨及深夜等乘客較少的時段，要盡量避免一個人搭車。

●來搭乘地鐵吧

❶ 尋找車站

在地鐵車站附近會有「Ⓜ」符號的看板，以此為標記。

❷ 購買車票

車票可在站內自動售票機或人工售票窗口購買。自動售票機可使用的錢幣面額會顯示在畫面上，硬幣有5c、10c、20c、50c、€1、€2與紙鈔€5、€10、€20、€50。但€20與€50紙鈔常無法使用。記得多準備一些小額紙鈔。

❸ 通過剪票口

月台依目的地而異，先在進入月台前的看板確認。乘車時將車票正面向上插入剪票機，車票跑出來後取出，以手將旋轉把往前進方向推後進入。部分車站也有自動開啓式的剪票口。

❹ 進入月台

月台依目的地而異，在進入月台前要先在寫有停車站的看板上確認。月台上也會有看板或顯示到達時間的電子看板。

❺ 乘車

車門門把在左轉，或是按鈕開啓車門。在車內會用西班牙文通知停車站名，要先確認好欲下車的站名。

❻ 下車

下車時要手動開車門。部分為自動車門。沿著「Sortita (出口)」的標識前進。但出剪票口時大多不需要將車票投入剪票機。

❼ 走上地面
走出剪票口後會有標示了路名或觀光景點的看板，從距離目的地最近的出口出站。

車票的種類
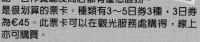
如果會搭乘多次地鐵的話，購買「T-10」的10次票既方便又划算。在巴塞隆納是依區域來設定車資，比如說適用地鐵範圍內的回數票為「T-10 / 1zona」(€9.95)。涵蓋範圍更廣一點的回數票則有「T-10/2zonas」(€19.60)等，這些是觀光客常使用的票券。

Barcelona Card
Barcelona Card (巴塞隆納卡) 可以在地鐵等大眾交通工具使用，另外在巴特略之家或米羅美術館等觀光景點、合作餐廳及商店都有優惠服務，是很划算的票卡。種類有3～5日券3種，3日券為€45。此票卡可以在觀光服務處購得，線上亦可購得。

🔗bcnshop.barcelonaturisme.com/

路線巴士 | Autobús

因為主要的觀光景點都可以搭乘地鐵到達，因此旅客很少有機會使用到巴士。但只要在巴士路線圖上確認到目的地的號碼，不要弄錯巴士行進方向即可，意外的相當方便。

●搭乘的重點

搭車的方式是從前門上車、後門下車。車資1趟一律是€2.15。在車內可以購買的車票只有1次券，且不會找零。運行時間依路線而異，大約為5～22時。22時之後也有夜間巴士運行。在巴士站會貼出各路線的路線圖，對不習慣搭乘的觀光客來說相對好懂。比較困難的是下車，因為不像搭乘鐵路有其他地標可確認，首次造訪的觀光客會不知道該在哪裡下車。看著地圖確認很重要，若仍是感到不安可以詢問周圍的乘客，或是搭車時向司機告知欲下車的站名。

↑巴士到站時，以車頭顯示的號碼確認行進方向

←站牌上會標示靠站的巴士號碼

→插入車票的壓印機

纜索鐵路 | Funicular

連接Ⓜ2、3號線的PARAL·LEL站與蒙特惠克山公園PARC DE MONTJUIC的纜車。夏季與冬季的營運時間不同，夏季為7：30分～22時，冬季為7：30分～20時。週六日、國定假日時夏季為9～22時，冬季為9～20時。車票與地鐵通用。

↑階梯狀的車廂內部
→乘車處與Ⓜ2、3號線的PARAL·LEL站相通

電纜車 | Teleferic

空中纜車有連結蒙特克公園PARC DE MONTJUIC與瞭望台MIRADOR、蒙特惠克城CASTELL DE MONTJUIC，以及阿爾馬達廣場PL.DE ARMADA到巴塞隆納港的兩條路線，所需時間皆約為10分。觀光客較常搭乘的是前者，運行時間為3～5月、10月為10～19時、6～9月為10～21時、11～2月為10～18時。車資來回為€11.50。

↑搭乘時電纜車仍在移動，要特別注意
→在電纜車可以一望皇家堂等巴塞隆納市內的景色

巴塞隆尼近郊鐵路

從巴塞隆納到近郊都市的西班牙國鐵RENFE的所有近程列車稱為近郊線CERCANIA。近郊線停車的車站，會有紅底白圈當中有一個字母C字的符號。費用為區域制，區域的區分可以在自動售票機畫面旁邊的地圖上確認。

租賃自行車

近年來自行車道大幅增加，自行車成為觀光方式之一而開始受到矚目。在市區散布著許多自行車出租店，租金平均是2小時€6～、4小時€9～、1天（24小時）€16～。觀光客無法使用由市政府經營的「Bicing」，要特別注意。

馬德里 市內交通

巡遊城市的方法

馬德里的城市架構

馬德里位在梅塞塔高原台地中心的位置。以舊市區的交通要衝太陽門為中心，在半徑約1km之內包涵了普拉多美術館、王宮等主要的觀光景點，雖然是大都市景點卻很集中，對觀光客來說也很容易遊覽。

關於地址的標記方式

馬德里市內和巴塞隆納一樣，有道路名和門牌號碼即可輕易找到達目的地。道路名會標記在十字路口路角的建築物上部。門牌號碼則是馬路一側為奇數，另一側為偶數依序排列。西班牙文的道路為「Calle」，但常會簡寫為「C.」。「Avenida」為大道，「Pl.」為廣場。

地鐵 | Metro

共12條路線涵蓋了馬德里市內，對旅客來說是很方便的交通方式。路線以顏色區分很好辨識。市內中心部的路線為1～5線與10號線。

●車資

地鐵車資無論距離，搭乘1趟為€1.50～2。若計畫頻繁搭乘，可以購買划算的10次券€12.20，巴士也可以使用。車票在站內的自動售票機或有人窗口購買。在售票機還可以使用信用卡。

●運行時間

全部路線皆為6時～翌日1時30日。因為清晨及夜晚的治安不佳，盡量避免搭乘。

●方便的路線

1號線　途經市中心太陽門VODAFONE SOL站，往托雷多、塞維亞等近郊列車的阿托查車站的ATOCHA RENFE站等。

2號線　途經最接近王宮、主廣場的OPERA站、太陽門的VODAFONE SOL站、普拉多美術館附近的BANCO DE ESPANA站等。

3號線　途經太陽門的VODAFONE SOL站、格蘭大道的CALLO站、PLAZA DE ESPANA站等。

●注意重點

◆和巴塞隆納一樣，乘客較少的清晨及深夜時段，最好盡量不要搭乘地鐵。

◆車廂內較擁擠的早上及傍晚的尖峰時刻，要妥善保管自己的行李以免遭竊。部分車站從剪票口到月台需走過很長的地下通道，在車站內仍要留心不得太意。

●來搭乘地鐵吧

❶ 尋找車站

在通往地鐵車站的樓梯上部都會有「Metro」的看板，以此為標記。走下樓梯或手扶梯時，不要忘了確認在正面顯示的路線號碼。在主要車站附近會立有路線圖的看板，看到了也可以先確認。

❷ 購買車票

在自動售票機可以購買「Sencillo（1次票）」「Metrobus（10次票）」。欲購買旅客則用車票則必須到有工作人員的窗口，窗口亦可使用信用卡。部分自動售票機無法找零，記得先行備妥零錢。

❸ 通過剪票口

將車票插入剪票機再從取出口抽出來，以手推旋轉柵即進入。月台依目的地方向而異，在進入月台前要先在前方看板上確認停車站。進到月台後，在電子看板上確認列車到達的時間。

❹ 乘車

自行按下按鈕，或是旋轉門把開啟車門。在尖峰時段或觀光客增加的夏季車內擁擠，在車廂內要小心扒手。車內下個停靠站的廣播及經過的站名，都可以用來確認距離自己的下車站還有幾站。

❺ 下車

和乘車時一樣自行開啟車門。下到月台後，沿著「Salida（出口）」的標識前進，通過亮著箭頭燈的剪票口。雖然車票不需要投入剪票機，但有時會驗票，要留意不要遺失。

計程車 | Taxi

正規計程車有白色車身與車門上紅色的斜線。馬路上行走的計程車很多,只要招手就會停車,但在交通量的大馬路為了安全,最好還是從計程車招呼站搭車。車身上的「TAXI」與綠燈亮燈,且擋風玻璃上有「LIBRE」的板子則表示空車。車資以跳表計算,乘車後要記得確認計費表是否開始跳表。

↑車身上有象徵馬德里的「吃楊梅的熊」徽章

●車資計算方式
起跳車資為€2.40,之後每1km追加€1.05。21時~翌日6時的起跳為€2.90,之後每1km追加€1.20~1.25。在鐵路車站及巴士總站搭車時會被收取追加車資€3。

↑空車時車頂的文字會亮綠色

←表示計程車招呼站的標誌

路線巴士 | Autobús

路線巴士涵蓋了市內各地。車資和地鐵為同樣模式,搭乘1趟一律為€1.50。在車內可以購買1次票。使用10次票Metrobús時要將車票插進駕駛座旁的壓印機。從前門上車,下車則是後門。只是因為路線複雜,又只有西班牙文的指示,對觀光客來說搭乘上有難度。如果不確定是否在正確的車站下車,可以事先告知司機或周圍乘客欲下車的站名尋求協助。

↑紅色車體為舊型車款,藍色車體是瓦斯車。

旅行的建議

●活用不限次數的通票
在地鐵車站內的有人售票處窗口可購得旅客專用的ABONO TURISTICO。1日票為€8.40、2日票為€14.20、3日票為€18.40、5日票為€26.80、7日票為€35.40,共有5種,購買時需出示護照。另外也有馬德里‧托雷多(ZoneT)的1日票€17。

●關於往郊外的交通
從馬德里有通往托雷多、塞哥維亞、阿蘭胡埃斯等近郊城市的馬德里近郊鐵路CERCANIAS。起點為CHAMARTIN站(別冊MAP/P14B1)及ATOCHA站(別冊MAP/P15D4)。兩個站都可以搭地鐵轉乘,非常方便。

●搭觀光巴士巡遊馬德里
在市內運行的大紅色雙層巴士Madrid City Tour,可以一邊聽著中文的語音導覽,一邊巡遊市區內。觀光路線有2條,路線之間可以自由轉乘以搭乘下車。停車處為王宮、普拉多美術館等主要觀光景點。1日票為€21,2日票為€25。

↑在主要車站會顯示預定到達的巴士號碼及時間

↑以便宜車資移動是巴士的魅力

→下車時要按下車鈕

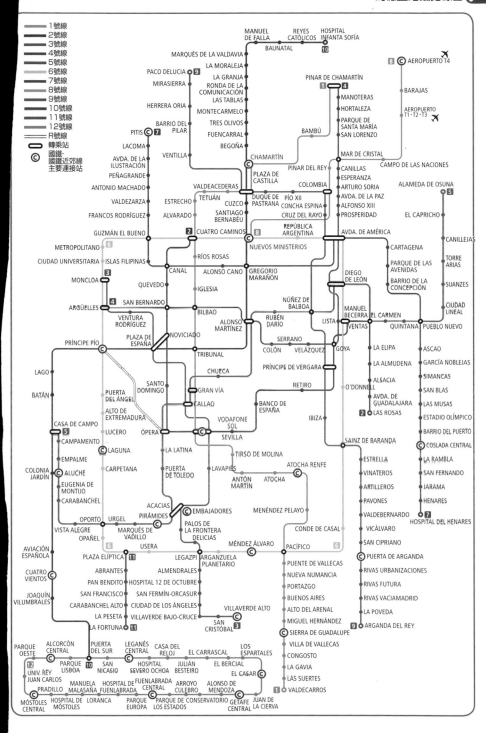

情境 簡單西班牙語會話

Scene 1 打招呼

早安 Buenos días.		你好 ¡Hola!/Buenas tardes.	
午安 Buenas noches.		謝謝 Gracias.	
初次見面 Mucho gusto.		對不起 Perdón./Lo siento.	
再見 Adiós.		是／不是 Sí. /No.	

Scene 2 在餐廳

有英文的菜單嗎？我要點餐？
¿Tiene el menú en japonés(inglés) ?

我要點餐
Quisiéramos pedir.

我要這個（指著菜單）
Esto, por favor.

這不是我點的菜
Esto no es lo que he pedido.

非常好吃
Está muy bueno.

請結帳
La cuenta, por favor.

Scene 3 在商店

請問多少錢？
¿Cuánto es?

請問可以試穿嗎？
¿Puedo probármelo(-la)?

請給我這個
Esto, por favor.

請給我退稅申請書
Un recibo para la devolución de impuestos, por favor.

Scene 4 觀光&計程車

請問這是什麼？
¿Qué es aquello ?

請問可以拍照嗎？
¿Puedo sacar una foto ?

請到這個地方（出示便條紙）
Vaya a esta dirección por favor.

請在這裡停車
Pare aquí, por favor.

常用單字貼心整理♪

數字・單字

1 …uno
2…dos
3…tres
4…cuatro
5…cinco
6…seis
7…siete
8…ocho
9…nueve
10…diez

機場…aeropuerto
車站…estación
計程車…taxi
地鐵…metro
高速鐵路…AVE
禁止拍照…prohibido hacer fotos

洗手間…servicio
男性用…Caballeros
女性用…Señoras
入口…entrada
出口…salida
帳單…cuenta

匯率 €1≒33.1台幣
（2017年2月時）

先寫下來吧♪
匯兌時的匯率

€1 ≒ _____ 元